LA BASOCHE NOTARIALE

ORIGINES & HISTOIRE

DU XIVe SIÈCLE À NOS JOURS

CLÉRICATURE NOTARIALE

ET DE LA

CLÉRICATURE EN GÉNÉRAL

LUCIEN GENTY

PARIS

MOULETTES ET Cie, LIBRAIRES-ÉDITEURS

LA

BASOCHE NOTARIALE

LA
BASOCHE NOTARIALE,

ORIGINES & HISTOIRE
DU XIVe SIÈCLE A NOS JOURS

DE LA

CLÉRICATURE NOTARIALE

ET DE LA

CLÉRICATURE EN GÉNÉRAL

CLERCS DE PROCUREUR OU D'AVOUÉ, D'HUISSIER & DE COMMISSAIRE-PRISEUR

PAR

LUCIEN GENTY

Auteur des *Clauses domaniales*

PARIS
DELAMOTTE FILS ET Cie, LIBRAIRES-ÉDITEURS
85, BOULEVARD SAINT-MICHEL, 85

—

1888

LA

BASOCHE NOTARIALE,

ORIGINES & HISTOIRE

DU XIVe SIÈCLE A NOS JOURS

DE LA

CLÉRICATURE NOTARIALE

ET DE LA

CLÉRICATURE EN GÉNÉRAL

CLERCS DE PROCUREUR OU D'AVOUÉ, D'HUISSIER & DE COMMISSAIRE-PRISEUR

PAR

LUCIEN GENTY

Auteur des *Clauses domaniales*

PARIS

DELAMOTTE FILS ET Cie, LIBRAIRES-ÉDITEURS

85, BOULEVARD SAINT-MICHEL, 85

—

1888

INTRODUCTION

Ce seul titre, **la Basoche**, éveille dans le notariat comme le souvenir lointain d'une charte éblouissante, depuis longtemps perdue et regrettée ; — charte constitutive de la cléricature, dont elle protégeait le recrutement, les études et les fêtes, l'indépendance et la liberté, l'esprit libéral et les honneurs ; — charte dont chaque clerc a entendu parler vaguement, en franchissant pour la première fois le seuil de son étude, et que chaque clerc se croit naturellement obligé de transmettre à la génération suivante.

Que de questions soulevées et non résolues !

Que de discussions, basées pour la plupart sur de simples souvenirs locaux ou sur une tradition plus ou moins historique !

Les clercs de notaire avaient-ils accès à **la Basoche** et quel y était leur rôle ?

La Basoche comprenait-elle tous les clercs de l'ordre judiciaire au même titre que ceux de la juridiction volontaire : clercs d'avoués, d'huissiers, de commis-saires-priseurs, de notaires, de greffiers, etc. ?

La Basoche était-elle une corporation unique, ou une collectivité de corporations régionales, portant individuellement ce nom, avec ou sans liens entre elles?

Les basochiens avaient-ils des fonctions officielles près de leurs patrons? Ces fonctions s'exerçaient-elles au détriment de ceux-ci ou contre leur volonté?

D'autre part :

Les privilèges comportaient-ils réellement le droit de porter l'épée, de battre monnaie, de rendre la jus-tice, de percevoir certains impôts, de concéder des maîtrises, etc., etc. ?

Ces incertitudes, ces doutes ont donné lieu à nombre d'erreurs en tous temps.

Certains auteurs n'ont voulu voir dans les corpora-tions basochiales qu'un groupement de jeunes étudiants ardents aux jeux et aux plaisirs, sortes de bohêmes insouciants et frondeurs, plus adonnés à la littérature légère qu'à l'etude du Droit. « Joyeux pauvres qui traînoient la misère par les cheveux dans les farces et les sotties (1). »

D'autres auteurs n'ont envisagé que la constitution des privilèges de **la Basoche**, le droit de justice notam-ment (2).

D'autres, enfin, ont plus spécialement étudié les

---

(1) Charles d'Héricault. Préface des œuvres de Roger de Collarye.
(2) Miraulmont. *Origine des Cours*, p. 652.

LA BASOCHE NOTARIALE

PREMIÈRE PARTIE

LES ORIGINES DE LA BASOCHE

L'UNIVERSITÉ — LES TRIBUNAUX — LE NOTARIAT

CHAPITRE PREMIER

GÉNÉRALITÉS

Pour apprécier exactement l'esprit de la Basoche, pour expliquer clairement ce qui, dans ses manifestations publiques et ses usages paraîtrait incompatible avec les habitudes du Palais et du Notariat, où elle recevait son éducation professionnelle, et avec le caractère sérieux et réfléchi des hommes de loi, dont elle faisait partie, — il est indispensable, croyons-nous, de prendre le basochien à sa naissance; d'étudier le milieu social où il vit, de le suivre à son entrée dans l'Université, et pendant le séjour qu'il y fait.

Une rapide incursion sur ce vaste domaine expliquera bien des obscurités. Elle servira à démontrer aussi que le côté burlesque et bruyant reproché à la Basoche est surtout un reproche incombant à la jeunesse universitaire : cela justifiera quelque peu la Corporation.

Si nous ne devions atteindre que ce résultat, nos efforts seraient déjà suffisamment récompensés.

CE QU'ÉTAIENT LES CLERCS AU XIVe SIÈCLE

Les élèves de l'Université et généralement les étudiants avaient alors rang de clercs. Pendant longtemps, les Clercs, — du mot latin **Clericus**, clergé, — furent des gens du clergé. Cette qualification est encore commune aux ecclésiastiques et aux collaborateurs des officiers ministériels, quoique l'usage tende à ne la conserver qu'à ces derniers.

La signification libre et usuelle du mot **Clerc** devint ensuite plus générale. Elle engloba tous ceux qui s'occupaient d'instruction ou d'éducation et qui en faisaient état, voire même toute personne possédant quelque science.

On était **Clerc** parce qu'on était instruit, ce qui n'était pas commun à cette époque où les rois, les princes et les seigneurs savaient à peine lire et ignoraient l'usage de l'écriture, où l'on ne connaissait ses droits que par l'usage, et où les contrats les plus solennels n'avaient d'autre consécration qu'une simple proclamation, verbalement faite devant la porte des églises (1).

Le clergé avait eu longtemps le véritable monopole de l'instruction, ce qui lui procurait, par cela même, le monopole des fonctions politiques, civiles, judiciaires et administratives nécessitant certaines connaissances spéciales.

C'est à ce titre qu'il avait revendiqué, comme soumis à sa juridiction, tous les fonctionnaires de ces divers ordres, leurs auxiliaires et leurs employés, — lesquels se trouvaient dès lors placés sous la sauvegarde du clergé et échappaient à la justice du Roi et des seigneurs.

(1) Les mariages se concluaient ainsi; souvent même, et par suite du défaut de mémoire des assistants, des contestations concernant les dispenses, la parenté, les autorisations, etc., entraînaient l'annulation des actes de célébration.

Jusqu'au quatorzième siècle, les notaires, — même les notaires royaux, créés par Saint Louis, — étaient engagés dans les ordres, comme nous le verrons plus loin ; ils étaient donc **Clercs**, et ils se servaient de cette qualification dans leurs actes, en prenant le titre de **Clerc-Notaire**.

Les élèves ou secrétaires qu'ils employaient devaient réunir les mêmes conditions. — Cela explique très bien le titre qui leur a été conservé.

Plus tard, et pour distinguer entre les notaires apostoliques et et les notaires de l'ordre laïque, on ne donna plus le nom de notaire qu'à ces derniers, pour conserver le nom de clerc-notaire aux autres, Puis, peu à peu, la logique se relâcha, on appela « clercs » les collaborateurs de certains fonctionnaires, sans qu'ils fussent en rien attachés à l'Église, et c'est ainsi que, peu à peu cette expression perdit sa signification première et désigna uniquement les auxiliaires des officiers ministériels (1).

La politique engendra, pendant le cours de longs siècles, des luttes terribles entre le pouvoir spirituel, — c'est-à-dire l'Église, — et le pouvoir temporel ou pouvoir Royal. C'est à cela qu'on dut l'introduction lente, mais progressive, de l'élément civil ou laïque dans les écoles et les emplois publics.

Toutefois, la jeunesse universitaire profita de ces luttes beaucoup plus qu'elle n'y perdit.

Et, en effet, nous voyons chacun de ces pouvoirs se disputer pendant longtemps le droit exclusif d'instruction, de justice et de clémence à l'égard des écoliers ; le droit de les défendre quand leur liberté est menacée, et la faveur de leur octroyer d'importants privilèges, pour récompenser leur courage et leur mérite.

---

(1) On créa, pendant longtemps, des fonctionnaires d'ordre laïque appelés :

Clercs artisans ;
Clercs marchands ;
Clercs financiers ;
Clercs gens de guerre
Clercs nobles ;
Clercs médecins ;
Clercs avocats, etc., etc.

Et cette qualification semble indiquer un certain rang hiérarchique intellectuel dans chaque profession.

Cette compétition fut peut-être même l'une des causes principales de toutes les libertés concédées aux écoliers et de leurs
privilèges, et l'une des causes aussi de la popularité dont ils
jouirent constamment parmi le peuple.

CHAPITRE II

L'ENSEIGNEMENT UNIVERSITAIRE ET LES ÉCOLIERS

I

US ET COUTUMES DE L'ÉCOLE

La bourgeoisie et la prévôté ne furent cependant pas toujours et exclusivement indulgentes pour les incartades des écoliers. Libres de leurs mouvements sur la rive gauche de la Seine, depuis le Jardin des Plantes jusqu'à l'esplanade des Invalides, c'est-à-dire sur tout le domaine des établissements universitaires et ecclésiastiques, les écoliers ne pouvaient traverser les ponts sans qu'un conflit avec la force municipale se produisît et occasionnât de graves accidents.

L'Université les couvrait de sa protection, eux et leurs professeurs, et elle ne dut pas compter le nombre de ses interventions près des pouvoirs civils, car ce n'était pas une faible besogne que d'empêcher les rixes, — véritables distractions de ces époques, — et d'arrêter la colère d'un roi ou d'un seigneur, toujours si prompt à appliquer la peine du talion ou à permettre de sanglantes représailles.

La corporation universitaire n'était pas encore fondée ; mais, à l'époque où nous plaçons ce récit, son esprit apparait déjà dans toute sa force défensive.

C'est ainsi que l'Université n'hésite pas à compromettre ses privilèges, son influence, dont elle se montre si jalouse cependant, et jusqu'à son existence, pour défendre la plus légère atteinte à la liberté de son plus modeste élève.

C'était à elle que devait être présentée toute demande en réclamation ou revendication contre les écoliers ; — c'était elle qui devait connaître du bien ou mal fondé des poursuites dirigées contre ceux-ci; — elle enfin, qui jugeait tous les différends survenus entre ses élèves ou à leur sujet. Et cette justice s'exerçait souvent en dernier ressort, sous le couvert de la juridiction ecclésiastique, dont elle était tributaire.

Si, par aventure, les droits de l'Université lui semblent méconnus ou violés par le pouvoir laïque, on verra immédiatement le corps entier, recteur, professeurs et élèves, opposer un *casus belli* et décider au besoin sa dissolution immédiate, l'abandon de ses chaires et la dispersion complète de tous (1).

C'est là, d'ailleurs, encore un signe des temps, car le Parlement de Paris donne, à plusieurs reprises, le même exemple, en suspendant le cours de la Justice, se faisant exiler plutôt que de renoncer à son droit de remontrance au Roi (2).

Ces moyens rigoureux durent nécessairement avoir pour effet de révolutionner souvent les esprits. Le monde enseignant jouissait d'une énorme considération. C'est à son bon fonctionnement et aux succès de ses cours qu'on devait souvent la richesse des villes, où les étrangers si nombreux qu'attire la réputation des professeurs venaient se presser en foule pour le plus grand bien de la renommée universitaire et pour le plus grand profit des habitants. On sait, en effet, que les villes recherchaient activement la présence de docteurs dont le grand renom était un objet d'orgueil et d'amour-propre, en même temps qu'une source de richesses pour les cités.

— A cette époque lointaine privée de nos modes de communications actuelles, la renommée s'établissait plus rapidement qu'on ne pourrait le penser. Tel professeur, à l'exemple d'Abeilard, pouvait réussir, par la seule notoriété de sa parole et de sa science profonde, à grouper autour de lui, et en peu de temps, une foule compacte d'étudiants, avides d'enseignement, et transformer en pays florissant un endroit naguère isolé et sauvage (3).

Maîtresse de l'enseignement à ce point, sûre de son influence et de son pouvoir, l'Université de Paris, avec l'appui du pape et

(1) Henri Martin. *Histoire de France*, jusqu'en 1789, t. IV, p. 160.
(2) *Voir* p. 28.
(3) Maisoncelle-en-Brie. Henri Martin. T. III, p. 318.

du clergé, représentait certainement, pour les étudiants, la meilleure et la plus efficace des protections.

Elle ne la leur ménageait pas, et ils en avaient besoin, ainsi que nous allons le voir.

II

CONFLITS, RIXES ET REPRÉSAILLES ENTRE ÉCOLIERS ET BOURGEOIS.

Le bourg Saint-Marcel qui constituait, avec le bourg Saint-Germain-des-Prés et Saint-Victor (1), des propriétés seigneuriales, avec droit de justice, était le plus agité par une sorte de rivalité ou de guerre intestine entre l'Université et la Prévôté, — entre les écoliers et les bourgeois. L'histoire complète de ces disputes exigerait un volume; nous nous bornerons à en rappeler quelques-unes seulement :

Un jour, un écolier avait été maltraité dans un cabaret du bourg Saint-Marcel; ses camarades, pour venger ce qu'ils considéraient comme une injure à leur corps, envahirent ce bourg et y commirent des excès de toute nature. Le seigneur, n'ayant pas juridiction sur eux, se plaignit au légat romain et à l'évêque de Paris. La reine Blanche, à la prière de ceux-ci, ordonna de punir les méfaits des écoliers.

Or, le prévôt de Paris et ses gens dépassèrent, à coup sûr, les ordres qui leur avaient été donnés; car, sans même prendre la peine de rechercher les coupables, ils sortirent de la ville et assaillirent le premier groupe d'écoliers qu'ils rencontrèrent jouant paisiblement près des murs; — ils tuèrent les uns, blessèrent et dépouillèrent les autres.

L'Université entière s'émut, naturellement, de cette cruelle exécution. Elle suspendit ses cours : maîtres et élèves se séparèrent, de telle sorte, dit l'historien, « qu'il ne resta pas un seul maître « de renom en la cité, et que la cité demeura privée de la « clergie qui faisait sa gloire ».

_____

(1) Le quartier latin est à peu près demeuré dans son lieu de naissance.

Rappelés plus tard, grâce à l'intervention du pape Grégoire IX, ils furent reçus, dit-on, avec grande clémence et réparations pour tous les torts qu'ils avaient soufferts.

— En 1366, une fausse accusation en sorcellerie, portée contre Philippine Hauxòis, appelée **la Mère des Écoliers**, et sa condamnation au fouet et au bannissement motivèrent une véritable révolte des écoliers.

Philippine Hauxois avait rendu de tels services aux écoliers et à l'Université, et sa culpabilité paraissait si peu démontrée qu'il n'y eut alors qu'un cri en faveur de la condamnée.

Le recteur et l'évêque tentèrent inutilement une démarche près du Roi qui, excité, croit-on, par le Parlement, refusa de les écouter.

Le 4 mars, jour fixé pour l'exécution, le recteur apprit que les élèves, parmi lesquels se faisaient remarquer les étudiants en théologie et en droit canon, projetaient une manifestation publique dans le but de favoriser l'évasion de la victime. Aussi résolut-il de recourir à une suprême démarche près des écoliers, — qui le reçurent mal, — et près des hauts dignitaires de la magistrature, — qui ne le reçurent pas mieux.

Le premier président du Parlement de Paris, Simon de Bucy, lui répondit :

« Depuis trois cents ans, les écoliers de l'Université troublent
« la capitale du royaume; depuis trois cents ans, ils se font un
« jeu de méconnaître le pouvoir royal et l'autorité du Parlement;
« il faut mettre un terme à ces débordements et à ces actes cri-
« minels. Le Roi et le Parlement sont résolus à maintenir les
« arrêts de la justice et à protéger les citoyens opprimés par quel-
« ques milliers de têtes folles, qui puisent dans l'impunité la
« hardiesse de commettre de nouveaux méfaits. Retournez aux
« écoles, monsieur le recteur, et dites aux écoliers que la volonté
« du Roi et du Parlement est que justice se fasse. Recommandez-
« leur surtout l'obéissance qu'ils oublient trop souvent. Le Roi
« le veut et le Parlement exige aussi que la science ne devienne
« pas la sœur de la sédition et de la révolte (1). »

(1) H. Raisson et Ch. Fallens. *Les Droits du Seigneur.*

Désolé, le chef de l'Université alla encore chez le prévôt où il lui fut déclaré que, si les Écoliers bougeaient, il leur en cuirait.

Il ne restait plus qu'à intercéder près du Roi, — malheureusement il n'était pas à Paris, il fallut donc attendre les événements et rester spectateur de l'émeute qui se préparait.

Elle ne tarda guère.

Philippine, accueillie par la foule avec des marques non équivoques d'une véritable sympathie, arriva sur la place du Petit-Châtelet, et en même temps qu'elle, sortant des rues adjacentes, le groupe des écoliers, armés de haches, de barres de fer, de mailtets et de broches.

Une épouvantable mêlée eut lieu, et se termina par le meurtre de 158 écoliers.

Le prévôt avait perdu 60 soldats.

— Dans un cabaret de ce même bourg Saint-Marcel, des écoliers ayant maltraité le valet d'un de leurs camarades, un corps de bourgeois, le prévôt en tête, tua vingt-deux étudiants et en blessa un grand nombre d'autres. Cette dernière affaire eut également un grand retentissement. Le prévôt fut condamné à la prison perpétuelle et ceux qui l'accompagnaient eurent aussi à subir de dures pénalités.

Une ordonnance imposa alors à toute personne qui verrait maltraiter ou blesser un écolier d'en livrer l'auteur à la justice du Roi.

C'est également de là que date la compétence des Tribunaux ecclésiastiques pour les Clercs, défense ayant été faite aux officiers royaux de mettre la main sur eux, en n'importe quelle circonstance, sauf cependant le cas de flagrant délit (1); leur demeure fut déclarée inviolable (2). Le Prévôt dut jurer de respecter ces prescriptions et l'usage en fut conservé jusqu'à la fin du XVIe siècle.

Malgré cette ordonnance, les mêmes faits se reproduisent souvent encore :

(1) Henri Martin. T. III, p. 566.
(2) Ordonnance d'avril 1411.

— Sous Charles VI, le sire de Tignouville, prévôt de Paris, avait fait arrêter deux écoliers convaincus de crimes. L'Université, abandonnant cette fois ses prérogatives, les dénonça elle-même, c'est-à-dire abandonna les coupables à la justice laïque. Ils furent condamnés et pendus.

Les écoliers protestèrent vivement contre la violation de leurs privilèges et contre l'abandon de l'Université qui avoua son tort et s'associa à eux dans une réclamation au Roi. — Or, celui-ci reconnut le bien-fondé de cette demande. A titre de réparation, il prescrivit que le Prévôt irait en personne détacher les cadavres du gibet, les baiserait à la bouche et paierait les frais du convoi. — Ce qui eut lieu de point en point. Ajoutons qu'après cette écœurante expiation le prévôt fut destitué de sa charge.

— Enfin, le 11 mai 1453, sous le règne suivant, plus de quarante écoliers, emprisonnés au Châtelet, furent réclamés par le recteur qui obtint leur élargissement. Mais, rencontrés en chemin, par une compagnie et huit archers, une rixe eut lieu au cours de laquelle un bachelier en droit fut tué, vingt autres blessés, et le recteur lui-même menacé de mort par un soldat.

Le Parlement, sur l'ordre du Roi, condamna les archers à faire amende honorable à l'Université, insultée en la personne de son recteur et de ses élèves, et enjoignit qu'ils y allassent nus, en chemise et une torche à la main.

Celui qui avait menacé le recteur eut le poing coupé (1).

_____

(1) La rigueur excessive de ces condamnations était prescrite par le texte des lois pénales. Saint Louis, après avoir accompli sa réforme judiciaire et supprimé les épreuves par l'eau, le feu et les combats, laissa subsister la mutilation parmi les peines.

Le plus petit larcin était puni : la première fois, par la perte d'une oreille ; et, la deuxième foi, par celle du pied ; la troisième infraction entraînait la peine capitale.

Celui qui frappait son seigneur sans avoir été frappé par lui devait, comme dans l'exemple que nous citons, subir l'amputation de la main.

Même sous Louis XIV, ces mutilations étaient appliquées journellement. Sauval raconte qu'à un serviteur larron on coupait l'oreille, la première ois ; et l'autre, la seconde, etc..... Ces exécutions avaient lieu au bout du pont Notre-Dame, près la place de Grève, au carrefour appelé *Guigne-Oreille* (Buffnoir. *Les crimes de la place de Grève*).

La peine était parfois plus dure encore : Une pauvre vieille femme, accusée d'avoir enlevé des cuillères au préjudice de son maître, comparaît

Les exagérations commises de part et d'autre à Paris se produisirent également dans les Universités qui, peu à peu, avaient été créées en Province.

A l'époque de la constitution des Basoches il existait dix-sept sièges universitaires qui durent être le siège d'autant de corporations basochiales, savoir : à Paris, Orléans, Avignon, Toulouse, Montpellier, Cahors, Angers, Orange, Perpignan, Aix, Poitiers, Caen, Valence, Nantes, Dôle, Bourges et Bordeaux.

Les documents historiques que nous possédons ne nous permettent pas cependant d'affirmer qu'il y eut un siège basochial à Montpellier, Cahors, Orange, Perpignan, Caen, Valence, Nantes, Dôle et Bourges.

Par contre, la juridiction basochiale existait sûrement dans chaque résidence des Parlements ; ce qui s'explique facilement, la Basoche étant une corporation professionnelle de clercs attachés à la Justice.

Mais, chose digne de remarque, l'organisation de la jeunesse en corporations semble avoir considérablement amoindri, sinon évité entièrement les querelles jusqu'alors incessantes qui exaspéraient les bourgeois. L'extention donnée aux études, l'accès de la bourgeoisie et des artisans aux écoles, et peut-être aussi l'exemple qui était donné par la Basoche déterminèrent-ils une véritable détente favorable à l'ordre — et certainement aussi à l'enseignement.

III

LES TRAVAUX UNIVERSITAIRES

Les élèves provenaient primitivement, en grande majorité, de la noblesse et du clergé, — en faible partie de la bourgeoisie,

---

devant le tribunal, et attendu que c'est le premier larcin par elle commis, à la connaissance du prévôt, les juges sont d'avis qu'elle fût menée au pilori, puis bannie de la ville de dix lieues aux environs, et pour toujours, sous peine d'être enfouie vive. (Desmaze. *Le Châtelet de Paris*, p. 352.)
En 1683, un jeune clerc de notaire est condamné à mort par le juge

petite et grande (1), — en partie aussi des artisans et du groupe
important des fonctionnaires de tous ordres ; — enfin, et très excep-
tionnellement des roturiers, serfs, ou gens communs du peuple.

Rabelais (2) dit à l'égard de ces derniers que « **gens de condition ne peuvent faire leurs enfants clers, sans l'exprès
consentement de leur seigneurs** ».

Faire partie, soit du clergé, soit de l'Université, c'était se
soustraire à la justice du seigneur ; et, pour beaucoup, n'était-ce
pas, en effet, une véritable émancipation : La liberté !

Une telle considération devait être déterminante pour les gens
du peuple ; car la justice du seigneur ne passait pas pour être
toujours animée d'un esprit libéral, et on lui préférait, avec
raison, la justice ecclésiastique qui répudiait les châtiments corporels et la peine capitale (3).

Cette juridiction exceptionnelle et longtemps respectée était
due aux papes qui l'avaient introduite pour augmenter l'influence
du clergé. Les rois, de leur côté, l'avaient maintenue et confirmée à diverses reprises, comme constituant un moyen d'attirer
les élèves à l'école et de favoriser le goût des études.

A ce point de vue, une classification démontrerait
que les élèves qui suivaient les cours de théologie appartenaient surtout à la noblesse ; — et que ceux qui se destinaient
au barreau ou aux professions appelées aujourd'hui libérales
provenaient de la bourgeoisie ou des familles de fonctionnaires du
même ordre ; — car, les emplois se transmettaient par voie d'hérédité pour la plupart et entraînaient dérogation à la noblesse,

---

d'Orléans, pour avoir dérobé quelque argent à un chanoine. Cependant
cette peine fut ensuite commuée au fouet et au bannissement par le Parlement de Paris ; et, enfin, à vingt ans de service militaire par le Roi. (Rambaud. *Histoire de la Civilisation*, t. II, p. 150, note 1re.)

(1) La Bourgeoisie, dit *Loyseau*, comprenait seulement les professions
libérales : juges, avocats, médecins, professeurs, notaires.
Les notaires, professeurs, greffiers, les employés de finance et les nota-
bles commerçants pourront être nommés échevins.

(2) *Pantagruel*, chap. v, p. 46.

(3) *Joinville* (Vie de saint Louis) dit ceci : Par les graves parjures et ra-
pines qui étaient faites en la prévôté, le menu peuple n'osait demeurer en
la terre du Roi et s'en allait ès seigneuries ecclésiastiques ; et, ladite terre
était si dépeuplée, que, quand le prévôt de Paris tenait ses plaids, il y
venait si peu de gens que le prévôt se levait parfois de son siège sans
avoir ouï nul plaideur.

sauf quelques exceptions, — notamment pour les notaires de Paris, qui pouvaient être notaires et nobles.

Si l'on ne consultait que les récits dont nous avons parlé plus haut, on se ferait une très fausse opinion des mœurs de la jeunesse universitaire.

Les querelles incessantes, les rixes, les troubles de la rue, les excès et sévices de toute nature, dont les écoliers offrent le continuel et peu édifiant spectacle, étaient pour ainsi dire dans l'ordre naturel des choses à cette époque : l'écolier était turbulent par éducation, plus que par nature ; le temps qu'il passait chaque jour à l'école était considérable, l'assiduité extrême, la discipline sévère, et le châtiment contre toute infraction rigoureux souvent.

Cela explique le dévergondage des récréations ; avides d'une liberté, qu'il fallait leur reconnaître bien gagnée, les jours de congé étaient inévitablement employés à maintes folies bruyantes où les excès, que nous considérerions comme scandaleux, se commettaient ouvertement, et où les jeux se terminaient rarement sans effusion de sang.

Nous disons : inévitablement, parce qu'en effet les querelles sans motifs, les provocations et les combats étaient dans les habitudes courantes des seigneurs, des officiers et soldats, voire même des bourgeois.

Les écoliers péchaient d'exemple.

Pour éviter ces écarts, défense expresse et sous les peines les plus graves leur avait été faite de porter l'épée ou aucune arme quelconque, même le bâton ferré qui était leur compagnon favori. — Mais, pour être exact, il est nécessaire de remarquer que jamais défense ne fut plus mal observée peut-être même avec la complicité du gouvernement, qui, en incorporant dans la milice urbaine une compagnie d'écoliers, sous Louis XI, donna ainsi à l'Université une éducation quasi-militaire, grâce à laquelle les précédentes défenses ne furent plus respectées.

Les relations des élèves de l'Université avec le peuple furent toujours excellentes. D'importants secours, en nature et en argent, étaient distribués par eux aux malheureux qu'ils visitaient souvent.

Ceux qui fréquentaient alors les écoles n'étaient pas, en général, dépourvus de fortune. La pension et les frais d'étude s'élevaient d'ailleurs, et dans les derniers temps surtout, à une somme relativement considérable, au collège de Lisieux, près la porte Saint-Jacques, à Paris, notamment. Voici, d'après M. Lefeuvre (1), quelles étaient les conditions d'admission, ce qui donne un élément d'appréciation pour les autres écoles.

Pour les élèves de Paris, trois cents livres (2) sans vin; trois cent cinquante livres avec vin; plus, quatorze livres huit sols au perruquier; — dix-huit livres de blanchissage; — six livres de papier; — et une livre dix sols au portier, lors de l'arrivée.

Pour les élèves de la succursale de province : deux cent cinquante livres, plus : quatorze livres huit sols au perruquier; — autant de blanchissage ; — six de papier ; — dix de bois et de chandelle; — une livre dix sols au balayeur.

Ces prix ne sont fixés que pour les classes de philosophie et les humanités; — on paie mensuellement, pour les plus jeunes : trois livres de supplément jusqu'en sixième, et, pour les théologiens, douze livres d'étrennes aux domestiques, outre le prix de leur chambre s'ils en ont une à part.

Les parents fournissent eux-mêmes : lits, draps, couvert, serviette, cassette et pupitre.

Enfin, il y avait alors, comme aujourd'hui : étudiants et étudiants. — On ne paraît pas avoir fait de distinction, quoique cependant cela eût été utile pour la défense des véritables écoliers.

A côté de ceux-ci, en effet, vivaient une quantité prodigieuse d'étudiants qui n'en avaient que le titre d'emprunt; leur âge avancé, des moyens d'existence douteux et certains autres symptômes permettent d'affirmer qu'ils dûrent souvent entraîner la jeunesse studieuse plus loin qu'elle n'eût voulu. — Elle seule payait les dures conséquences de cette alliance (3).

La majorité des véritables étudiants se composait d'externes logés dans les maisons bourgeoises, usant et abusant d'une liberté d'autant plus grande qu'ils ne subissaient aucune direction, aucun contrôle, en dehors de leurs cours.

(1) *Histoire de Paris*, t. V, p. 440.
(2) Pour la valeur de la livre, *voir* p. 18.
(3) Fournel. *Vieux-Paris*.

La division par classe, qui forme la véritable camaraderie contemporaine, n'avait alors aucune influence extérieure. Par contre les étudiants se réunissaient en groupes compacts et par origine. Chaque province, chaque nation, — car le nombre des étrangers était souvent considérable, — constituait un groupe spécial qui semble vivre des mêmes ressources, posséder les mêmes sentiments et qu'on appelle par son nom d'origine : « Les Picards, les Anglais, » etc...

Si cette division avait une utilité quelconque, ce n'était certes pas pour le maintien de la bonne harmonie générale. En maintes circonstances, il est vrai, les groupes fusionnent, se confondent dans un intérêt commun, soit pour résister à un danger qui menace les prérogatives écolières, soit pour réclamer une justice qui paraît due au corps entier. — Mais, à côté de cela, que de rivalités de nation à nation, de groupe à groupe, d'école à école ! Que de querelles suscitées par cette division ! La moindre discussion théologique, le moindre enfantillage provoque les voies de fait. Les jeux eux-mêmes ne se composent, au Pré-aux-Clercs, que d'exercices violents; sortes de combats réglés entre groupes, et d'où l'on sort blessé, meurtri et souvent mortellement atteint (1).

On conçoit qu'une semblable éducation excuse bien des turbulences. Elle nous semble aussi de nature à enlever aux querelles des rues, dont nous avons cité certains exemples, le caractère criminel et oppresseur qu'on serait tenté de leur donner. — Il faut les considérer comme une conséquence des mœurs féodales et les excuser.

Les écoliers travaillaient d'ailleurs avec une assiduité extrême, et c'est la chose essentielle à retenir.

Au point de vue où nous nous plaçons, il faudrait rechercher la part faite par les programmes universitaires à l'étude du Droit. Or, jusqu'au [XIIIᵉ siècle, cette science, après des vicissitudes diverses, qui, tour à tour l'avaient fait rejeter de l'enseignement et l'y réintégrer, était encore peu en goût.

Elle avait été rendue nécessaire, cependant, par les réformes judiciaires de Saint Louis.

(1) Fournel. *Vieux-Paris*, p. 33 et suivantes.

Au Droit Romain, on dut ajouter peu après, l'enseignement du Droit Coutumier, préparé et facilité par la codification des Coutumes, et, c'est évidemment à ce double enseignement qu'on peut rattacher la création des procureurs et de leurs clercs, — dans le sens actuel du mot, — et, par voie de conséquence, la naissance de la Basoche.

Dès lors l'Université devient, pour les études juridiques, ce que nous la connaissons :

Jusqu'à la fin de leurs études, les écoliers restent groupés, et d'autant plus unis qu'ils se forment plus tard en corporation, à l'exemple des autres professions et métiers.

Mais, les études terminées, l'écolier sort de la corporation universitaire pour entrer dans celle qui concerne la profession choisie par lui. L'étudiant en droit devient donc ainsi basochien en entrant chez le procureur ou le notaire. Il perd sa qualité d'écolier pour prendre celle de clerc, qui est moins une profession qu'une classe d'instruction supérieure : L'instruction professionnelle !

Cela est important pour déterminer exactement l'origine ou la provenance des jeunes gens incorporés dans la Basoche. — On les a longtemps confondus avec les écoliers de l'Université, et rien n'est moins exact.

IV

FÊTES DES ÉCOLIERS. — BIENVENUES ET AUTRES USAGES ASSIMILABLES A CEUX DE LA BASOCHE.

Les écoliers avaient leurs fêtes, qui concordaient souvent avec celles des autres corporations et devaient faciliter une jonction entre elles. — Le cérémonial était d'ailleurs le même ou à peu près.

On ne comptait pas moins de dix à douze fêtes, du premier janvier à Pâques ; fêtes ou vingt mille écoliers se trouvaient parfois réunis, — juste le double des basochiens. Elle avaient lieu :

1° Le six janvier, — jour des Rois, — où les écoliers procédaient en grande pompe à l'élection d'un pape de fous, —

personnage bouffon et ridicule, promené de place en place ;

2° A la Sainte-Catherine et à la Saint-Nicolas. — Ces fêtes furent interdites aux écoliers par le clergé ; mais elles furent célébrées malgré cette défense ;

3° A la Saint-Guillaume, — patron de la France ;

4° A la Chandeleur ;

5° A Pâques, le dimanche et le lundi, jours où avaient lieu de grandes réunions au Pré-aux-Clercs.

Nous passons bien d'autres réunions périodiques ; celles, par exemple, qui accompagnaient l'élection des recteurs, l'entrée des souverains, les traités de paix, et qui revêtaient la forme d'immenses processions.

Notons encore, pour en faire l'objet d'un rapprochement avec les fêtes de la Basoche, les réunions tenues après Pâques ; et, notamment :

Le premier Mai, pour la plantation du Mai ;

Le onze Juin, jour de l'ouverture de la foire du Landit, à la Chapelle-Saint-Denis, — où l'Université percevait certains droits, à titre de privilège.

Le vingt-cinq Août, à l'occasion de la Saint-Louis.

Le six Décembre, jour choisi par les clercs de Notre-Dame pour célébrer également leur fête des fous.

Et, enfin, à la rentrée des classes, où nous retrouvons encore une coutume basochiale, — celle de la bienvenue des béjaunes ou becs jaunes, — nom donné aux nouveaux élèves, comme nous le verrons donner aux jeunes clercs des Basoches.

Cependant, l'Université paraît avoir fait de ce droit une pure et grotesque récréation, semblable aux brimades actuelles de nos écoles.

En effet, à l'arrivée des nouveaux élèves, on nommait à l'élection, — parmi eux, — l'abbé des béjaunes ; et celui-ci, le jour des Innocents (choisi en dérision), devait parcourir la ville, monté sur un âne ; le soir, il recevait le baptême avec ses béjaunes, au moyen d'une aspersion d'eau sale.

Fournel raconte, à ce propos, que le jour des Innocents, en

1476, le nouvel abbé fut condamné à huit sous parisis (1) d'amende pour avoir manqué à ses devoirs, — manquement qui, du reste, se conçoit fort bien.

Ces coutumes étaient très anciennes, — et, à coup sûr, antérieures à la création de la Basoche.

Elles avaient donné lieu à de nombreuses réclamations qui aboutirent, vers 1340, à leur suppression. — Mais, rétablies bientôt après, elles semblent s'être continuées pendant fort longtemps sans nouvelles difficultés.

Les fêtes des écoliers universitaires ne constituaient pas un privilège particulier de cette jeunesse ; partout, dans toutes les classes de la société, on rencontre l'exemple de divertissements qui nous paraîtraient maintenant licencieux.

Une fête des fous se célébrait dans certaines cathédrales.

Des représentations théâtrales avaient lieu dans plusieurs couvents de femmes, notamment à Poitiers et à Rouen.

Les sous-diacres d'Amiens transformaient, pour leur fête des fous, certains chants religieux et les appropriaient à cette bouffonnerie.

En 1227, les enfants de chœur de la cathédrale de Laon élisent un évêque et jouent une comédie pendant la messe, — cette tradition dura jusqu'en 1546.

Les mêmes usages se rencontrent à Cahors, Besançon, Châlons, Langres, Reims, Troyes, Sens, etc., etc. (2).

---

(1) Il faut nécessairement distinguer entre la monnaie *tournois* et la monnaie *parisis*, pour se rendre compte de la véritable valeur du denier et du sol ou sou, valeur qui, au surplus, varie constamment, et dans de grandes proportions, par les différences d'alliages qu'on rencontre sous chaque règne.

Le *denier* formait la douzième partie du *sol*, et le sol la vingtième partie de la *livre*.

Il y avait le denier et le sol d'*argent*, d'une valeur de 25 centimes environ pour le denier, et de 3 fr. pour le sol ; puis le denier et le sol d'*or*. Le denier valant 3 fr. environ et le sol 37 fr. La monnaie parisis était cotée 1/6 en plus que la monnaie tournois.

(2) Fabre. *Les Clercs du Palais*, p. 220 et 221.

V

L'ÉCOLIER A SA SORTIE DE L'UNIVERSITÉ

Telle était l'éducation première des futurs basochiens, et nous devons savoir gré à cette corporation d'avoir introduit chez elle, au milieu des récréations et des fêtes, réglées à l'instar de l'Université, un élément nouveau, — mais sérieux celui-là et réconfortant, — l'élément du travail, de la science pratique et du contrôle professionnel (le stage).

L'écolier ne disparaît pas complètement, cela est vrai, et il nous en donne de nombreuses preuves. Mais les basochiens partageront pendant de longues années encore leur temps entre les devoirs que leur imposent une nouvelle situation et les anciennes traditions universitaires, traditions que leur ont empruntées les corporations de métiers, les communautés, les confréries, etc...

Les habitudes de lèse-camaraderie se modifieront également : nous avons vu l'Université divisée par groupes, — par coteries, — comme nous dirions aujourd'hui; — mais nous verrons toujours les basochiens fortement unis; nous les verrons organisés, conduits et protégés par les chefs choisis à l'élection et respectés par tous; nous les verrons surtout donnant au Gouvernement, et en maintes circonstances, l'appui de leur concours et de leur force corporative. Ce qui est le fait, non plus d'écoliers tapageurs et légers, mais de jeunes gens réfléchis et respectueux de leurs institutions.

Les professions qui s'offraient aux écoliers étaient relativement nombreuses vers le xive siècle.

Pour ne parler que de celles qui nous intéressent : l'ordre civil, administratif et judiciaire comportait un grand nombre de fonctionnaires, possesseurs d'offices qui se transmettaient à prix d'argent ou par hérédité.

Ces fonctionnaires attiraient vers eux de jeunes stagiaires ou clercs qui leur servaient de secrétaires.

Les procureurs, les greffiers et les notaires avaient particuliè-rement recours à ces auxiliaires. Mais, pour préciser la nature de leurs fonctions, il est nécessaire d'examiner sommairement ce qu'était alors l'organisation des tribunaux et du notariat.

CHAPITRE III

ORGANISATION JUDICIAIRE

I

Il existait dans tout le royaume de nombreux tribunaux ecclésiastiques, rendant la justice soit au nom des Abbés, soit au nom des Évêques et des Prélats, considérés souvent comme seigneurs hauts-justiciers, soit, enfin, au nom de l'Église.

En général, le tribunal ecclésiastique s'appelle l'Officialité. Il juge à plusieurs degrés.

On distingue : l'official diocésain, nommé par l'évêque, — l'official métropolitain, nommé par l'archevêque, — et l'official primat, nommé par un archevêque primat.

L'official ou juge devait être français, prêtre et licencié en droit ou en théologie.

Les peines prononcées par ces divers tribunaux variaient entre l'amende, les prières, le jeûne, l'excommunication si redoutée alors, la prison à temps et la prison perpétuelle dans un couvent. Pas de mutilation ni de peine capitale, contrairement aux exigences de la juridiction laïque.

L'official connaissait en premier ressort, sous la surveillance du légat du pape et sauf appel à l'une ou l'autre des cours précitées et parfois jusqu'en Cour de Rome, selon les circonstances,

Au civil :

1° Des causes entre clercs et laïques;

2° Des causes concernant les veuves, les orphelins, les pauvres et les personnes qui profitaient du droit d'asile (1);

(1) On sait que les églises et certains lieux particuliers étaient, au Moyen

3º Des causes concernant les testaments, les mariages ou nullités de mariage, la légitimité des enfants, les apports des époux, le douaire de la femme.

La compétence de l'official s'étendait souvent aussi, — selo. l'influence ou la situation politique du moment, — à toutes les autres causes librement soumises à sa juridiction.

Enfin, au criminel :

Le tribunal ecclésiastique connaissait des causes de parjure, d'adultère, de sacrilège et de bigamie.

On essaya souvent de substituer aux juges ecclésiastiques des juges purement laïques, et d'assimiler les tribunaux en question aux tribunaux royaux, notamment pour les recours en appel ou cassation.

En 1325, Philippe VI tentait un premier pas dans cette voie, et ordonnait, par la voie de l'appel comme d'abus, que toute sentence ecclésiastique empiétant sur la juridiction civile serait susceptible d'appel devant le conseil du Roi ou le Parlement, et qu'elle serait cassée s'il y avait excès de pouvoirs.

Un siècle plus tard, en 1425, la juridiction du Châtelet de Paris enjoignait à un délégué, appelé **procureur en Court d'Église**, d'assister deux fois par semaine aux plaidoyers et jugements ecclésiastiques, pour éviter tout empiétement sur la juridiction temporelle.

Malgré tout, l'Église conserva longtemps encore ses droits antérieurs et elle y fut même souvent encouragée par la politique royale.

II

LA JUSTICE CORPORATIVE

Quoique justiciable soit des tribunaux ecclésiastiques, soit des tribunaux laïques, dont nous allons parler, chaque membre des

âge, et même jusqu'à la Révolution, réputés inviolables pour les criminels qui s'y réfugiaient. Pendant toute la durée de leur séjour dans ces asiles, la justice n'avait aucun droit sur eux.

innombrables corporations qui se partageaient la justice, l'instruction, la littérature, les arts, l'industrie et le commerce de la France était, pour tout ce qui concernait la corporation et ses adhérents, soumis à une juridiction spéciale; non pas une juridiction consulaire, comme nous l'avons aujourd'hui, avec nos tribunaux de commerce et des prud'hommes, mais bien une juridiction civile et criminelle en même temps que commerciale.

Les corporations possédaient ce droit soit comme l'accessoire ou la conséquence d'une propriété leur appartenant et à laquelle il était attaché, soit comme l'ayant acquis de celui qui en était pourvu, soit enfin de par la nature même des fonctions corporatives.

M. Rambaud cite l'exemple de l'évêque de Chartres qui céda son droit de basse-justice aux syndics d'une corporation; il cite également les diverses juridictions des principaux corps de métiers parisiens (1).

III

LA JUSTICE LAÏQUE

La féodalité disparaissait peu à peu et la monarchie commençait son évolution.

Chaque jour, le Roi empiétait sur les attributions des seigneurs et restreignait les juridictions particulières, même celle de l'Église, soit en limitant de plus en plus le droit de justice attaché aux fiefs, soit en permettant aux justiciables de recourir par voie d'appel aux tribunaux royaux.

Ce mouvement, provoqué par Saint Louis, fut exécuté à peu près complètement par Philippe le Bel, dont le règne mérita le nom de **règne des légistes**.

Au commencement du quatorzième siècle, c'est-à-dire à l'époque de l'ordonnance de 1302, dont nous allons parler, la justice laïque se trouvait divisée en deux grands pouvoirs qu'il s'agissait de convertir en un seul:

(1) *Histoire de la civilisation française.*

1° Le pouvoir royal, dont la compétence, restreinte au domaine du Roi et aux villes libres (1), allait en augmentant sans cesse, non pas précisément encore par dépossession des autres tribunaux, mais par la surveillance royale qu'exerçaient les baillis et sénéchaux, agents directs du Roi près de sa justice ;

2° Et le pouvoir seigneurial, divisé lui-même en trois juridictions, attachées aux seigneurs, transmissibles avec eux, et vénales comme l'était alors tout ce qui le pouvait être.

On distinguait la basse, la moyenne et la haute justice.

I. — **La basse justice** était limitée aux affaires de la plus minime importance : 1° police rurale ; 2° injures légères ; 3° contestations sur les cens, rentes et contrats.

II. — **La moyenne justice** connaissait des affaires ordinaires du fief, telles que : 1° délits et obligations des vassaux ; 2° nominations des tuteurs et curateurs ; 3° apposition de scellés, inventaires, etc., etc.

III. — **La haute justice** prononçait sur les affaires civiles et criminelles quelconques, sauf les cas royaux, réservés à la justice du Roi, qui, devenant de plus en plus nombreux, finirent par absorber totalement la justice seigneuriale de ce degré.

La justice était administrée au nom du Roi, pour son domaine, ou au nom du seigneur et par lui, dans l'étendue de sa terre. Aux derniers jours de cette administration, le seigneur était assisté d'un juge, d'un procureur fiscal, d'un procureur d'office, d'un greffier et d'un sergent ou huissier.

Le haut justicier, en rendant une sentence, avait été longtemps obligé d'en assurer personnellement l'exécution contre tout contestant non roturier ni vassal, et cela les armes à la main. C'est ce qu'on nommait alors le duel judiciaire, maintenu par Philippe le Bel, mais avec une certaine atténuation.

Le lieu où se rendait la justice s'appelait, selon la juridiction : Parlement, prévôté, châtellenie, vicomté ou viguerie et bail-

---

(1) Les villes libres, c'est-à-dire affranchies du joug des seigneurs et relevant directement du pouvoir royal, étaient : Paris, Reims, Bourges, Metz, Périgueux, Arles, Toulouse, Nîmes, Narbonne et Marseille. (Michaux. *Origines du Notariat*, t. II, p. 278. Note.)

liage; et les juges : conseillers, prévôts, chatelains, vicomtes ou vigniers et baillis.

Le tribunal ne se réunissait pas à jour fixe. — Une ordonnance fondamentale du 23 mars 1302 exige seulement des sénéchaux et des baillis qu'ils tiennent séance de deux mois en deux mois.

Les décisions judiciaires, dont le texte, sauf pour le Parlement, n'est jamais conservé, sont basées sur les coutumes transmises par la notoriété publique, qu'on invoque le plus souvent. La situation du plaideur ou du plaidant est d'une importance décisive dans l'esprit des juges, et voici à ce sujet une anecdote qui peut nous édifier :

Charles VII, voulant faire les honneurs du Palais à l'un de ses hôtes, — Sigismond, roi de Hongrie, — le fit assister à la plaidoirie d'une cause que jugeait le Parlement. Or, l'un des deux plaideurs allait succomber, comme le demandait le rapporteur, pour cet unique motif qu'il n'était pas gentilhomme (1). Sigismond se leva, appela à lui le malheureux roturier et l'arma chevalier, séance tenante, ce qui le rendit gentilhomme, et, par cela même, justiciable du Parlement. Cela changea la face du procès, que l'autre plaideur perdit.

IV

LE PARLEMENT

Au sommet de la justice siégeait d'abord la Cour des Pairs ou Cour du Roi, formée des seigneurs et grands vassaux, dont six laïques et six ecclésiastiques. Cette Cour avait pour mission de statuer sur les affaires générales du royaume et de la couronne.

Considérée, pendant longtemps, comme constituant soit un Conseil, plus qu'un tribunal, soit une simple justice seigneuriale mais suzeraine appartenant au Roi, Saint Louis transforma cette

---

(1) C'est-à-dire que le Parlement, ne connaissant en première instance que des causes de nobles, ne pouvait être saisi, dans l'espèce, de la contestation d'un roturier. *Voir* p. 29.

cour en **Parlement** et y rattacha progressivement toutes les
causes ayant une importance politique quelconque ou un intérêt
général, — spécialement en matière de crimes et délits.

La Cour des pairs ou Parlement suivait le Roi dans ses nombreux déplacements. — Elle ne siégeait officiellement que deux
fois par an; en sorte que l'extension de la justice royale, au détriment de la justice seigneuriale, nécessita une notable modification dans son fonctionnement.

Philipe le Bel, par une ordonnance du 23 mars 1302, prescrivit donc que le Parlement ne se déplacerait pas, qu'il serait
sédentaire à Paris, et qu'il tiendrait au moins deux séances annuelles; peu de temps après on l'obligea à en tenir quatre. Il est
à remarquer que la justice inférieure, la justice prévôtale, par
exemple, était déjà sédentaire et s'exerçait d'une façon continue.

Le Parlement avait trois présidents, un pour chacune des trois
chambres ou divisions judiciaires, soixante-dix-huit conseillers
gagés, dont quarante-quatre ecclésiastiques et trente-quatre
laïques.

Mais, dit M. Alfred Rambaud (1), les causes soumises à ses délibérations devenaient chaque jour plus compliquées et commençaient à exiger des connaissances de droit que ne possédaient ni les
prélats, ni les barons, ni les chevaliers, ni même les ministériales
du Roi; on y fit donc entrer des légistes de profession. « Ces
« hommes n'y eurent d'abord qu'une situation tout à fait subal-
« terne; ils étaient assis au-dessous des membres de la Cour, sur
« le marche-pied du banc où siégeaient les barons, afin de pouvoir
« leur suggérer des arguments de droits. » On distingua longtemps « entre les membres nobles, qui jugeaient, et les légistes
« plébéiens, qui faisaient les rapports ». Bientôt, les barons se
lassèrent d'assister à des délibérations dans lesquelles ils sen-
taient trop leur infériorité, — et Philippe le Long, par une
ordonnance de 1319, interdit aux prélats de siéger dans son
Parlement, « se faisant conscience, disait-il, de les empêcher au
« gouvernement des affaires spirituelles ».

« Alors, les jurisconsultes prirent la place abandonnée par les

_____

(1) *Histoire de la civilisation française*, t. I, p. 219.

« grands et siégèrent en robes rouges fourrées d'hermine, — « insigne de souveraineté royale. » La justice se trouvait donc ainsi administrée par des juges de profession ; magistrats purement laïques.

L'affranchissement des communes et des serfs, esclaves jusqu'alors, ne pouvant cultiver librement, ni posséder, ni transmettre, augmenta forcément les transactions et les contestations judiciaires ; d'autre part, la régularité et l'esprit plus large et plus équitable de la justice royale, comparée à celle des seigneurs, rendirent nécessaires la création d'autres cours et tribunaux.

Le Parlement de Paris délégua des juges qui siégèrent en province ; mais, quelques années plus tard, l'abondance des affaires força le Roi à établir d'autres parlements : Toulouse avait déjà le sien d'ailleurs, qui fut maintenu en avril 1437 et exerçait dans le ressort des justices du Languedoc, du Rouergue, du Quercy, de Foy, de l'Ile-Jourdain, d'Auch, de Lectoure, de Tarbes et de Pamiers.

On en créa d'autres, notamment :

A *Grenoble*, le 12 juillet 1409; sa compétence s'étendait à tout le Dauphiné ;

A *Bordeaux*, en juin 1462, avec juridiction sur la Guyenne, les Landes, le Périgord, le Limousin, l'Argonois, le Condamois et l'Armagnac ;

A *Rennes*, le 27 novembre 1475, son pouvoir s'étendait à toute la Bretagne ;

A *Dijon*, le 13 mars 1476, avec juridiction dans toute la Bourgogne ;

A *Rouen*, en 1499; sa compétence s'étendait aux justices de : Caudebec, Évreux, les Andelys, Caen, Coutances et Alençon ;

Et *Aix*, en juillet 1501; la compétence de ce parlement s'appliquait aux tribunaux : d'Arles, Marseille, Toulon, Hyères, Draguignan, Grasse, Castellane, Digne, Sisteron, Forcalquier et Brignoles.

Plus tard, d'autres cours furent aussi créées :

A Pau, en 1620;

A Metz, en 1633;

A Besançon, en 1674;

A Douai, en 1688,

Et à Nancy, en 1769.

Le Parlement de Paris avait son siège au palais du Roi, — dans la partie du Palais de Justice actuel qui se trouve entre la Conciergerie et le boulevard du Palais. Philippe le Bel, qui y eut sa demeure, de même que plusieurs de ses successeurs, avait tenu à y loger tous les membres de la Haute-Cour.

Ce Parlement eut, comme l'Université, ses bons et ses mauvais jours.

L'ensemble de son histoire le fait voir : tour à tour tout-puissant dans le royaume, dictant au Roi ses devoirs et ses volontés, dirigeant la politique en sanctionnant ou refusant de sanctionner les édits royaux ; puis, brusquement dénié par le souverain, obligé de se déjuger ou de prononcer contre sa conscience, selon le bon plaisir du monarque, sous peine de destitution, d'exil et de bannissement.

De là, une source de conflits entre la justice et la royauté. François Ier restreignit ce droit, mais donna au Parlement la faculté de faire des remontrances, pour lui signaler les perfectionnements à introduire dans les décisions souveraines. Les remontrances donnèrent lieu elles-mêmes à une foule de difficultés. Pour les vaincre, le Roi usait parfois de pression en venant personnellement siéger à la Cour, ce qui constituait un lit de justice, ou en livrant à des châtiments exemplaires les juges qui n'étaient pas suffisamment dociles à ses volontés.

Tel est le spectacle que nous offre, en effet, la Cour Suprême, dans l'espace de plusieurs siècles. Est-il besoin de citer quelques exemples pris parmi les plus rapprochés de nous :

Louis XIV défend au Parlement de lui faire des remontrances, il exile les juges qui n'exécutent pas cet ordre.

Son successeur, en 1731, éprouve une vive résistance de ce tribunal, — qui suspend le cours de la justice, comme l'Université autrefois arrêtait ses leçons. — Le roi exile les conseillers et ne les rappelle qu'un an après.

Peu d'années plus tard, et sous le même règne, nouvelle résistance et nouvel exil. Mais, cette fois, tous les tribunaux ayant approuvé et soutenu le Parlement, la sentence est rapportée plus rapidement que la précédente.

Dans les dernières années du même règne, un semblable fait se reproduit encore et donne lieu, comme aggravation de peine, à la confiscation des biens appartenant aux juges hostiles au Roi.

Sous Louis XVI, deux ans avant la Révolution, le Parlement était mis en vacances obligatoires en attendant la réforme judiciaire destinée à vaincre une résistance qui portait ombrage aux prérogatives ministérielles ou royales.

A la vérité, ce sont là les plus mauvais jours de la justice et des tribunaux; les temps où les souverains ne se rendaient pas volontiers, comme Saint Louis et Philippe le Bel, à la raison de ceux qu'ils prenaient pour juges ; les temps aussi où les juges, mal choisis, étaient mal considérés et impopulaires.

Les fonctions de membre au Parlement, quoique dévolues par le Roi, à partir de 1454, étaient vénales. Louis XI, par une ordonnance du 27 octobre 1467, avait reconnu aux magistrats le droit de conserver leurs offices, qui, plus tard, sous Henri IV, furent déclarés héréditaires. Cela devait couper court aux dangereux abus antérieurs, — où la fonction de juge et le droit de justice étaient mis aux enchères comme un accessoire de la propriété seigneuriale.

Cette situation variable du Parlement eut une profonde influence sur la Basoche, qui lui dut en grande partie sa liberté de critique et ses faveurs royales ou populaires.

V

LE CHATELET DE PARIS. — LE PRÉVÔT

On désignait d'abord sous le nom de Grand-Châtelet le château fort où siégeaient les diverses juridictions parisiennes, et ensuite ces juridictions elles-mêmes.

Le Parlement n'avait dans ses attributions que l'examen ou la connaissance de causes exceptionnelles. Il ne jugeait en première instance que les causes des pairs, prélats et barons; celles des communes et les causes du domaine.

Il avait le droit d'appel et de cassation sur les autres causes jugées par les tribunaux inférieurs.

La justice de première instance était du ressort du prévôt. Il y eut cependant, à partir de Henri II, un **Présidial** qui jugeait au civil et au criminel.

Le prévôt de Paris, choisi, ainsi que ses officiers, parmi les jurisconsultes éminents, comme l'ordonna Louis XII, en 1498, était un personnage considérable. On lit dans le « Grand Coutumier de France » que, comme chef du Châtelet, il représente la personne du Roi au faîte de la justice. Il était, en effet, chargé de l'administration de la ville et exonéré du contrôle des baillis et sénéchaux; il avait certaines prérogatives étendues, telles que la connaissance exclusive et souvent, en dernière instance, des causes concernant :

1° Les justiciables que le Roi exemptait par faveur des tribunaux de province (la justice royale préférée à la justice seigneuriale);

2° Les réclamations contre les bourgeois de Paris, en matière civile;

3° Les causes concernant l'Université;

4° Et les causes s'appliquant aux approvisionnements.

Il était le conservateur des priviléges de l'Université, chargé de les sauvegarder, ce qui explique sa mise en cause, si souvent répétée, dans les querelles entre écoliers et bourgeois.

Enfin, le prévôt avait le commandement militaire de la ville, et, en cas de vacance de sa fonction, le procureur général lui-même remplissait l'intérim.

Pendant longtemps, le prévôt fut chargé non seulement des fonctions d'administrateur judiciaire et militaire, dont nous venons de parler, mais encore des fonctions concernant les juridictions volontaires : notaires, greffiers, huissiers, etc.

La juridiction prévôtale s'étendait à Paris, à ses faubourgs et à huit autres prévôtés : Montlhéry, Saint-Germain-en-Laye, Corbeil, Gonesse, La Ferté-Alais, Brie-Comte-Robert, Tournan et Chaillot, qui jugeaient sauf appel au Châtelet.

Le Châtelet de Paris, ancienne demeure des comtes de Paris, où ils rendaient la justice, avant la réunion du comté de Paris à la Couronne, sous Hugues Capet, était une forteresse à peu près carrée, avec poternes, tours et ponts-levis. Le tout couvrant l'emplacement actuel de la place du Châtelet, depuis le bord de l'eau jusqu'à la rue de la Vannerie. Le prévôt y avait sa demeure, ainsi que d'autres fonctionnaires judiciaires, militaires et civils, — les notaires notamment.

Le Parlement venait plusieurs fois par an y prononcer ses sentences sur certains cas qui lui étaient réservés.

Plus tard, dit M. Thomas (1), l'accroissement des services contraignit le corps judiciaire à aller chercher asile ailleurs. Il s'installa dans le couvent des Augustins, près du palais du Roi, c'est-à-dire à proximité du Parlement. Les notaires seuls restèrent au Châtelet.

La prévôté n'était pas une sinécure. Les causes affluaient en si grand nombre qu'une ordonnance de 1485 enjoignit au prévôt d'être au Châtelet, chaque jour, à sept heures du matin.

Il est vrai qu'en vertu d'une ordonnance de 1454 les membres du Parlement devaient ouvrir leur audience à six heures du matin, au printemps et en été, et un peu plus tard dans les autres mois.

C'était alors un usage général parmi les fonctionnaires, et la longueur des vacances dont ils jouissaient était un équivalent à envisager.

Nous avons indiqué plus haut le nombre des magistrats du Parlement. Ceux qui étaient accrédités près le Châtelet comprenaient, en dehors du prévôt et de ses lieutenants :

64 conseillers (en 1327, il n'y avait que 8 conseillers : 4 clercs
    et 4 laïques, aux gages de 40 livres),
  1 juge-auditeur,
  4 avocats du Roi,
  1 procureur du Roi,
  8 substituts,
  1 chevalier d'honneur.

Les autres fonctionnaires du Châtelet étaient :
  60 notaires.

Les procureurs, les huissiers, les certificateurs de criées, les

---

(1) M. Thomas, doyen des notaires de Paris. *Vie d'un notaire*, p. 88 et suivantes.

commissaires examinateurs, un commissaire aux saisies réelles, un scelleur, un receveur des consignations, un receveur des amendes, un concierge-buvetier, les agents de change, les experts et greffiers de l'écriture.

Tous ces fonctionnaires, dont le nombre fut sans cesse augmenté, avaient, dans la limite de leurs attributions respectives, un ressort très étendu : les affaires commencées légalement à Paris pouvaient être continuées en n'importe quel endroit où il était nécessaire de se transporter.

Nous avons parlé de la solidarité entre étudiants et nous parlerons de celle qui régnait dans la Basoche ; mais le corps judiciaire donna lui-même, et souvent, l'exemple digne de remarque d'une communauté de sentiments défensifs.

Le Parlement et le Châtelet avaient une situation bien différente, et nous avons vu que la Haute-Cour dut souvent résister aux passions politiques pour le maintien et l'indépendance de la justice. Or, dans les dernières années de la monarchie surtout, nous voyons le Châtelet obligé d'opposer une semblable résistance.

Ainsi, en 1753, à propos des billets de confession, et lorsque les Parlements de province appuyèrent la résistance du Parlement de Paris, le Châtelet se joignit à eux et les rigueurs royales l'atteignirent au même titre.

Le 27 Mai 1771, à la suite des projets de réforme du chancelier Maupeou, le Parlement ne voulut pas céder à l'ordre qui lui était intimé ; on nomma de nouveaux fonctionnaires que les bailliages et les présidiaux refusèrent de reconnaître. Le Châtelet tint la même conduite, et, comme conséquence, ses magistrats furent envoyés en exil. Un historien raconte que parmi ces derniers se trouvait l'avocat du Roi, d'Espréménil (1). Le cours normal de la justice y fut rétabli en 1774.

Enfin, en 1788, le Châtelet refusa le titre et les attributions de grand bailliage, qui, dans un but d'opposition au Parlement, lui étaient conférés par l'édit du 8 mai de la même année.

_____

(1) Henri Martin. T. XVI, p. 286.

VI

1° *Les Procureurs.*

Les procureurs jouent un tel rôle dans l'histoire de **la Basoche** qu'il est nécessaire de bien connaître la nature et l'importance de leurs fonctions.

Ils ne doivent pas être confondus avec les procureurs du Roi, qui existaient déjà au XIVᵉ siècle, ni avec les procureurs généraux et les substituts.

Ces derniers étaient des magistrats salariés.

Les procureurs dont nous parlons étaient des fonctionnaires libres, tenant de l'avocat et de l'avoué, et servant de trait d'union entre la justice et les justiciables. En voici d'ailleurs l'origine :

A partir du jour où les décisions des juges ne furent plus subordonnées au duel ou aux épreuves corporelles, mais à l'application immatérielle d'un principe de droit écrit ou de droit coutumier ; à partir du jour où chaque sentence nécessita une enquête, un examen réfléchi et une convocation des parties, non en champ clos, mais dans le prétoire, la procédure (1) fut organisée.

En réalité, cependant, ce furent les ordonnances de 1539, 1563, 1566, 1667 et 1670 qui en déterminèrent l'uniformité.

Mais la diversité des juridictions et du droit rendit la pratique des tribunaux difficile, obscure et dangereuse. C'est alors, et pour y remédier, qu'il se trouva, près de chaque tribunal, des intermédiaires entre les parties, — dont l'ignorance de leurs droits s'explique si bien, — et les juges. Ces intermédiaires étaient les procureurs ; leurs fonctions différaient sensiblement de celles des avocats ; les procureurs se bornaient à rédiger les requêtes, les

---

(1) De *procéder*, manière ou action de procéder.

incidents, les répliques, etc., le tout payé à la ligne, et à assister l'avocat qui plaidait sa cause.

Ces fonctionnaires, dit M. Fabre, étaient des clercs n'ayant aucune mission officielle, qui se réunirent un jour en corporation, au détriment des autres clercs. Il en conclut que ce faux point de départ et plusieurs autres mesures semblables furent la principale cause des sentiments belliqueux des basochiens à leur égard (1).

Au commencement du quatorzième siècle, cependant, les procureurs pouvaient exercer leurs fonctions cumulativement avec celle d'avocat. Leur nombre n'était pas alors limité comme il le fut à diverses reprises, notamment en 1378, 1403 et 1498.

Ils étaient accrédités près d'une juridiction dans le ressort de laquelle ils pouvaient exercer.

C'est ainsi qu'à Paris, où il y avait deux juridictions, celle du Parlement et celle du Châtelet, on distinguait les procureurs du Parlement et les procureurs du Châtelet, chacun instrumentant dans son ressort.

Ceux du Parlement, ou plus communément du Palais, se formèrent en corporation dès 1341, et une ordonnance du 17 juin de la même année en reconnaît et approuve les statuts.

La corporation réunissait en une seule et même confrérie « les « compaignons clercs et autres procureurs et écripvains fréquen- « tant le Palais et la Cour du Roi » ; mais, en fait, on ne constate que la présence des procureurs dans la confrérie. Parmi les obligations qui leur incombent, nous citerons celles-ci : les procureurs doivent faire chanter des messes chaque dimanche et sont punis d'une amende, faute de s'y rendre. Toutes personnes, même étrangères au métier, les femmes par exemple, y sont admises comme membres bienfaiteurs, moyennant un droit d'entrée de seize sous parisis (2). Enfin, les membres de la corporation doivent donner une aumône le jour de la Saint-Nicolas d'été, où se font les élections des membres, lesquels doivent être pris parmi la plus saine partie des confrères.

---

(1) Fabre. *Les clercs du Palais*, p. 104.
(2) *Voir*, pour la valeur du sou parisis, p. 18.

Pour être nommé procureur, il fallait remplir les conditions suivantes :

1° Être laïque;

2° Avoir 25 ans;

3° Justifier d'un stage de clerc ou produire un certificat de capacité délivré par les membres du Parlement.

Au Châtelet, ils étaient élus par le prévost assisté de conseillers au Parlement.

La situation des procureurs était relativement lucrative.

Leurs honoraires s'élevaient à quatre livres parisis (1) pour les causes communes; et, graduellement, de ce chiffre à dix-huit livres parisis pour les grosses causes. Ils se prescrivaient chaque année.

La magistrature était moins bien payée. Un conseiller au Parlement recevait cinq sous parisis par jour de service actif. A la fin du XI° siècle, il avait quinze sous parisis; — un siècle après encore, huit cent livres. Mais en 1788, le premier président touchait 10,000 livres; les autres, 5,000. — Les procureurs généraux, 6,000 livres; les avocats généraux, 4,000; les conseillers laïques, 3,750, et les conseillers clercs 3,000.

Il leur était interdit à tous de rien recevoir de leurs justiciables, et les articles 41, 42 et 51 de l'ordonnance du 23 mars 1302, déjà citée, contient, à ce sujet, les singulières recommandations que voici :

« Les magistrats ne souffriront pas que l'on fasse aucun pré-« sent à leur femme, leurs enfants, leurs frères, leurs neveux ou « leurs nièces. Que s'ils reçoivent du vin en présent, ce ne « soit qu'en barils ou bouteilles (2).

« Et ils ne pourront se marier, ni leurs proches, dans le lieu « de leur administration. »

Pour expliquer les attaques parfois passionnées et les irrévérences nombreuses auxquelles les procureurs furent en butte, il faut remarquer qu'ils ne jouirent pas toujours d'une excellente réputation. S'il faut croire les auteurs, et notamment Voltaire,

(1) *Voir*, pour la valeur de la livre parisis, p. 18.
(2) Défense implicite sans doute d'aller avec les plaideurs dans les cabarets.

plusieurs durent mériter ces vers que Boileau adresse à l'un d'eux :

> Je ne puis rien nommer, si ce n'est par son nom.
> J'appelle un chat un chat et Rolet un fripon (1).

L'exercice de la charge de procureur entraînait dérogeance à la noblesse.

2° *Les autres fonctionnaires principaux.*

Mentionnons par ordre ce qu'étaient alors les autres fonctionnaires de l'ordre laïque.

Il y avait :

Les avocats, dont nous avons déjà parlé ;

Les huissiers et sergents ;

Les commissaires examinateurs, enquêteurs ou priseurs,

Et les greffiers.

Les huissiers exerçaient leur ministère dans les **diverses juridictions** royales et seigneuriales. Défense était faite de les choisir parmi les personnes engagées dans les ordres ou simplement tonsurées (2); aucune instruction n'était d'ailleurs exigée d'eux. Une ordonnance d'octobre 1485 dit seulement que les huissiers de la prévôté de Paris sauront lire et écrire ; et cette obligation ne fut imposée aux huissiers de province que sous Louis XIV.

Les significations, sommations et autres injonctions judiciaires se faisaient verbalement depuis longtemps (article 4 des ordonnances de 1425); les saisies ou prises de corps n'étaient d'ailleurs que des opérations manuelles et corporelles n'exigeant qu'une connaissance sommaire du droit et de la procédure.

On distinguait :

1° Les huissiers à cheval du Châtelet, au nombre de 920 peu de temps avant la Révolution. Ils apposaient les scellés et faisaient les prisées;

2° Et les huissiers à verge, au nombre de 236, ayant, à peu

---

(1) Rolet était procureur au Parlement; il fut condamné au bannissement pour faits d'indélicatesse.

(2) M. Desmaze cite cependant une ordonnance du 2 septembre 1425 portant que les sergents-clercs se marieront et deviendront laïcs. Il en était donc qui se trouvaient alors engagés dans les ordres.

de chose près, les mêmes attributions, — et ainsi appelés à cause de la verge dont ils devaient toucher ceux contre lesquels ils procédaient.

Au Parlement, le premier huissier jouissait de prérogatives et d'honneurs importants qui le distinguaient considérablement de ses confrères. Il avait le titre de maître, le rang d'écuyer, et sa fonction ne dérogeait pas à la noblesse.

Dans les justices inférieures, les huissiers s'appelaient **sergents**. Il y avait les sergents à cheval et les sergents à verge. Leur salaire était de cinq sols par signification (1).

Les commissaires enquêteurs et les commissaires-priseurs.

Les commissaires examinateurs ou enquêteurs du Châtelet remplissaient des fonctions judiciaires à peu près semblables à celles des juges commis pour surveiller les opérations de liquidations, licitations et partages renvoyées devant notaires; mais ils conservaient parfois la rédaction de ces actes.

A ces fonctions s'ajoutaient les enquêtes, informations et rapports concernant plus spécialement l'administration de la justice.

Les commissaires au Châtelet étaient peu nombreux.

Ils recevaient seize sols par jour.

Les rôles de leurs copies étaient payés quatre sols.

A l'égard des **commissaires-priseurs**, ces fonctions furent exercées par certains huissiers jusqu'à la Révolution, — on les appelait les huissiers-priseurs. — Deux ordonnances, dont la première datait d'octobre 1696, avaient cependant créé les offices de **commissaires-priseurs**.

Les greffiers exerçaient, au siège de chaque justice, des fonctions semblables à celles de nos greffiers actuels.

En 1775, le greffier en chef avait sous ses ordres 60 commis greffiers et différents autres employés.

Tous les fonctionnaires en question employaient un nombre considérable de scribes ou de secrétaires auxquels on donnait, — parfois très abusivement, — la qualification de clerc. Mais ce

(1) Ordonnance du 1er décembre 1660.

titre appartenait évidemment aux auxiliaires des procureurs à
qui on avait enjoint « d'avoir des principaux clercs bons et suf-
« fisants, sachant lire latin, afin que par leur ignorance ou in-
« suffisance, esclandres ou inconvénients n'adviennent ».

3° *Les clercs de procureurs.*

C'est dans ce milieu judiciaire, mal équilibré encore, sans cesse
sujet plus tard à de nouvelles transformations et subissant constamment surtout les variations de la politique intérieure, c'est
parmi ces nombreux fonctionnaires, d'éducation différente, que
se forma la corporation des clercs de procureurs et que naquit
la Basoche.

Les plaideurs avaient recours aux procureurs et encombraient
leurs cabinets. La procédure était d'ailleurs longue, diffuse et
laborieuse; mais cela n'empêchait pas, néanmoins, l'accroissement progressif des causes nouvelles : L'extension de la justice
royale, la liberté des communes et l'affranchissement de ses habitants, devenus sujets du Roi et non du seigneur, le droit pour
les affranchis de travailler pour eux et de posséder : tout cela
formait autant de motifs pour que les charges des procureurs,
gens de loi et de justice, fussent débordées, et pour qu'ils recher-
chassent l'aide et le concours de jeunes élèves dressés à la pratique des affaires.

En second lieu, l'étude du droit romain et des coutumes en-
seignés à l'Université devait, comme de nos jours, constituer une
instruction trop théorique. L'usage du barreau ou des cabinets
de procureurs facilitait cette instruction en la complétant.

D'où ce double courant inévitable :

Celui du procureur vers l'élève, en qui il trouvait généralement un auxiliaire dévoué et un successeur,

Puis celui de l'élève vers le maître, qui formait ses débuts
par un choix de leçons puisées dans la pratique courante,
instruisait par le contact et permettait de satisfaire aux obligations du stage.

Ce sont, comme nous le verrons plus loin, ces jeunes

gens, clercs de procureurs, qui eurent l'idée de **la Basoche** et la fondèrent.

La situation des clercs de procureurs ne fut à aucune époque ni bien prospère, ni très encourageante. Partout et en tout temps on parle de leur détresse, des exigences de leur emploi et des longueurs du stage imposé.

Les clercs du Châtelet recevaient des appointements que M. Muteau (1) estime avoir été de six sols parisis par jour, soit trente livres par an, au temps de Philippe-Auguste, taux qui dut être sensiblement augmenté un siècle plus tard, c'est-à-dire après les réformes législatives de Saint Louis et de Philippe le Bel.

Les appointements n'étaient pas d'ailleurs le but envisagé, la perspective directe du clerc. Le stage, chez les procureurs comme chez les notaires, constituait un complément d'instruction indispensable en vue de l'achat des offices, et comme le prix des charges était généralement très élevé, il faut en conclure que les candidats, s'ils n'étaient pas personnellement riches, l'étaient du moins par leurs familles, qui devaient souvent venir à leur aide.

La misère des clercs était donc plus apparente que réelle, et cela explique certaines ordonnances qui, à diverses époques, défendaient de payer les clercs de procureur, ajoutant qu'en cas d'infraction à cette règle le contrevenant pouvait être condamné à 100 livres d'amende et même destitué (2).

A la vérité, nous ne pouvons croire que cette défense fût toujours appliquée scrupuleusement, et elle nous semble avoir visé les clercs de procureurs faisant fonction d'avocat stagiaire, et non ceux qui se trouvaient alors chargés d'une partie du travail courant de l'étude, et qui rendaient ainsi journellement des services incontestables aux procureurs.

Les avocats au Châtelet avaient leur tarif. On leur allouait dix livres parisis pour plaider les causes communes et seize pour les grosses causes, — à condition cependant, dit-on, dans une ordonnance de 1425, « que, s'il y a petites causes et gens pauvres, ils « s'en paieront modérément et courtoisement ».

(1) *Les clercs à Dijon*, p. 16.
(2) Nouveau Denizard. *Clercs.*

Lors de l'entrée du clerc à l'étude, comme plus tard lors de sa réception à **la Basoche**, chaque clerc payait une bien-venue qui consistait en une somme d'argent égale, pense-t-on, à un jour de salaire, et qu'on employait en **joyeuses beu-veries**.

Malgré le travail exorbitant dont ils se plaignaient, les clercs trouvaient bien encore le moyen de s'occuper de littérature et de théâtre. Tout a été dit à ce sujet, et nous aurons peu à nous en occuper ici; constatons seulement que les clercs basochiens furent les créateurs de la comédie, et qu'on leur est redevable d'une quantité de poésies remarquables qui ne contribuèrent pas peu à établir la notoriété de **la Basoche**.

Ce fut même, pendant un temps, un véritable besoin chez eux de n'employer que le langage des Dieux pour les choses les plus usuelles. Ils adressaient des requêtes en vers pour obtenir les subsides que leur accordait chaque année le Parlement; ils en donnaient les reçus et décharges en vers également (1), et cet usage alla, dit-on, jusqu'à s'introduire dans la rédaction des actes de notaire.

Quoi qu'il en soit, nous le répétons, la situation du clerc de procureur n'était ni lucrative, ni brillante. On a chanté cette misère, mais en l'exagérant peut-être bien un peu.

Voici comment un clerc de procureur, Collin d'Harleville, dépeint sa position et celle de ses collègues:

> Un pauvre clerc du Parlement,
> Arraché du lit brusquement,
> Comme il dormait profondément.
> Gagne l'étude tristement,
> Y griffonne un appointement (2)
> Qu'il ose interrompre un moment
> Pour déjeuner sommairement;
> En revanche, écrit longuement,
> Dîne à trois heures, sobrement,
> Sort au dessert discrètement;
> Reprend sa plume promptement,
> Jusqu'à dix heures..... seulement.
> Lors, va souper légèrement:
> Puis, au sixième lestement,

---

(1) Muteau. *Les clercs à Dijon*, p. 39 et 40.
(2) Terme de procédure : jugement.

> Grimpe et se couche froidement
> Dans un lit fait, Dieu sait comment!   *
> Dort, et n'est heureux qu'en dormant.....
> Ah! pauvre clerc du Parlement.

Les fonctions de clercs de procureur au Parlement et celles
de clercs de procureur au Châtelet ne devaient pas être sensiblement différentes quant aux appointements. Mais, au moral, les
premiers affichaient, sur leurs collègues de la seconde juridiction,
une telle supériorité qu'il éclata plus d'un conflit entre eux.
Cependant cette rivalité, toute de forme, semble-t-il, ne donna
lieu qu'à des luttes juridiques et à des écarts de plume et de
langage qui n'empêchèrent pas la fusion des groupes dans certaines
circonstances exceptionnelles, comme les fêtes annuelles et les
réunions générales.

Voyons maintenant l'importance qu'avait le notariat compara-
tivement à celle du corps judiciaire.

CHAPITRE IV

LE NOTARIAT

I

Tant que les conventions et les sentences judiciaires furent verbalement conclues et publiées, la mission du notaire, pas plus que celle du procureur, n'eut sa raison d'être. L'usage des sentences écrites dura même encore un assez longtemps avant que ces deux fonctions fussent connues et appréciées.

Charlemagne créa le notariat en 803, bien avant que la fonction de procureur fût connue, par conséquent. Il emprunta sinon l'organisation qui existait chez les Grecs, les Romains, les Hébreux et les Égyptiens, tout au moins son esprit et son but éminemment utile.

Chaque province eut ses notaires, mais la France comportait alors au point de vue administratif, judiciaire ou volontaire, une quantité de groupes terriens indépendants les uns des autres, quoique souvent contigus. Or, les groupes qui appartenaient aux seigneurs et au clergé étaient régis et gouvernés par ceux-ci à peu près en toutes choses et en toutes circonstances, sans aucun contrôle ni appel.

Les réformes opérées par le Roi n'avaient de valeur que sur le domaine royal, et il fallait le consentement du seigneur pour que ses tenanciers, — on pourrait dire plus justement ses sujets, — en profitassent.

L'institution du notariat s'imposa vite cependant à tous; car nous voyons l'exemple de Charlemagne suivi par les seigneurs et les évêques dès 805, c'est-à-dire deux années plus tard seulement.

Cette division, ce droit des seigneurs expliquent et caractérisent bien la différence considérable qui existait entre les notaires des diverses provinces, voire même ceux de divers pays.

Nous n'aurons pas besoin de rechercher ailleurs la raison des nombreuses contradictions que présentent les ordonnances à ce sujet. Au fur et à mesure que le Roi agrandissait son influence et son domaine, les institutions se modifiaient, se nivelaient; mais il fallait cependant tenir compte des droits acquis ou des habitudes régionales; — c'est ainsi que, tout en généralisant la loi, l'ancienne législation continuait, en fait, d'avoir cours et d'être respectée.

A cette époque éloignée, on suit difficilement le fonctionnement du notariat. L'institution se perd même ensuite dans les derniers temps de la Gaule et dans les premières années du Moyen âge.

La rédaction des conventions amiables se confond à nouveau avec le droit de rendre justice. — Mais des scribes aident à la rédaction qui dut alors devenir l'apanage de tout occupant quelque peu lettré et, particulièrement, l'apanage du clergé, à qui nous voyons conserver l'usage d'une grande partie de la juridiction volontaire pendant la féodalité.

Cette juridiction comportait le droit d'assister aux audiences, de rédiger les sentences et d'en conserver les notes, — fonctions de nos greffiers actuels, — de rédiger toutes les conventions amiables des parties. Elle comporta aussi, plus tard, le droit, puis le devoir de conserver les minutes et de délivrer les expéditions. Les seigneurs, en principe, avaient aussi ce droit : « Lorsque, « lit-on dans un auteur (1), le comte tenait le plaid, tous les « contrats devaient se passer devant lui, en présence de « témoins. »

Les réformes judiciaires de Saint Louis ne relèvent pas entièrement l'institution créée par Charlemagne, mais elles donnent au notariat parisien une force et une autorité jusqu'alors inconnues,

(1) Loyseau. *Traité des offices*, livre II, n° 48.

qui se transmettront à travers les âges, pendant plus de six siècles.

En 1270, soixante notaires royaux sont nommés et accrédités près de la juridiction du Châtelet de Paris. Ils exercent leur ministère au nom du Roi, et avec une entière indépendance, d'abord dans l'enceinte du Châtelet seulement, puis, peu à peu, dans un ressort qui n'aura, deux siècles plus tard, aucune limite.

Dès lors, nous voyons le notariat divisé en deux grandes fractions qui comprennent :

1° Le notariat parisien ;

2° Le notariat de province.

Leur histoire accuse une telle différence d'organisation et d'usages, que nous devrons, aussi longtemps qu'elle a duré, tenir compte de cette division.

II

NOTARIAT PARISIEN

Les soixante notaires royaux furent choisis parmi les ecclésiastiques nourris de science juridique, — eux seuls, d'ailleurs, pouvaient comprendre et remplir la mission nouvelle qui leur était confiée, eux seuls pouvaient suffisamment connaître et commenter les coutumes, pour en faire l'application dans les conventions de la juridiction volontaire.

Il y avait là comme un premier essai de la division des pouvoirs judiciaires et civils. Le magistrat qui présidait à la rédaction des conventions, soit en les rédigeant lui-même, soit en les faisant rédiger par ses préposés, greffiers ou notaires, n'était plus chargé de connaître des difficultés que soulevait cette rédaction. Représentant la justice, il n'avait plus que cette seule mission près des parties en cause, et n'était plus leur commettant.

Les notaires royaux étaient donc tous clercs, tonsurés ou engagés dans les ordres, et cela dura jusque sous Charles VII, pour faire place ensuite, et exclusivement, à l'élément laïque, sous Charles VIII.

A côté d'eux exerçaient encore les notaires greffiers ou seigneuriaux, les notaires apostoliques, etc. ; les anciens fonctionnaires revêtus de ce titre, mais non accrédités près du Roi ; et le maintien de ces fonctionnaires donna lieu souvent à des conflits d'attributions ou à des empiétements dont on retrouve la trace, notamment dans cette lettre de doléances adressée par les notaires du Châtelet à Philippe V, en 1317 (1).

« Des notaires non jurés, y est-il dit, rédigent des actes, — et
« même ne pouvant pas suffire eux-mêmes, ils les font écrire
« chez eux, en leur chambre ou ailleurs, par des clers ou scribes
« qui ne sont pas jurés et ne font pas partie dudit nombre (les
« soixante notaires royaux et assermentés), au grand préjudice
« des notaires, lesquels scribes et petits clers n'entendant pas ce
« qu'ils écrivent sont souvent blâmés d'avoir révélé aux parties
« les secrets des causes, — ce qui engendre des procès, fortifie la
« fausseté et abolit la justice, et, ce qui est encore pire, en ces ra-
« visseurs d'affaires, est que, quand ils ne sont point au dit Châ-
« telet, ils ont des clercs en leur place qui font les lettres, instru-
« ments et actes, et les signent sous le nom de leurs maîtres et
« même en leur présence, témérairement, comme l'on dit.

« Et cependant les autres notaires jurés dudit nombre sont
« toujours en leurs études, sans rien faire, n'étant occupés par
« personne, et sont contraints de mendier les restes des ravis-
« seurs. »

A la suite de cette requête, une ordonnance de 1317 mande
« qu'il soit strictement défendu par cri public qu'aucun d'iceux
« ne puisse faire écrire ni signer acte que par notaire juré, et
« que ceux qui auront trop d'affaires prennent quelqu'un de leurs
« confrères pour leur aider. »

Les soixantes notaires du Châtelet formaient entre eux une confrérie (2) ayant, comme la majeure partie de celles qui existaient alors, une organisation exclusivement religieuse.

On assigne à la fondation de cette confrérie la date de 1300, c'est-à-dire que les notaires n'auraient eu auparavant aucune régle-

---

(1) Langlois. *Traité des droits des notaires de Paris.*
(2) De là l'expression de confrères qu'emploient encore les notaires à l'égard de leurs collègues.

mentation corporative. Nous croyons, au contraire, que dès leur nomination, en 1270, les notaires eurent leurs statuts.

Ceux de 1330, dont nous allons donner le texte, mentionnent formellement l'existence d'un règlement remontant à l'époque où Renaut-Barbon était prévôt de Paris; or, il exerçait ses fonctions en 1270 précisément, et il ne les conserva que sept ans.

Le règlement de la Confrérie des notaires n'avait naturellement aucune analogie avec celui qui est en vigueur de nos jours. Très étendu sur le côté religieux, les amendes, les admissions honorifiques ou de bienfaisance dans la corporation, il parle à peine des devoirs confraternels, et laisse dans le silence absolu le côté véritablement professionnel. C'est également ce que nous constaterons plus tard pour le règlement de la Basoche du Palais.

Refait ou confirmé en septembre 1330, ce règlement est l'un des documents les plus précieux de la corporation. En voici la copie fidèle, où nous avons respecté les termes et l'orthographe. Ce texte permettra de mieux comprendre comment s'accomplit le progrès graduel de la Compagnie des notaires, et de se rendre un compte plus exact aussi de la nature des rapports qui devaient exister entre eux et leurs clercs.

RÈGLEMENT DE LA CONFRÉRIE DES NOTAIRES

AU CHATELET DE PARIS (1)

PHILIPPE, par la grâce de Dieu, etc.

Nous faisons à sçavoir, que par devant nos vindrent le commun des notaires de Chastellet de Paris, et afferment, que au temps que feu Renaut Barbon estoit prevost de Paris, Pierre la Pic, mestre Rogier du greffe, mestre Hüe l'oiseleur, feu Nicolas de Rozoy, Hervy de la Trinité, Nicolas le Docteur, Benoist de Saint-Gervais, Gillebert d'Estampes, Simon Payen, Menessier des Fossez, et tuit li autres, qui lors estoient notaires audit Chastellet, avoient faite et ordenée de leur commun assentement et de la volonté dudit prevost et par bonne dévotion en l'enneur de Dieu et de nostre Dame Sainte-Marie, tant comme confrères, une confrairie en la manière qu'il est cy-après devisé et escript.

(1) *Anciennes lois françaises*, t. IV, p. 371.

C'est assavoir qu'il chanteront en l'église, où le commun se assentira mex, chacun vendredy, vespres de Nostre-Dame, et chacun sammedy au matin, messe encelle manière, que celui qui serait défaillant devenir aus vespres de denz le premier **Gloria** du premier seaume, payra un denier et dedenz le premier **Kirié** de la messe, un denier, s'il n'avait bel essoigne, de laquele il sera creus par son serement.

Et feront chanter chacun jour une messe, en laquelle seront acueilli principaument nostre seigneur le Roy de France, Madame la Royne, leurs enfants, touz leurs hoirs de France, li confrère et tuit li bienfaiteur de la dite confrairie. C'est assavoir chacun lundi, messe pour les mers ; le mardy, du Saint-Esprit, le mercredi, de Nostre-Dame, et chacun jour ensivant à tous jours ordenerement en ycele manière, en l'Église où ledit Commun feront le service.

Et quand aucun confrère, ou la femme d'aucun notaire ira de vie à mort, tuit li confrère sont et seront tenus à aler au cors, aus vigilles et à la messe, à peine de deus deniers, s'ils n'ont bel essoigne, de laquelle il feront foy en la manière qu'il est cy-dessus, c'est assavoir à ceus qui seront estabiz de par le commun, à garder les choses de ladite confrairie.

De rechief, il est ordené que aucuns desdiz notaires confrères ne puisse escrire au Chastellet ou alleurs en Paris, ne arrester lettres, tant que le commun hantera vespres, vigiles ou messe, se ce n'est pour les propres besoingnes nostre seigneur le Roi : a se il le fait, ce que il gaignera sera ainsi à la confrairie; et le celuy qui ensit l'aura fait, le cele, et il est après sceu, il l'amendera à ladite confrairie, et taxera l'amende le scelleur du Chastellet, à la requête des procureurs; et sera ceste ordonnance bien tenue et gardée, et à toutes les fêtes de Nostre-Dame, de saint Nicolas et de sainte Katerine ; mes les défaillans qui ne viendront au service de ces festes, payeront chacun deux deniers pour chacun défaut.

Derechief, il est ordonné entre lesdiz confrères, que aucun dores en avant, qui soit jurez du Chastelet, tout ait il fait le serment, par la volonté de nous, ou deceus qui après nos seront prévos de Paris, ne soit tenu pour compaignon, pour juré, pour confrère, pour notaire jusques à tant qu'il ait payez dix soulz de Parisis d'entrée à la confrairie.

Derechief que cil des confrères qui se mariera puis qu'il ait esté notaire, payera cinq sols parisis pour son mariage. Et quand il trespassera de ceste siècle, il payra à la confrérie dix sols parisis ou son meilleur garnement. Et se il avenait que aucuns desdiz confrères déchée de son meuble, par maladie ou autrement, soit si poure qu'il ne ait dont vivre, pourquoi il eust esté personne convenable que l'en le pourverra convenablement des biens de ladite confrerie, selon ce que elle sera aisée de meuble.

Derechief aucuns bourgeois ou autres personne convenable veut entrer par dévotion en ladite confrarie, il i sera par ceste condition. C'est assavoir cil ou cele qui en ladite confrerie entrera, il paera diz sols parisis, ou son meilleur garnement; et il aura quand il sera trespassé, huit livres de cire entor le cors ; et seront leuz pour l'âme de luy, quatre psautiers, et si aura la crois et le poille, et ce que il devra avoir de ladite confrairie comme li autres ; et après son obit, li confraires notaires chanteront vigiles et messe propre pour l'âme de luy, en l'église, où il feront leur service.

Derechief, il est ordonné que chacun confrère notaire payera chacun dimanche un denier à mettre en la boiste, et à chacun siège que ladite confrérie fera, deux souz, et tuit li autre confrère payeront audit siège chacun deux soiz et douze deniers pour omosne chacun par an, desqueix deniers qui vendront à ladite confrairie, ladite confrairie sera tenüe en la manière qui est devisée ci-dessus en l'honneur de Dieu et de Nostre-Dame de Sainte-Marie.

Et ceste ordonnance dessus dite promistrent tuit li commun des notaires dessusdiz, qui à présent sont ensemble et chacun pour soy par leur serment, à tenir, garder et fermement accomplir à touz jours à leur povoir, bien et loyaument en la manière qu'il est dit et devisé par dessus, et que il feront assavoir à chacun en droit soy, à ceux qui seront procureurs establis par ledit commun de ladite confrarie, se aucun des compaignons mespeut, en aucune des choses dessus dites, au plustôt qu'ils porront.

Et nous, Guillaume Tibout, garde de ladite Prevoté, regardans et considérans la bénigne affection, la bonne volonté et la dévotion des diz notaires et les choses dessus dites estre convenablement et profitablement faites et ordenées, toutes icelles choses et chacune d'icelles, voulons, bons et entant comme un nous est, approvons et confirmons.

Données à Chasteau-Thierry, l'an de grâce 1330, au mois de septembre.

Ces statuts durent subir une importante transformation à l'époque de l'entrée des notaires laïques dans la corporation. M. Thomas (1) donne la date de 1651 aux statuts de la compagnie, et il se peut, en effet, que le côté professionnel n'ait été réglementé pour la première fois qu'à cette époque seulement.

Pour être reçu notaire au Châtelet, il fallait passer un examen de capacité sur des questions concernant la profession et devant une commission choisie parmi les fonctionnaires des divers ordres civils et judiciaires.

---

(1) *Vie d'un notaire*, p. 61.

Sans être une obligation de la loi, quoique cependant le chapitre XIX de l'ordonnance d'octobre 1535 prescrive une enquête
sommaire sur le candidat, *super vita et moribus*, cela constituait
un usage généralement suivi et respecté par les notaires des
grandes villes. Et c'est à cet usage, dit Denizart (1), et aux précautions dont on entoure l'examen, qu'on rattache la qualification
de **maître** donnée à ceux qui le subissent; car, ajoute-t-il, cette
qualité n'existe ni pour les huissiers audienciers ni pour les huissier priseurs et d'autres officiers encore, reçus sans examen
préalable (2).

Une ordonnance d'avril 1411 place les notaires sous la protection du prévôt de Paris, qui est constitué leur juge spécial pour
toutes les causes les concernant eux et leur famille. Il s'agissait
là d'une simple mesure protectrice des notaires du Châtelet, dont
les privilèges, comme ceux de l'Université, par exemple, se trouvaient être sous la sauvegarde du chef militaire et administratif
de la cité.

Parmi ces privilèges, figurait surtout le droit du scel, dévolu
ailleurs à d'autres fonctionnaires ne jouissant pas d'une juridiction aussi étendue.

Aucun acte ne faisait foi et ne pouvait recevoir son exécution
qu'autant qu'il était scellé par le fonctionnaire compétent de
l'endroit où il en était fait usage, c'est-à-dire revêtu du sceau de
ce fonctionnaire.

Or, le scel du Châtelet faisait foi dans toute la France, et partout aussi en France l'acte devait être exécuté avec le concours
des autorités royales.

Cela attirait dans les Études une quantité de provinciaux ou
d'étrangers, désireux de donner à leurs conventions une force exécutoire plus étendue, une autorité plus générale.

« Notre dit **scel** dudit Chastelet, — lit-on dans une ordon-
« nance du premier décembre 1437, — est privilégié par tout
« nostre Royaume, aussi combien que, en nostre ville de Paris,
« viennent et affluent souvent gens de divers états et de toutes

---

(1) *Actes de notaires du Châtelet*, p. 59.
(2) Denizart aurait pu faire une exception pour le premier huissier du
Parlement, qui avait droit au titre de « maître ». Voir *supra*, p. 37.

« les parties du royaume faire contrats, traités et obligations en
« très grandes et hautes matières, entre grandes parties. »

L'exercice de ces privilèges donnait une haute notoriété aux
notaires du Châtelet de Paris, qui savaient encore la mériter par
d'éminentes qualités et un heureux esprit de concorde et de
conciliation, dont on ne les voit jamais se départir, même au
milieu des plus dures épreuves.

Contrairement à certaines fonctions de l'ordre judiciaire,—celles de procureur, notamment,— la fonction de notaire ne dérogeait pas à la noblesse, et l'ordonnance du mois d'août 1673,
qui le déclare positivement, ne faisait en cela que confirmer les
anciennes traditions à ce sujet.

Les notaires avaient également le rang et la préséance sur les
procureurs, dans les cérémonies, actes et réunions publics (1).

Nous avons dit, au début de ce chapitre, qu'à côté des notaires
royaux l'usage ou la nécessité avait maintenu le fonctionnement
des notaires qui exerçaient près d'une autre juridiction. L'histoire du notariat parisien nous en fournit plus d'un exemple.

La circonscription territoriale des notaires du Châtelet, s'a-
grandit un jour, et, franchissant l'enceinte, se répandit d'abord
dans les domaines particuliers des seigneurs qui entouraient Paris
de toute part. Mais ces seigneurs avaient aussi leurs notaires : on
les y maintint, et c'est concurremment avec les notaires au Châtelet qu'ils continuèrent d'exercer dans leurs ressorts.

A **Gennevilliers** existait un tabellion exerçant pour les seigneurs de Saint-Denis, qui étaient des moines.

A **Colombes**, le tabellion exerçait dans les bailliages et châtel-
lenies des **dames de Saint-Cyr-l'École**, qui en étaient les
seigneurs.

A **Vanves**, exerçaient le notaire de la justice de Sainte-Geneviève, le notaire de la justice du prince de Condé et un notaire
royal au Châtelet de Paris.

Les notaires de **Chaillot**, **Passy**, **Courbevoie**, **Gentilly**,

---

(1) Langlois. *Traité des droits des notaires de Paris.*
Denizart conteste cette préséance et fait remarquer, peu charitablement,
qu'en sa qualité d'ancien notaire, Langlois ne pouvait conclure autrement.
Or, en le suivant lui-même sur ce terrain, on peut ajouter que Denizart,
comme ancien procureur, n'avait pas à critiquer l'opinion de Langlois.

Choisy-le-Roi, **Vitry**, **Villejuif** et **Orly** exerçaient comme tabellions greffiers de leur justice respective.

La fonction du notaire de **Montreuil** change presque avec chaque titulaire, et on y rencontre tour à tour : un clerc greffier tabellion, un tabellion notaire royal, etc...

A la **Villette** et à **Ménilmontant**, nous voyons des commis tabellions exerçant aussi les fonctions de greffier dans les justices limitrophes de leur résidence.

A **Charenton**, deux notaires exercent cumulativement les fonctions d'huissiers.

A **Nogent-sur-Marne**, un tabellion est remplacé dans ses fonctions par un commis et par un greffier notaire-commis qui se partagent les baillages de **Plaisance** et de **Nogent**.

Enfin, à **Nanterre**, le notaire royal au Châtelet de Paris, qui avait sa résidence sur cette commune, était en même temps tabellion de la prévôté de Nanterre.

La plupart de ces fonctions officielles de **clercs** ou **commis** constituaient vraisemblablement des missions temporaires rendues nécessaires par des démissions ou des décès, — missions que nos tribunaux confient encore de nos jours à certains clercs au cours d'instances, et que ceux-ci remplissent officieusement avec le concours et la signature d'un notaire en exercice.

Un édit de février 1674 supprima les juridictions seigneuriales des villes, faubourgs et banlieue de Paris, en les incorporant au Châtelet.

Le produit des études de notaire au Châtelet pourrait être assez facilement reconstitué par le nombre d'actes et par le taux d'honoraires fixé pour chaque acte : les procurations étaient tarifées onze sols ; les inventaires à Paris et dans la banlieue, dix sols parisis par jour, et par chaque notaire, — et plus tard, six livres ; les rôles d'expédition, — d'après un tarif du 23 mars 1302, — étaient de un denier par trois lignes d'écriture, et on atteint plus tard jusqu'à dix sols par rôle de papier grand format.

Les quittances de rentes viagères furent ensuite taxées à six sols. Les quittances de rentes tontinières, de huit à trente sols, selon la quantité des parts (1).

---

(1) Ordonnance du **24** février 1688.

Pourtant l'augmentation progressive des affaires ne donna pas toujours lieu à une augmentation des produits. Trop souvent, des considérations budgétaires qu'on s'expliquerait mal aujourd'hui viennent à l'improviste enrayer les travaux de la corporation et la disloquer. Profitant de la bonne notoriété du notariat, de l'importance pratique de ces fonctions et du nombre considérable de ceux qui en briguaient les honneurs, on voit les gouvernements envisager le notariat comme une chose taillable et corvéable à merci, augmenter le nombre des notaires sans nécessité, retirer à ceux qui sont en exercice une partie de leurs attributions, créer des offices analogues, mais spéciaux, qui constituent un véritable monopole dans le sens mercantile du mot, conférer le titre de notaire, moyennant finance, à des fonctionnaires d'ordre absolument étranger à la profession pour en forcer le rachat, double bénéfice que nous constaterons plus loin, etc...

L'histoire, à ce sujet, offre le plus triste spectacle qui se puisse concevoir, et ce n'est pas sans difficulté qu'un œil exercé pourrait suivre le fonctionnement exact du véritable notariat à travers cette multitude de lois contradictoires, faites ou défaites à prix d'argent, au milieu de cette législation qui créait :

des notaires-secrétaires du roi (1),

des notaires-greffiers ou garde-scels (2),

des syndics-notaires (3),

Tous exerçant dans le ressort du Châtelet ou du Parlement, et, sur certaines matières, en concurrence avec les notaires royaux ou à leur exclusion.

En apparence cependant, ces fonctions ne comportaient aucun autre rôle que celui du greffier, sauf quelques nuances de détail ; mais, en fait, nous relevons souvent des preuves d'un large empiétement sur les attributions des notaires royaux. En 1428 et 1435, notamment, il est certain que des inventaires étaient dressés par les notaires secrétaires du Roi, concurremment avec des notaires royaux. Nous en avons relevé quatre datés des

---

(1) Lettres patentes du 29 novembre 1370. — Ils siégeaient au Parlement.
(2) Art. 104 de l'ordonnance judiciaire de Charles VII.
(3) Édit du 4 septembre 1706. — Cette fonction avait pour unique but de signer en deuxième les contrats d'actes des notaires, sous peine de nullité.

18 août 1428, 5 octobre suivant, 22 mars 1435 et 7 juillet de la même année.

Le notariat a pu, malgré tout, conserver son influence corporative à travers les siècles ; et la Révolution, qui a supprimé les procureurs et bien d'autres fonctionnaires, a senti la nécessité de maintenir l'institution des notaires, grâce aux efforts de la compagnie du Châtelet et à ses antécédents. Cette compagnie y a cependant laissé une grande partie de ses privilèges de juridiction, et ce sont les notaires de province qui en ont profité.

III

NOTARIAT DE PROVINCE

Saint Louis n'avait tenté aucun effort efficace pour arriver à l'unification de la corporation, et Philippe le Bel lui-même s'était moins occupé d'une réforme générale de l'institution que d'une question de forme dans la nomination des fonctionnaires. Il n'était pas question, alors, de prescrire une réglementation unique, favorable aux affaires, mais seulement d'enlever aux seigneurs et de rattacher à la royauté le droit de nommer les candidats aux fonctions existantes, sans d'ailleurs les modifier en quoi que ce soit.

Une ordonnance du 9 novembre 1291 porte donc que l'institution des **tabellions** n'appartient qu'au Roi et que la foi ne sera ajoutée qu'aux actes revêtus de son sceau.

L'essai eut peu de résultat probablement, car, en l'année 1302, si féconde en réformes de toute nature, une nouvelle ordonnance (23 mars) portait, en son article 36, que les sénéchaux, les baillis et autres officiers de justice ne pourront créer et instituer des notaires ; que le Roi s'en réservait le droit à lui et à ses successeurs, **sans préjudicier aux droits des seigneurs, qui sont en possession d'en créer dans leurs terres.**

C'est-à-dire qu'on reconnaissait bien deux notariats : celui du Roi, émanant directement de la volonté non déléguée du souverain ; et celui des seigneurs, limité, circonscrit, et ne devant pas être confondu avec le premier.

Alors que le Roi entourait ses fonctionnaires des meilleures garanties de recrutement et d'autorité, les seigneurs, livrés à eux-mêmes, réglementaient l'institution des notaires au gré de leur fantaisie et de leur intérêt.

L'art. 23 d'une ordonnance de juillet 1304 dit que dans le cas où les fils de notaires et de tabellions seront habiles et voudront succéder à leurs pères, on les préférera à d'autres, et que, s'ils ne veulent pas être tabellions ni notaires, les registres ou les protocoles des pères seront remis aux mains de quelques notaires de bonne renommée et fidèles, qui auront la moitié de l'émolument et rendront l'autre moitié aux enfants. — Toutes prescriptions fort sages, contenant le germe de la vénalité actuelle des offices, complétées plus tard par un édit de mars 1706, autorisant la transmission héréditaire des offices nouvellement établis.

L'art. 25 de la même ordonnance fait défense aux notaires et tabellions d'être bouchers ni barbiers, ajoutant que, s'ils font tels métiers, ils pourront être privés de leurs offices, — ce qui laisse supposer que les fonctionnaires seigneuriaux pouvaient remplir ces fonctions et n'être entourés d'aucune obligation de stage ou de capacité.

Il leur eût fallu, pour cela, soit la volonté des seigneurs, soit la solidarité corporative des notaires régionaux, et nous n'en avons que peu d'exemples, sans doute parce qu'à ces époques les seigneurs étaient moins préoccupés de la réputation de leurs fonctionnaires que de la conservation ou de l'augmentation des revenus de leurs fiefs.

Dans cet ordre d'idées, on peut apercevoir l'accroissement, non des affaires, mais des offices, leur division et leur subdivision, au point que ce notariat se partage bientôt, et jusqu'à la Révolution, en trois grandes fonctions, nées, sans doute, d'avidités pécuniaires, car, si les noms des fonctionnaires sont les mêmes, nous voyons imparfaitement leur assimilation professionnelle au notariat romain, grec ou égyptien.

Cette division comportait :

1° Les notaires, — créés à l'image du notaire royal au Châtelet; ils avaient simplement le droit de rédiger les notes du juge et les conventions amiables des parties, et de les remettre au tabellionage, tous les trois mois;

2° **Les garde-notes,** — qui conservaient, comme archivistes, les minutes et notes du notaire après son décès. Ces fonctions furent exercées longtemps par des greffiers, et modifiées ou complétées, notamment : sous Henri III, par des garde-notes spéciaux, et sous Louis XIV, par des garde-scels, supprimés en 1706 ;

3° **Les tabellions,** — qui délivraient les copies ainsi que les titres exécutoires.

Les tabellions eurent longtemps le pouvoir de désigner des substituts où ils le jugeaient nécessaire et sous leur responsabilité. — Cela résultait d'un édit, daté de Chinon, du 26 juillet 1433, bien formel à cet égard, — d'une ordonnance de 1443 et, précédemment encore, de l'article 26 de l'ordonnance de juillet 1304 précitée, reconnaissant que, « selon l'usage établi dans certains « lieux, les notaires pourraient faire expédier leurs actes, à leurs « risques et périls, par leurs substituts. »

Mais, à l'égard des notaires, cette dernière partie de l'ordonnance, — ne parlant que d'expéditions, — pourrait fort bien ne concerner que le droit de faire écrire ces actes par leurs clercs et non de leur donner l'authenticité par procuration.

Les notaires de Paris devaient écrire eux-mêmes leurs actes, alors qu'en province l'usage contraire était accepté et généralement suivi.

Les notaires ou fonctionnaires seigneuriaux n'exerçaient que dans l'étendue du domaine du seigneur et pour ceux qui en étaient les justiciables.

Les notaires royaux, par contre, exerçaient, soit dans le ressort de la Cour de justice où ils avaient résidence, soit même, en vertu de privilèges spéciaux, dans un ressort plus vaste, et même sans autre limite que Paris.

Les notaires d'Orléans et de Montpellier étaient dans ce cas. Ceux de Rouen avaient une compétence très large aussi, et ce devait être là, très vraisemblablement, le prix d'un certain mérite ou d'une faveur bien gagnée.

Peu à peu, les notaires seigneuriaux disparaissent et deviennent des notaires royaux. — Un édit de février 1761, un autre de 1782 suppriment les tabellionages et les réunissent aux offices de notaires; mais des résistances se font alors sentir et il faut s'arrêter.

Les conseils de Cahors avaient le droit de créer des notaires; ailleurs, la fonction s'affermait aux enchères publiques.

A Tournai, un Edit de 1675 prescrivait l'examen pour être notaire ou tabellion.

Le tabellion n'était pas toujours un fonctionnaire effacé et sans valeur.

Le notaire avait des fonctions semi-judiciaires, — en rédigeant ou conservant les notes du greffe, — et semi-civiles en recevant les actes de la juridiction volontaire. Mais il était tenu, à l'origine et jusqu'à l'ordonnance dont nous parlerons plus loin, d'écrire lui-même ses actes et notes, ce qui l'empêchait nécessairement d'avoir aucun clerc ou scribe avec lui.

Le tabellion, au contraire, devait avoir et était autorisé à avoir des copistes pour l'écoulement de sa besogne. Il avait à dresser les tables alphabétiques des actes qui lui étaient confiés; il avait à expédier et grossoyer ces actes, et tout cela ne se pouvait faire sans l'assistance d'un ou de plusieurs auxiliaires. C'est pour cette raison que le tabellion put, ainsi que nous le disons plus haut, désigner des personnes ou substituts pour le remplacer dans les endroits où cela lui semblait nécessaire (1).

Il conservait non seulement les minutes des notaires, mais encore celles du greffe. On retrouve effectivement sur leurs répertoires, — remis aux notaires à l'époque de la Révolution, — tout à la fois les minutes des actes de ventes, échanges, partages, liquidations et les procès-verbaux d'élection de messiers et marguilliers, de réception d'huissiers, syndics, sergents et procureurs; les procès-verbaux de la police rurale : bornages, bans de vendanges, etc., et les procès-verbaux de la juridiction criminelle : interrogatoires de prisonniers, informations, confrontations, etc.

Lorsque la législation permit aux notaires de se faire aider dans la rédaction des actes par des clercs, on ne considéra plus les tabellions et leurs auxiliaires que comme des expéditionnaires

---

(1) Ce choix lui-même détermina de nombreux abus qui ne furent pas sans nuire aux tabellions. Langlois, *suprà*, cite une déclaration de novembre 1542, où l'on se plaint du défaut d'instruction des clercs ou substituts commis par les tabellions ès bourgs et villages.

ou scribes, à cause de la matérialité de leur besogne, et c'est
vraisemblablement pour ce motif que, brisant définitivement avec
la loi romaine, les tabellionages furent réunis aux notariats et
non ceux-ci à ceux-là.

IV

LES NOTAIRES APOSTOLIQUES

Nous devons une autre mention à cette classe de fonctionnaires
qui joue un très grand rôle dans l'histoire du notariat et qui
avait, comme les autres notaires, ses secrétaires et ses clercs.

La juridiction purement ecclésiastique comportait les mêmes
divisions que la juridiction royale ou seigneuriale.

Il existait, à côté de la justice proprement dite, certaines fonctions de l'ordre amiable ou volontaire dont la principale consistait
à rédiger les conventions, relativement nombreuses, réservées
à l'Église, non seulement pour les ecclésiastiques, mais encore
pour ceux qui se soumettaient à ses lois, sans cependant quitter
le monde laïque. C'est ce qu'on nommait le Tiers-Ordre, constitué en 1215.

Cette fonction était détenue par des notaires engagés dans les
ordres, sortes de secrétaires de l'évêque, appelés notaires apostoliques ou encore notaires de l'Officialité.

Nommés de la même manière que les juges des tribunaux
ecclésiastiques, ils exerçaient dans le ressort de la paroisse, du
diocèse ou du royaume, parfois avec une indépendance absolue,
mais d'autres fois aussi, comme sous Henri II, sous la surveillance et le contrôle des autorités royales : baillis et sénéchaux.

Troublé à chaque instant par les caprices de la politique, tour
à tour augmenté ou restreint comme nombre et compétence, confondu avec d'autres offices, supprimé et rétabli alternativement,
il est impossible de suivre exactement la fortune et le mérite d'un
tel notariat. On peut dire cependant qu'on eut sans cesse à lui
reprocher un trop large empiétement sur les attributions des
notaires laïques, empiétement d'autant plus dangereux pour les
tiers, qu'en choisissant ou en répudiant la compétence ecclésias-

tique, on se plaçait sous la sauvegarde d'une loi différente, non seulement pour l'interprétation des actes, mais encore et surtout pour l'application des pénalités encourues.

Il est même vraisemblable que c'est aux notaires apostoliques que les notaires royaux du Châtelet faisaient allusion en parlant de **notaires non jurés** et en obtenant contre eux l'ordonnance du 5 juin 1317, rapportée plus haut.

En effet, tout ce qui concernait les sacrements, mariage, baptême, etc., était du ressort de l'Église, et on y rattachait souvent, comme en étant une dépendance directe et obligée, les actes concernant les pauvres, les orphelins, et, par suite encore, les successions ! En sorte que les notaires apostoliques étaient les seuls compétents :

Pour les actes concernant la tutelle;

Pour les contrats de mariage et les séparations;

Pour les testaments;

Pour les inventaires, etc.

Il restait donc alors fort peu d'affaires aux fonctionnaires laïques.

Malgré le monopole qui avait été assuré à ces derniers, malgré les promesses formelles résultant de documents législatifs; de simples raisons d'embarras financiers, — nombreux à la vérité, et souvent renouvelés, — les menacèrent constamment, non seulement dans l'exercice de leur ministère, mais encore dans leurs droits de possession des études.

Pour mettre fin à des abus dont les notaires royaux n'étaient pas les seuls à se plaindre, ceux-ci durent finalement racheter, tant à l'État qu'aux notaires apostoliques, les études que ces derniers détenaient.

C'est ainsi que se termina la fonction de notaire apostolique.

Et il en fut de même de certains offices créés à titre de ressources budgétaires, tels que ceux des **notaires-greffiers, notaires du grenier à sel** et **notaires garde-scel**, qui furent rachetés par les compagnies de notaires.

Il est difficile de reconstituer le rôle de la cléricature chez les fonctionnaires en question.

Le peu de stabilité qu'offraient ces postes ne devait attirer qu'un nombre fort restreint d'élèves, sauf peut-être en ce qui concerne les notaires apostoliques. Mais la discipline observée par eux et leur progressif détachement des affaires temporelles ont constamment empêché toute distinction entre le rôle du véritable titulaire de l'office et celui de son auxiliaire.

V

LES CLERCS DE NOTAIRE

Nous avons vu que la création des procureurs fut suivie de près par celle de leurs clercs. Le notariat mit plus de temps à avoir les siens.

Au début de leur institution, les notaires se dénommaient eux-mêmes clercs-notaires, pour exprimer ainsi leur origine ecclésiastique et la nature de leurs fonctions.

Divers actes rapportés par Langlois, dans son Traité des notaires de Paris, constatent cette double qualité, qui fut délaissée sous Charles VII, au moment de l'introduction de l'élément laïque dans la corporation notariale. D'autre part, les clercs auxiliaires apparaissent à cette époque dans les circonstances suivantes :

La rédaction matérielle des actes était expressément imposée aux notaires avant 1541. Les soixante notaires du Châtelet de Paris se trouvaient chargés d'une partie de la besogne des tabellions dont ils cumulaient les fonctions en grossoyant eux-mêmes leurs actes. Cela pourrait paraître d'une très grande importance pour notre sujet, car si les notaires n'avaient ou ne pouvaient avoir alors avec eux aucun clerc ou auxiliaire, il est évident qu'il n'en pouvait figurer aucun parmi les fondateurs de la Basoche, par conséquent encore leur entrée dans cette corporation ne saurait être antérieure à l'époque en question.

Mais il est vraisemblable, au contraire, que les notaires, malgré l'état apparent de la législation, avaient des auxiliaires ou clercs et qu'ils s'en servaient pour la rédaction intellectuelle et matérielle des actes.

L'ordonnance de 1317, rapportée plus haut, est très explicite à l'égard de cette tolérance, relativement aux fonctionnaires notaires non commissionnés ; la facilité accordée aux notaires royaux, de se faire aider par leurs confrères, semble concerner beaucoup moins la confection matérielle de l'acte que sa régularisation et sa signature; en un mot cela nous paraît comme un germe bien caractérisé de la substitution actuelle permise entre notaires.

En ce qui concerne les notaires de province, une ordonnance de juillet 1304 les oblige à avoir registre pour y transcrire leurs actes. Mais cette mesure n'atteignit pas les notaires de Paris, qui continuèrent à exercer leurs fonctions comme par le passé, pendant plus d'un siècle encore. Ils ne furent assujettis à la même mesure que sous Charles VII, par lettres patentes du premier décembre 1437, les obligeant à garder secrètement par devers eux, registre des actes qu'ils passeraient, et qui jusqu'alors, en effet, étaient écrits et délivrés en brevet (1). La nouvelle mesure augmenta très sensiblement la besogne du notaire, qui s'accrut encore en 1510, lorsque l'usage des minutes fut imposé. A quelques années de là, les notaires du Châtelet adressèrent au Roi une requête où « Ils supplient humblement, pour ce qu'ils font à présent « registre comme les autres notaires du royaume, lesquels, au « moyen dudit registre, ne sont tenus écrire de leurs mains leurs « contrats, ce que lesdits suppliants doivent être réglés par l'or- « donnance de votre dit royaume et aussi que iceux suppliants « seraient trop foulez et travaillez de faire lesdits registres et « encore écrire de leurs mains les grosses de leurs dits con- « trats.

« Ce considéré et que tous les autres notaires de votre royaume « n'écrivent et ne font écrire de leurs mains les grosses de leurs « dits contrats, il vous plaira, de votre bénigne grâce, exempter « lesdits notaires de votre dit Châtelet de Paris, de grossoyer « de leurs mains les grosses de leurs dits contrats et permettre « de les faire grossoyer par leurs clercs.

(1) Cela explique la rareté des archives des notaires actuels, antérieurement à cette date. Les études de Paris, d'après les tableaux de M. Thomas, ne possèdent même les minutes qu'à partir du xvie siècle. Il n'y a exception que pour l'étude actuelle de Me Mouchet, dont les archives remontent à 1300. Mais ce sont là des documents ayant un caractère judiciaire, et dont la centralisation a pu être faite en ce lieu.

« Et lesdits suppliants prieront Dieu pour vous et pour votre
« bonne prospérité et santé. »

Il fut fait droit à cette demande par une ordonnance du premier septembre 1541, qui peut être considérée comme réellement constitutive de la cléricature parisienne.

Les clercs de notaire devaient être de la religion catholique. — Une déclaration du 10 juillet 1685 faisait défense à tous notaires et procureurs d'employer les clercs appartenant à la religion réformée. — Ils n'étaient pas des scribes comme l'étaient, à une certaine époque, les clercs du tabellion et du garde-notes.

D'abord, ils venaient tout à coup remplacer légalement les notaires dans une partie de leurs attributions, dans des temps où l'instruction ne courait pas les rues.

Ils étaient tenus au même secret.

Ils devaient, si nous invoquons la plainte des notaires au Châtelet, réunir certaines conditions d'honorabilité et d'intelligence que n'avaient point les scribes et petits clercs des notaires non **jurez**.

Et c'est parmi eux que se recrutèrent ensuite les notaires.

La durée du stage (1) nécessaire pour être admis à ces fonctions était d'une longueur extrême. Il fallait, d'après le règlement du quatre septembre 1685, avoir travaillé pendant dix ans dans une étude de notaire ou de procureur; — et, pour être notaire à Paris, avoir travaillé pendant dix ans, dont cinq en qualité de maître-clerc dans l'étude d'un notaire de Paris (2).

Les clercs de notaire sortaient généralement, d'ailleurs, de la famille notariale ou bien y faisaient leur stage, dans une intimité telle que leurs fonctions furent parfois assimilées à celles des notaires suppléants ou substituants.

Logés chez leurs **patrons** (3), nourris avec eux et à leur

---

(1) Le stage existait comme tradition et comme coutume bien avant d'avoir été réglementé.

(2) *Dictionnaire du notariat*, v° *Stage*, n° 3.

(3) Le mot « **Patron** » a, selon Littré, quatorze significations différentes; mais, appliqué à la cléricature, il semble avoir conservé constamment le sens primitif suivant: Dans l'antiquité et chez les Romains, l'expression « **Patron** » désignait le père, le protecteur ou le guide, dont l'analogie avec le rôle de l'officier ministériel à l'égard de ses clercs a toujours été sous-entendue par eux. Ensuite, et sous les empereurs romains, les **avocats**

table, ils vivaient ainsi sous la surveillance directe et assidue d'un maître bienveillant, dont ils recevaient sans cesse les conseils. De leur côté, les clercs paraissaient fortement apprécier cette direction. Nous ne constatons nulle part le moindre manquement à la soumission et au respect qu'ils avaient pour leurs maîtres ; ce en quoi ils ne suivaient ni les tendances ni les abus de leurs collègues de l'ordre judiciaire, dont les principaux excès de langage et de plume avaient toujours les procureurs et les magistrats pour but.

Les clercs de notaires parisiens ne semblent avoir éprouvé ni les soucis d'existence des autres clercs, ni les besoins fiévreux d'une liberté d'action ou d'une popularité recherchées par les clercs du Palais.

Et ces différentes considérations peuvent expliquer le silence conservé à leur égard, notamment par les annales de la Basoche du Palais.

Nous verrons pourquoi ils ne participèrent point à cette corporation et comment ils eurent même à se soustraire parfois à certaines prétentions qui pouvaient les faire considérer comme en étant les suppôts ordinaires.

Les études de notaire n'étaient pas très encombrées par les affaires, mais le nombre des clercs stagiaires n'en était pas moins important ; à défaut d'occupation technique, on employait son temps à la littérature, à la poésie et à la philosophie. Ces habitudes existaient surtout dans les cabinets des procureurs et plus tard dans ceux des avoués, où bon nombre de nos gloires littéraires ont fait modestement leurs débuts.

Les appointements des clercs de notaire n'excédaient vraisemblablement pas ceux des clercs de procureur ; on est même en droit de penser, qu'en général, ils ne devaient pas être payés, ceux-là du moins qui vivaient et prenaient pension chez le notaire. Il se formait entre clerc et notaire une espèce toute particulière de contrat d'apprentissage qui menait directement le

chargés de la défense devant les juges avaient également ce nom vis-à-vis des clients, autre genre de protection renfermant la même analogie.

Appliqué aux maîtres ou chefs des employés, ouvriers et domestiques, ce mot n'est plus qu'une expression familière impossible à confondre avec celle qui précède.

clerc à la fonction envisagée par lui; et ce pacte ne supporte guère la possibilité d'autres avantages pécuniaires en faveur du clerc.

Cependant les fêtes, les cérémonies et les usages de la bienvenue étaient respectés dans les études de notaire; c'était là une coutume générale et uniforme pour les étudiants comme pour les membres de toute corporation.

Tout clerc qui débutait chez un notaire ou un procureur devait payer, à titre de bienvenue, la somme de six sous parisis. — Au cas de refus, ses camarades, — et plus tard la justice basochiale, — taxaient le récalcitrant à huit sous.

Une nouveau refus exposait à la saisie du manteau et du chapeau (1).

Cette dernière pénalité avait une importance considérable pour les clercs, car elle formait la limite absolue de leur compétence; — il en fut pour le moins ainsi jusqu'au moment de la constitution de **la Basoche.**

En province, la situation des clercs de notaire était différente. Prenant l'initiative des cérémonies ou de toute mesure ayant trait à leur profession, ils jouissaient d'une popularité que leur enviaient inutilement les écoliers et les clercs de procureur. C'est ainsi, comme nous le verrons plus tard, que le *roi de la Basoche* fut choisi parmi les clercs de notaires dans un grand nombre de villes importantes.

VI

CONCLUSION

Nous avons donné, un peu trop longuement peut-être, le tableau des institutions auxquelles se rattache la Basoche; nous les résumerons en quelques mots, avant d'entrer dans le vif de notre sujet.

La jeunesse universitaire, qui avait son existence propre, c'est-à-dire ses coutumes, ses privilèges et ses protecteurs, resta

(1) Fabre. *Les clercs du Palais*, p. 176.

groupée d'abord par la solidarité qui formait son lien naturel et ensuite par une convention corporative.

Ceux qui, leurs études terminées, quittaient la corporation pour faire choix d'une carrière juridique et libérale, entraient en grande majorité :

Comme clercs chez les procureurs, soit au Parlement, soit au Châtelet ; — et en province, chez les fonctionnaires des mêmes ordres;

Comme clercs des notaires royaux, apostoliques ou seigneuriaux, selon l'endroit et l'époque.

L'affinité des occupations, l'esprit de corps puisé à l'Université, l'exemple attrayant des nombreuses sociétés corporatives qui se créaient de toute part, tout enfin dut frapper l'esprit de l'importante multitude des clercs qui encombraient, à Paris, le Parlement et le Châtelet, et leur faire désirer une organisation commune.

Ils avaient une autre raison considérable à invoquer encore :

Comme clercs de notaires royaux ou seigneuriaux, n'étaient-ils pas toujours considérés comme de simples étudiants? En somme, cette fonction constituait bien un stage, justifiait d'une instruction d'un degré plus élevé, mais rien de plus.

N'étaient-ils pas, au contraire, les auxiliaires des procureurs et des notaires, et assimilables à ces derniers?

Dans le premier cas, les clercs étaient justiciables de l'Université ;

Dans le second, ils l'étaient des tribunaux laïques.

Or, on se souvient de l'importance qu'offrait l'adoption de l'une ou de l'autre de ces juridictions.

Constitués en corporation, — avec les privilèges ordinairement accordés à toute collectivité semblable, — les clercs échappaient à l'une et à l'autre. Ils devenaient leurs propres tributaires; ils étaient leurs souverains juges, sauf l'appel comme d'abus, ou quelque chose d'approchant.

C'était assurément un résultat particulièrement favorable à atteindre; — et ce fut ce qui détermina très probablement le mouvement de concentration qui devint la Basoche.

DEUXIÈME PARTIE

HISTOIRE DES CORPORATIONS BASOCHIALES

CHAPITRE PREMIER

L'IDÉE CORPORATIVE ET LES CORPORATIONS

I

BUT DE LEUR CONSTITUTION

La pensée de se réunir en corporation se rattachait, au surplus, à une idée générale du temps, à un usage pour ainsi dire universel, auquel Saint Louis avait donné une forme juridique, en dotant de statuts les corporations d'arts et métiers si nombreuses et si puissantes.

« Le système des corporations, dit Henri Martin (1), était le ré-
« sultat nécessaire de l'organisation de la Société; né de la néces-
« sité où étaient les travailleurs libres de se défendre mutuelle-
« ment contre les déprédations qui les menaçaient de toute part,
« il conservait l'empreinte de l'état de guerre qui lui avait donné
« naissance. L'esprit de corporation était exclusif, égoïste et
« violent. De défensif, il devenait facilement agressif. La corpo-
« ration n'était pas moins jalouse de son monopole que le gen-
« tilhomme de ses droits féodaux. »

(1) T. IV, p. 313.

Ce sévère jugement est mérité par les corporations dont nous venons de parler. Oppressives du commerce et de l'industrie, aussi bien à l'extérieur, — par un système de protection à outrance, — qu'à l'intérieur, — par une entrave permanente et voulue de toute concurrence, elles étaient encore une entrave à la liberté individuelle de leurs membres. C'était moins une corporation d'hommes que de choses ; on dépendait, en effet, de telle ou telle corporation de plein droit, selon l'industrie qu'on exerçait ; — et dès qu'on lui appartenait, il fallait subir, bon gré malgré, toutes les rigueurs de ses règlements.

L'apprenti ne pouvait se marier avant d'être devenu Maître, — et pour arriver à la maîtrise, il fallait passer un examen devant un corps de métier qui, exerçant la même profession que le postulant, se montrait naturellement, et par intérêt, opposé à toute admission nouvelle.

Les corporations avaient leurs armoiries, leur milice fournissant une compagnie par chaque corps de métier à la police municipale et au Roi, leur justice, — ainsi que cela a déjà été dit, — et leurs cérémonies.

Chaque corps de métier se trouvait placé sous le vocable d'un saint ou patron, dont la fête motivait les réunions extraordinaires dont nous allons parler. Peu de temps avant la Révolution, on ne comptait pas moins de cent dix corporations, et l'on comprend aisément ce qu'une pareille agglomération devait être dans une ville comme Paris, quelle force elle pouvait opposer et de quel poids pesaient les revendications collectives.

Le clergé, la magistrature et la noblesse n'étaient directement intéressés à aucune corporation ; mais ils les protégeaient, et l'on eut souvent à se louer et à se plaindre alternativement de cette protection.

Le Clergé, protecteur attitré de toute corporation, avait cependant ses confréries particulières, qui se réunissaient à Notre-Dame ou dans certaines paroisses.

L'Université, nous l'avons dit déjà, était également constituée en corporation particulière.

Les fonctionnaires de l'ordre civil et judiciaire se trouvaient eux-mêmes divisés en une série de confréries, corps, communautés et corporations, ayant séparément leur existence propre.

Toutes ces corporations n'avaient que peu d'analogie avec la corporation des arts et métiers. S'administrant elles-mêmes, non pour imposer à leurs justiciables les rigueurs d'un monopole ou d'un particularisme rigoureux, mais plutôt pour assurer le maintien de très sages prescriptions concernant leur recrutement, l'administration de la justice et la répression des abus ; c'était à la fois se garer contre la mobilité politique de leurs haut-justiciers et contre les faiblesses des membres de la Compagnie.

Les offices variaient à l'infini, et cet abus eût pu produire les effets les plus déplorables sans les précautions et la surveillance des corporations. Nous avons dit que les tabellionages de provinces avaient eu des artisans et des ouvriers pour titulaires, il en fut de même des autres fonctions. Pendant longtemps, en effet, on s'attacha moins au mérite des candidats qu'au gain qu'on devait tirer de leur nomination.

Un édit de 1691 amena, en dix-huit années, la création de plus de quarante mille offices, vendus par le Trésor public et à son profit. Cela fit dire à un ministre de Louis XIV : « Chaque fois que l'on crée un office, Dieu crée un sot pour l'acheter. »

C'est d'ailleurs à ce même ministre qu'on doit l'abus insensé du trafic des lettres de noblesse, à lui aussi qu'on dut les taxes sur les actes notariés, sur les nominations aux dignités, etc...

L'épuration faite, les communautés et corporations des fonctionnaires civils et judiciaires purent se soustraire aux reproches adressés aux confréries et leur survivre en donnant la preuve d'une incontestable utilité professionnelle et d'une sécurité publique absolue.

Les communautés ou corporations nommaient généralement leurs officiers, c'est-à-dire le conseil de l'ordre ou la Chambre de discipline, à l'élection et au suffrage restreint, sur la liste des membres les plus honorés de la compagnie.

Le bureau se renouvelait chaque année, et l'époque des élections semble être le jour habituellement choisi pour le fonctionnement de l'action disciplinaire contre les membres de la compagnie.

Curieuse remarque, ces travaux intérieurs sont précédés ou suivis d'une sorte de revue à grand spectacle appelée « la montre », à laquelle prennent part tous les fonctionnaires, et que nous verrons plus tard devenir la principale fête de la Basoche.

II

LES MONTRES CORPORATIVES

La montre était, en effet, une fête essentiellement corporative.

On donnait ce nom, à l'origine, à une revue militaire périodique où l'on vérifiait le nombre des soldats, par un appel ou par une liste remise aux seigneurs féodaux ; ce qui leur permettait de contrôler l'importance de la troupe qui devait être fournie au suzerain.

Par analogie, on appela montre les assemblées générales que faisaient annuellement les corporations et où chaque membre était tenu de se présenter : armé, costumé et équipé selon les prescriptions des règlements et les usages. Ils formaient un groupe solide et compacte, traversant les rues de la ville pour se rendre chez certains fonctionnaires, et se réunissant ensuite en assemblée disciplinaire jugeant les différends survenus dans la communauté.

Les magistrats, les officiers ministériels, l'Université, les religieux de Notre-Dame, et les clercs dont nous allons parler, avaient une montre.

A Paris, les fonctionnaires du Châtelet, sauf cependant les notaires, avaient leur montre annuelle, depuis la bataille de Bouvines (12 février 1214), à laquelle prenaient part : les magistrats de ce siège, les divers commissaires, les huissiers et gens du Roi.

Le lundi de la Trinité (1), à une heure précise de l'après-midi, la montre comprenant l'ensemble des fonctionnaires en question, — parfois plus de cinq cents fonctionnaires, — quittait le Châtelet et se rendait sur deux files, à cheval, guidon et musique en

_____

(1) Jour fixé dans une déclaration de Henri II, du 31 décembre 1558. Antérieurement « la montre » avait lieu le mardi gras.

tête, chez le premier président, où, selon Denizart (1), le lieutenant civil faisait un discours sur l'hommage que, suivant l'ancien usage, le Châtelet rendait au Parlement. De là elle se dirigeait chez le chancelier, le président à mortier, les avocats et procureurs généraux des Parlements, le gouverneur de Paris, le prévôt et à Sainte-Geneviève, etc. ; après quoi, le chef de la montre était reconduit au Châtelet.

Cet usage, assez semblable aux réceptions actuelles de nos grands corps publics, moins la cavalcade à travers les rues, constituait la première partie du programme annuel.

Le lendemain, mardi, — pour les huissiers, par exemple, — chacun d'eux était tenu de se rendre au Châtelet à sept heures du matin et comparaissait à son tour devant le magistrat qui avait présidé la montre pour répondre aux plaintes formées contre lui, entendre la sentence et l'exécuter sur-le-champ. Les peines consistaient dans l'interdiction, la contrainte par corps et l'amende.

En province, ce double cérémonial se pratiquait à peu près de la même façon.

Les huissiers d'Abbeville avaient **leur montre** le jour de la Saint-Louis.

Ceux de l'Artois, le mardi d'après la Quasimodo et fin octobre.

Les notaires de cette dernière province se réunissaient le même jour et pour le même objet. Leur **montre** s'appelait **synode,** et était présidée par le conseiller commissaire de semaine en présence du procureur général du conseil d'Artois.

Chaque notaire appelé devait justifier de sa nomination par la production du jugement d'investiture ; en cas de plainte, ce jugement était remis au greffier, ce qui équivalait à suspension, car le notaire ne pouvait instrumenter sans avoir en sa possession la pièce en question.

Peu à peu, le notariat de province suivit l'exemple du notariat parisien, l'usage de **la montre** fut délaissé. Le Châtelet la conserva cependant jusqu'à la Révolution, mais le laisser-aller du défilé, le peu de faveur dont jouissaient les fonctionnaires qui le composaient, et peut-être aussi le souvenir plus populaire

(1) Nouveau Denizart. *Montre,* n° 2.

de la montre des deux Basoches firent dégénérer en véritable cavalcade, dit-on, la montre des offices du Châtelet.

C'est d'ailleurs à tort qu'on l'a confondue avec la montre basochiale dont nous venons de parler et qui fera l'objet d'un autre chapitre; la réunion annuelle des magistrats et huissiers du Châtelet était essentiellement corporative, elle ne réunissait que ses fonctionnaires et les basochiens n'avaient aucun droit d'y figurer.

On voit également qu'il ne faut pas confondre la montre avec certaines représentations publiques, les mystères, par exemple, qui donnaient lieu à une annonce à grand spectacle, appelée cri, où figuraient souvent des fonctionnaires du Châtelet accompagnant, de carrefour en carrefour, les entrepreneurs des spectacles.

La Bibliothèque Nationale conserve un précieux manuscrit d'où nous détachons la description suivante d'une proclamation faite par cry public, le jeudi 16 décembre 1540. On rapprochera facilement la constitution de ce cortège avec celui des basochiens pour conclure à une uniformité qui devait s'étendre à toutes les corporations sans les fusionner.

Le cri et proclamation publique : pour jouer le mystère des actes des apôtres.....

« Le jour dessus dit : environ huit heures du matin, fut faite
« l'assemblée en l'hôtel de Flandre : lieu établi pour jouer ledit
« mystère : a savoir tant des maitres entrepreneurs dudit mys-
« tère : que gens de justice, plebeyens et autres gens ayant
« charge de la conduite d'iceluy : théoriciens et autres gens de
« longue robe ou de courte.

« Et premièrement marchaient six trompettes, ayant bande-
« rolles à leurs tubes et buccines : avec les armes du Roi, notre
« sire. Entre lesquelles était, pour conduire, la trompette ordinaire
« de la ville : accompagnée du crieur juré ; établi à faire les cris
« de justice en la dite ville : tous bien montés selon leur état.

« Après marchaient un nombre de sergents : archers du pré-
« vôt de Paris, vêtus de leurs hocquetons paillés d'argent : aux
« figures et armes tant du Roi que du seigneur prévôt : pour don-
« ner ordre et conduite : et empêcher l'oppression du peuple,

« — et lesdits archers bien montés comme en ce cas est
« requis.

« Puis après, marchaient un nombre d'officiers et sergents de
« ville : tant du noble de la marchandise que du parloir aux
« bourgeois, vêtus de leurs robes mi-parties de couleurs de la-
« dite ville, avec enseignes qui sont les navires d'argent — iceux
« tous bien montés comme dessus.

« Et après, marchaient deux hommes établis pour faire la dite
« proclamation — vêtus de soie et velours noir — portant man-
« ches perdues de satin de trois couleurs — à savoir : jaune,
« gris et bleu qui sont les livrées desdits entrepreneurs : et bien
« montés sur leurs chevaux.

« Après marchaient les deux directeurs dudit mystère, rhéto-
« riciens, à savoir un homme ecclésiastique et l'autre laïque ; vêtus
« honnêtement : et bien montés selon leur état.

« Idem allaient après, les quatre entrepreneurs dudit mystère,
« vêtus de chamarres de taffetas armoriés et pourpoint de velours
« le tout noir : bien montés et leurs chevaux garnis de housses.

« Idem après ce train marchaient **quatre commissaires exa-**
« **minateurs au Châtelet de Paris** : montés sur mules garnies
« de housses : pour accompagner lesdits entrepreneurs.

« En semblable ordre marchaient un grand nombre de bour-
« geois, marchands et autres gens de la ville : tant de longue
« robe que de courte, tous bien montés, selon leur état et
« capacité.

« Et faut noter qu'en chaque carrefour, où se faisait ladite
« publication, deux desdits entrepreneurs se joignaient avec les
« deux établis ci-devant nommés, et après le son desdites six
« trompettes sonnées par trois fois : et l'exhortation de la trom-
« pette ordinaire de ladite ville ; faite de par le Roi notre dit
« seigneur, et monsieur le prévôt de Paris : firent lesdits quatre
« dessus nommés ladite proclamation en la forme et manière
« qui s'ensuivent.... »

Les détails qui précèdent donnent exactement la mesure de
l'importance qu'on attachait alors aux moindres actes publics et
du genre de public que cela réunissait ou attirait. — On voudra
bien ne pas l'oublier dans la suite de notre histoire.

CHAPITRE II

LA BASOCHE DU PALAIS OU DU PARLEMENT

I

ÉTYMOLOGIE. — CONSTITUTION

C'est avec cet esprit corporatif préexistant, ayant comme point de départ l'esprit universitaire, et comme exemple les autres corporations, que se forma la Basoche (1).

Les auteurs ne sont pas d'accord sur l'étymologie de ce mot. On y a vu un dérivé du grec Βαζειν — railler, parler d'une façon goguenarde, — et cela ne nous paraît pas soutenir un bien sérieux examen, si l'on envisage les débuts modestes et essentiellement professionnels de la corporation (2). On a dit aussi que le mot provenait du nom d'une salle de justice. Enfin Littré donne une définition plus généralement acceptée : « Basoche, dit-il, de *basilica*, basilique, « où se tenaient les tribunaux, » ce qui explique fort bien le nombre considérable de réunions analogues fondées sous la même dénomination.

Littré ajoute : « Basoche, nom d'une cour de justice établie « fort anciennement entre les clercs du Parlement de Paris, pour « juger les différends qui s'élevaient entre eux. »

Cette dernière affirmation pèche par excès de laconisme.

La Basoche n'était pas une seule corporation ; il en existait un grand nombre dont la réputation bien établie est constatée par de nombreux documents, et la constitution de chacune d'elles ne comportait pas seulement le droit de juger les difficultés entre clercs, mais principalement les moyens propres à favoriser l'étude

---

(1) Basoche s'écrivait précédemment avec un *z*.
(2) Desmaze, p. 374.

des usages judiciaires, si compliqués, si dangereux, et à surveiller les conditions de stage et de capacité des candidats pour
les fonctions publiques.

On peut d'ailleurs en juger par l'exemple même de la **Basoche
du Palais.**

Fondée entre tous les clercs de procureurs au Parlement, **la
Basoche** emprunte à la justice sa vivante figure. Elle imagine
d'appliquer toute la procédure judiciaire ordinaire aux moindres
actes de ses membres; elle adresse des requêtes véritables pour
les convocations, pour les demandes de congé, pour les fêtes ou
les réunions périodiques.

Tous les magistrats du Parlement ont leurs sosies. Le tribunal
réel a, à côté de lui, un tribunal fictif, pour rire; mais il y a aussi
un autre tribunal, ou plutôt une cour qui connaîtra des causes
réelles et saura rendre de véritables décisions exécutoires par
application des privilèges qui lui sont octroyés.

La Basoche a, en outre, ses avocats, ses greffiers, ses huissiers,
jusqu'à son notaire garde-notes, pour conserver les archives du
greffe.

Les causes fictives étaient destinées à initier les basochiens aux
plaidoiries, à la procédure et aux autres difficultés de la magistrature, moyen excellent qui constitue le grand mérite de la corporation et qu'on n'a pas voulu suffisamment comprendre; moyen
qui avait l'avantage considérable de former un fonctionnaire de
l'ordre judiciaire comme on forme un écolier, par des exemples
de pratique journalière, et éprouvés par tous; moyen qui
permettait d'empêcher le favoritisme outré de ces époques éloi-
gnées et qui forçait l'attention sur le mérite et les antécédents;
moyen, enfin, qui permettait d'exercer, du jour au lendemain et
avec une entière expérience, une fonction dont les finesses et les
dangers ne frapperaient pas la vue de tout autre, — à la façon
d'un médecin ou d'un chirurgien qui, au lieu de l'amphithéâtre,
n'aurait que ses livres et sa clinique.

Le fonctionnement de ce tribunal n'était qu'un exercice.

Quant à son tribunal véritable, réel, il connaissait des difficultés
survenues entre basochiens ou à leur égard et jugeait comme
tout autre tribunal et avec les mêmes formes, avec son ordre des

avocats, son bâtonnier et son tableau (1), et faisant dire de son intégrité qu'il n'y avait en France aucune juridiction qui jugeât aussi bien et à aussi bon marché (2).

Si la Basoche se rapproche des autres corporations par un côté quelconque, c'est surtout par ses fêtes et ses montres. On les lui a reprochées, ainsi que de nombreux écarts de plume et de langage, mais l'éducation première des clercs du Palais, l'encouragement qu'ils recevaient de la Cour et du public en sont les excuses naturelles. Au surplus, cela laisse intact le mérite de son double fonctionnement, en sorte qu'on peut trouver imméritée la qualification de juridiction burlesque que lui donne un historien (3).

On assigne la date de 1303 à la fondation de la **Basoche du Palais**; cela est constaté en effet par de nombreux auteurs. Nous savons déjà qu'à cette époque le grand mouvement judiciaire de Saint Louis et de Philippe le Bel avait porté ses fruits et que la situation des procureurs s'en trouvait augmentée d'une très notable façon. Leurs clercs furent naturellement obligés de les seconder en partageant les travaux de l'Étude; mais ils n'avaient pas de mission officielle et vivaient dans un isolement d'autant plus dur qu'ils n'en avaient ni l'habitude ni les goûts. Puis, le besoin de s'essayer devant le public judiciaire, d'éprouver leur force professionnelle sans qu'il en coutât trop, les exemples et le contact enfin leur donnèrent vite l'idée de se grouper et de fonder leur corporation.

Cela nous fait penser que les réunions des clercs de procureurs existaient déjà avant 1303. — L'ordonnance de Philippe le Bel dut confirmer et donner un caractère public à un usage préexistant.

C'est ainsi qu'on peut expliquer le peu de précision des dates et l'apparente contradiction entre la date de la constitution de **la Basoche du Palais** et celle de **la Basoche du Châtelet**, — quand les intérêts étaient bien les mêmes des deux côtés.

Philippe le Bel octroya aux clercs du Palais, avec le droit d'asso-

(1) Denizart, § 3, n° 11. *Basoche du Palais.*
(2) *Répert. Palais,* v° *Basoche,* n° 38.
(3) Félibien. *Histoire de la ville de Paris,* t. I", p. 500.

ciation, des privilèges dont les principaux furent de se constituer en tribunal pour la connaissance des causes dont nous parlerons plus loin, et d'être soustraits à la justice ecclésiastique et laïque, pour tout ce qui concernait les clercs entre eux et dans leurs rapports avec les bourgeois.

La **Basoche** ne dépendait que du Parlement, et elle en dépendait par la voie de cassation ou d'appel comme d'abus, — de la même façon ou à peu près que les ecclésiastiques.

L'ordonnance de 1303, confirmée à plusieurs reprises, et notamment sous Louis le Hutin, Philippe le Long et Charles V, permet que la justice basochiale s'exerce comme une justice souveraine ou royale, sous le nom et l'autorité d'un **roi**, qui s'appellera **roi de la Basoche**, et par ses officiers. Ceux-ci devaient être les plus anciens clercs de procureurs au Parlement. Ils portaient les noms de : chancelier, maître des requêtes ordinaires, avocats et procureur général du Roi, procureur de communauté des clercs, grand référendaire rapporteur en chancellerie, grand audiencier et aumônier qui seraient maîtres des requêtes extraordinaires, notaires et secrétaires, avocats et capitaines, greffiers et huissiers, tous sous la puissance et autorité du **roi de la Basoche.**

Celui-ci est investi du droit de créer d'autres juridictions basochiales inférieures, et sous sa dépendance.

Le titre de **roi** avait ici une signification particulière importante à indiquer.

La justice royale, nous l'avons dit, venait d'être centralisée : on admettait ce principe que toute justice seigneuriale, ecclésiastique ou autre, se rendait, désormais, au nom du Roi.

Or, en conférant la royauté à leur chef, les basochiens reconnaissaient, par application du nouveau principe, la souveraineté absolue de ses décisions.

Par cela même aussi, les juridictions basochiales inférieures n'avaient pas d'autre juge.

C'est ainsi que **la Basoche** fut détachée de ses juges naturels qui étaient, soit l'Université, soit le Parlement, et qu'elle devint elle-même une Cour de justice, jugeant, au nom de son souverain de convention, en instance et en appel.

Ajoutons enfin que ce titre de roi fut longtemps donné aux chefs de diverses autres corporations, même de métiers, sans exprimer l'idée décentralisatrice que nous venons d'émettre, mais plutôt une pensée bouffonne, qu'explique, d'ailleurs, ce seul fait : le roi de ces corporations était nommé au sort de la fève, le six janvier, jour des Rois.

Le chef de la Basoche ne porta pas toujours son titre de roi. Sous Henri III, on le lui supprima en le remplaçant par la qualification de chancelier, qui venait immédiatement après, et qui lui fut conservée jusqu'à la Révolution.

Pendant le cours de ces cinq siècles d'existence, on contesta d'ailleurs à la Basoche plus d'un privilège : le Parlement lui en supprima plusieurs, et on lui interdit quelquefois ceux qui lui étaient bien reconnus.

Tout abus grave relevé contre elle, tout excès de langage ou d'écrit étaient tolérés parfois, selon la disposition d'esprit du souverain et du Parlement, et d'autres fois punis par une restriction de ses privilèges.

En général, le Parlement se montrait peu disposé à soutenir la Basoche, et il se chargeait lui-même souvent d'enrayer le fonctionnement d'une corporation qu'il regardait comme éminemment irrévérencieuse à son égard, dangereuse pour sa propre quiétude et, en tout cas, animée d'un sentiment frondeur qui se manifestait par de continuelles critiques et ne pouvait que nuire au prestige de la Haute-Cour.

La Basoche dut réclamer, chaque année, soit au Roi, soit au Parlement, la confirmation de ses droits et le maintien d'usages anciens qu'on lui prorogeait généralement, pour cette fois seulement, et sans tirer à conséquence.

Les statuts de la Basoche du Palais, publiés à diverses époques, réformés et complétés en 1586, contiennent l'historique de la corporation et les conditions de la nomination de ses membres, ainsi que le fonctionnement des bureaux. Certains arrêts importants ont été ajoutés à la dernière publication, et c'est en nous aidant de ce document (1) que nous pouvons reconstituer fidèlement le tableau de l'administration basochiale.

(1) Bibliothèque de la ville, hôtel Carnavalet.

II

Pour être admis à la Basoche, il fallait travailler chez un procureur, chez un greffier ou un conseiller du Parlement, être céli-
bataire (1) et n'être pourvu d'aucun titre, soit de procureur, soit
d'avocat.

Mais cette admission, qui laisserait peut-être supposer un droit
facultatif, constituait réellement une obligation de tout clerc
aspirant à l'exercice des fonctions de procureurs et autres.

Chaque clerc devenait ainsi suppôt de la Basoche et justiciable de son tribunal. De là, les nombreuses difficultés judiciaires
dont les registres du Parlement ont conservé les traces et qui
concernaient les conditions du stage, ses infractions et la compétence de la cour basochiale.

En entrant, le nouveau basochien devait verser, à titre de
bienvenue ou béjaune, une somme égale à un jour de son
salaire au trésorier de la société.

En cas de non-paiement, l'amende et les autres pénalités, dont
nous avons parlé déjà (2), étaient encourues.

La justice basochiale y ajoutait cependant une peine plus forte :
elle alla jusqu'à condamner à la prison plusieurs de ses membres
qui refusaient ou retardaient le paiement du droit de béjaune.

Le Parlement, par ordonnance du 17 août 1443, dut s'opposer
à l'exécution de ces condamnations ; il en profita pour défendre
à la Basoche de faire payer béjaune en beuveries et mange-
ries, car c'était ainsi qu'on employait la somme touchée lorsque
le clerc ou le basochien ne la payait pas en nature. Mais il en
fut de cette défense comme de celles dont nous avons parlé ailleurs :
la corporation continua de profiter du droit de bienvenue, qu'un
arrêt de 1713 sanctionna plus tard (3).

---

(1) Rapprocher cette condition de ce que nous avons dit sous le chapitre IV.

(2) Chapitre IV, chiffre v.

(3) *Voir* ci-après, p. 105.

Le chapitre 5 des règlements de la Basoche en prescrivait d'ailleurs la perception, dans les termes suivants : « Recevront « lesdits trésoriers les becs jaulnes et bien venües accoustumées « pris sur tous les clercs indifféremment entrans au Palais, qui « sont d'un teston du Roi (1), et quant aux nobles et gentilshom « mes, deux testons » à cause, dit Miraulmon (2), de leur *qualité plus relevée!*

Les membres de la Basoche ne payaient aucune cotisation, mais quelques dignitaires, — les trésoriers, par exemple, — furent longtemps obligés, soit de supporter seuls les frais d'un banquet annuel, soit de payer une importante cotisation.

Les basochiens faisaient face à leurs charges corporatives au moyen des droits d'entrée, des amendes, de diverses allocations accordées sur les fonds publics ou sur ceux du Roi, et d'une somme donnée chaque année par le Parlement, principalement à l'époque de l'Assemblée générale *du Mai*. Ces allocations, qui étaient à l'origine de dix, puis de trente livres, s'élevaient ensuite à cent cinquante livres parisis (3).

Certaines dépenses sont parfois laissées au compte personnel des officiers de la Basoche. Il est d'usage, par exemple, de faire payer aux trésoriers les frais du banquet annuel qui suit la plantation du mai. Les dépenses à ce sujet sont parfois abusives; elles furent telles, à certains moments, que, selon un auteur cité par M. Fabre (4), les trésoriers n'en furent pas quittes, l'année de leur exercice, pour six cents livres chacun.

Une ordonnance du 26 février 1656 réglemente ces dépenses : les frais du festin doivent être payés au moyen d'une cotisation maximum de quarante livres tournois. Les frais de la plantation du mai ne doivent pas excéder cinq cents livres, etc.

Mais le chancelier dut conserver l'habitude de convier les autres officiers de la Basoche à un festin qui avait lieu le jour même de sa réception. Il en supportait seul la charge, et comme il

---

(1) Le prix varia souvent. En général, la bienvenue était d'un écu, ou d'une journée de salaire.

(2) *Origine des cours*, p. 660.

(3) *Le Rép. du Palais* (v° *Basoche*, n° 43) dit 200 livres, mais nous n'avons trouvé nulle part la justification de ce chiffre.

(4) *Les clercs du Palais.*

s'agissait là d'un devoir du chancelier et d'un droit des convives, ceux-ci, pour observer les règles de la procédure, lui donnaient acte du festin, au moment de quitter la table.

III

SIÈGE DE LA BASOCHE. — ÉLECTIONS. — FONCTIONS. — LE ROI DE LA BASOCHE

La Basoche siégeait au Parlement, c'est-à-dire au Palais de justice dont nous avons donné la description dans le local appelé « Chambre Saint-Louis. »

Les cérémonies principales, et notamment les deux fêtes annuelles *du mai* et *des élections* avaient lieu dans la grand'salle.

Cette salle, richement décorée, pavée d'une mosaïque de marbre blanc et noir, avait une longueur de 40 mètres et une largeur de 12 m. 70. Elle renfermait les statues des Rois de France, le tout surmonté d'un plafond qui passait pour une merveille (1). C'est aussi dans cette salle que se trouvait la table de marbre dont il est parlé dans tous les ouvrages judiciaires, et qui donna même son nom à diverses juridictions particulières (2). Composée de neuf morceaux de marbre d'une épaisseur extraordinaire, dit M. Fournel (3), elle occupait presque toute la longueur de la salle, — et non pas toute la largeur comme on l'a dit (4). Elle était considérée comme unique en son genre par sa richesse, sa forme et ses dimensions. La table de marbre n'était pas utilisée seulement pour les audiences, les banquets et les festins solennels auxquels figurèrent souvent les souverains, elle servait aussi pour l'installation théâtrale des mystères et autres représentations de la Basoche. Un privilège spécial lui était conservé à ce sujet.

Certaines fonctions de la Basoche étaient électives.

Le roi ou chancelier devait être nommé chaque année au

---

(1) Victor Hugo, dans sa *Notre-Dame de Paris*, p. 15 et suivantes, donne une attrayante description de la grand'salle.

(2) La connétablie, l'amirauté et la juridiction des eaux et forêts s'appelaient juridictions de la table de marbre, parce qu'à l'origine leurs membres siégeaient autour de la table dont nous parlons.

(3) *Les rues du vieux Paris*, p. 290.

(4) *Rép. du Palais* (table de marbre, n° 1).

scrutin de liste et choisi entre quatre noms pris parmi les plus anciens de la corporation. On déposait les bulletins de vote dans une urne de bronze en usage depuis Philippe le Bel.

Le vice-roi ou vice-chancelier, les quatre trésoriers, les maîtres des requêtes, le procureur général, le procureur de communauté et l'avocat du Roi étaient également nommés à l'élection.

Le Roi nommait les autres fonctionnaires.

Tous les membres lui devaient honneur et respect, de même aussi qu'aux officiers généraux ou princes de la Basoche. Le chapitre VIII des statuts l'ordonne en ces termes : « Seront tenus « les suppôts de ce royaume porter honneur et révérence aux « chanceliers, maître des requêtes et autres officiers de ce royaume, « obeyr aux arrests et jugements de la Cour, prester confort et « ayde pour l'exécution d'iceux. »

Un arrêt du 21 janvier 1621 prononce une amende de quarante-huit sols parisis d'aumône contre deux clercs, Portelet et Courcelles, pour avoir manqué de porter honneur et respect aux **officiers de la Basoche**, — et les condamnés durent écouter la lecture de cette sentence tête nue, en audience publique.

Le roi de la Basoche portait la robe et la toge royale; son chancelier, qui le remplaça plus tard, à l'abolition de la royauté, portait le bonnet carré; les autres officiers avaient l'habit noir, le rabat et le manteau. M. Fabre (1) dit que, « prenant son rôle « au sérieux, le roi de la Basoche avait coutume de se faire « suivre par ses gardes, comme un Roi de France se promenant « dans sa bonne ville de Paris. »

Si l'on songe au nombre énorme de clercs, écoliers et artisans qui, de près ou de loin, se rattachaient à la Basoche du Palais et en grossissait le cortège, on se figure facilement le prestige du chef de cette communauté, ayant titre de roi, droit d'obéissance, direction de justice et privilèges.

A son décès, **toutes les Basoches de France** étaient convoquées, — ce qui laisse à penser : d'une part que la **Basoche du Palais** exerçait une influence prépondérante sur les autres, — et, d'autre part, que les communautés de clercs se tenaient par

(1) *Les clercs du Palais*, p. 50.

un lien commun et pouvaient, à l'occasion, se réunir en une seule et vaste compagnie dont l'importance numérique devait être colossale.

Vers 1460, un roi de la **Basoche du Palais** mourut ; les principales Basoches des Parlements de France, dit encore M. Fabre (1), défilèrent tour à tour, en prononçant des strophes sur la tombe.

Les fonctions de roi ou de chancelier, malgré les honneurs et les privilèges qui s'y trouvaient attachés, n'étaient pas recherchées par les basochiens, à cause des fortes dépenses qu'elles occasionnaient à leurs titulaires ; de même, pour les fonctions des trésoriers, plus onéreuses encore. Mais le vote liait définitivement le nouvel élu et force lui était d'accepter puisqu'on ne lui reconnaissait pas le droit de refuser.

Le dernier roi **de la Basoche du Palais** fut Henri de Maingot, nommé bailli du Palais, comme compensation probablement. Après lui, le chancelier eut l'administration de la **Basoche**, et, au titre près, la fonction du roi. Le dernier chancelier connu fut celui de l'année 1786, du nom de **Vieille**.

IV

TRAVAUX INTÉRIEURS

La **Basoche** était constituée, nous l'avons dit, à l'image d'une administration d'État, avec ses fonctionnaires de tous ordres, civils et judiciaires, ses juges, ses avocats, ses greffiers, notaires, huissiers, etc.

Chaque fonctionnaire se trouvait ainsi avoir deux emplois qui, de nos jours, se contrarieraient inévitablement l'un et l'autre, savoir :

Emploi de clerc chez son patron,

Emploi quasi-public à la Basoche.

Il semble cependant que la difficulté fût prévue et évitée dans une certaine mesure, car les réunions officielles de la Basoche avaient lieu à des heures qui ne concordaient pas avec les

(1) P. 7.

travaux de l'étude et les audiences de la véritable justice.

C'était habituellement entre onze heures et une heure, ou bien ensuite à cinq heures du soir, deux fois la semaine, le mercredi et le samedi, que se tenaient leurs audiences ; et cela s'explique d'autant mieux qu'il semble que le local où siégeait la **Basoche** fût le même que celui du Parlement. La grand'salle, en tout cas, était d'un usage commun entre eux.

Nous pensons aussi qu'on dut demander aux procureurs de laisser une liberté plus grande aux officiers généraux de la Corporation. Les difficultés judiciaires encombraient parfois leur tribunal, l'examen qu'il en fallait faire, l'audition des parties, la rédaction de la procédure et l'observation des usages qui s'y rapportaient devaient, forcément, absorber une bonne partie de leur temps.

Les congés nécessités par les fêtes ou les grandes réunions étaient sollicités par les clercs, — parfois cependant et sans doute pour que la mesure fût plus générale et nécessitât moins de difficultés, les officiers de la Basoche adressaient une requête au Parlement pour lui demander de surseoir à ses occupations, et de déclarer férié le jour choisi. Il faut dire que chaque cérémonie était accompagnée de musique et attirait une foule telle qu'il était effectivement impossible aux magistrats de siéger.

La **Basoche** devait avoir, en dehors de ses officiers, certains scribes, employés et clercs, chargés de préparer la besogne courante, de copier les notes, d'instruire les affaires, et surtout de tenir et conserver les archives. Nous verrons, en effet, que les registres constatant le stage étaient dans son domaine, et que son greffier devait délivrer les certificats le constatant. Il est impossible de croire, d'ailleurs, que toute la besogne matérielle pouvait être faite par les officiers élus et remplacés chaque année.

Nous avons dit que les travaux de la **Basoche** étaient de deux sortes bien distinctes : la première, concernant l'instruction professionnelle ; la seconde, comprenant l'administration de la justice. Nous devons examiner ces travaux séparément.

V

INSTRUCTION PROFESSIONNELLE. — CAUSES FICTIVES

Le basochien ne pouvait, comme de nos jours, poursuivre cumulativement et avec facilité ses études de droit et celles de sa profession de clerc. Les cours de l'Université devaient être suivis assidûment, et il est probable que les heures de leçons ne concordaient pas toujours avec les exigences de l'étude de procureur. C'est, du moins, la pensée que font naître nos précédentes observations sur le fonctionnement des audiences et sur le travail des clercs.

Il est donc vraisemblable qu'à son entrée à la Basoche le clerc était pourvu de ses grades universitaires.

Ainsi s'expliquerait l'usage de ces réunions où, créant une cause, c'est-à-dire une difficulté imaginaire, chaque basochien vient tour à tour essayer son talent d'orateur, sa force juridique et ses moyens de pratique usuelle.

Ainsi s'expliquerait également la rapidité de la constitution d'une justice basochiale, jouissant de suite d'une faveur exceptionnelle.

Les réunions périodiques de la Corporation étaient consacrées en partie à ses travaux. Il semble même que l'une des deux audiences hebdomadaires fût plus spécialement consacrée aux causes fictives, car Miraulmont ne cite que le samedi, comme jour d'audience publique et de véritable justice (1). Quoi qu'il en soit, tous les membres de la Basoche y participaient, mais à un titre différent.

Pour les fonctions de roi, de chancelier et de trésorier, comme aussi pour celles de capitaine ou chef de bande, dont nous parlerons plus loin, au sujet de la montre générale, on faisait choix des jeunes gens de famille, particulièrement en vue et fortunés.

Nous avons dit que la misère des clercs était proverbiale,

(1) Miraulmont, p. 660.

mais c'était moins une misère d'origine qu'une gêne momentanée tenant à la prodigalité de leurs dépenses ; grâce à ce mode
de recrutement on pouvait alimenter la caisse de la Corporation.

Mais, pour la nomination des autres fonctionnaires, l'élection avait
un tout autre caractère. On s'attachait à leur mérite personnel, à
leurs facultés intellectuelles ; et, pour se distinguer de leurs collègues, pour se faire connaître et apprécier, les communications,
les services de toute nature et le dévouement à l'œuvre commune
devaient être des conditions d'absolue nécessité ; **la Basoche** servait ainsi à stimuler le zèle et le travail.

Une fois parvenu, par l'élection, aux honneurs d'une fonction
quelconque, le basochien entrait dans le vif de l'instruction professionnelle et en recueillait tous les fruits.

Dans le prétoire de **la Basoche**, on discutait, avec tout l'appa-
reil de la justice ordinaire, les questions de jurisprudence ou de
législation qui présentaient le plus de difficultés. On s'appliquait à l'étude et à l'interprétation des lois en vigueur et à
la mise en pratique des termes du barreau, des règles de la procédure et des Coutumes du Palais (1).

Parfois, et pour que cette instruction atteigne tous les degrés
de l'ordre judiciaire, la cause choisie pour le débat était instruite,
plaidée et jugée, absolument comme s'il se fût agi d'une difficulté réelle. Les procureurs rédigeaient leur procédure, que les
huissiers mettaient en action, les avocats plaidaient publiquement, le greffier prenait ses notes, que le notaire conservait, les
juges délibéraient et leur sentence était suivie de la procédure
ordinaire d'exécution.

Quoi de plus instructif que de tels exercices, et combien
devons-nous regretter que la conférence des avocats n'ait pas
suivi fidèlement ces coutumes, et se soit cantonnée dans la seule
discussion des difficultés de Droit et des controverses juridiques (2).

----

(1) Fabre, p. 25.

(2) Ce n'est pas à dire qu'aucun effort n'ait été tenté dans ce sens. M. Léon
Leroy, avocat à la Cour de Paris (Rapport sur les conférences de Droit),
rappelle que M. Dufaure a fait ses premières armes dans une conférence
absolument analogue, dénommée « la Véridique », aujourd'hui disparue.

On a moins envisagé ces détails intéressants que certaines assemblées périodiques où la Basoche, reprenant ses droits d'écolier et se souvenant de son éducation première, introduisait la bouffonnerie et le ridicule préconçu et voulu jusque dans ses audiences. Nous voulons parler de la cause grasse.

La cause grasse était ainsi dénommée plaisamment, parce qu'elle se plaidait le jour de carême-prenant, — de neuf heures à midi, — et qu'elle avait généralement pour objet un sujet grave-leux et trivial concernant certaines personnalités en vue, et dont les basochiens tiraient tout le parti qu'on peut aisément deviner.

Le sujet en était choisi après les élections de novembre, et les basochiens prenaient le soin d'en charger l'avocat qui, parmi eux, avait la meilleure réputation d'orateur, de garçon d'esprit et de finesse (1). Dire qu'il y avait foule et que le peuple prenait un plaisir extrême à ces sortes de débats, on le comprend sans peine. Mais la fête n'eut pas toujours le résultat envisagé par ses promoteurs et tourna souvent même contre eux.

Il est vrai que les punitions, infligées généralement à la demande du Parlement, n'arrêtaient ni les ardeurs ni les auda-cieuses satires des basochiens.

VI

ADMINISTRATION DE LA JUSTICE BASOCHIALE. — COMPÉTENCE. TRIBUNAUX INFÉRIEURS

L'un des plus importants privilèges concédés à la Basoche fut d'être juge de ses propres causes et de ne dépendre que de son seul tribunal.

Ce droit étonnant avait été accordé pour permettre aux clercs, dit-on, de s'exercer mieux dans l'usage de la procédure (2).

Le tribunal basochial, constitué à l'exemple des autres tribu-naux, mais dont les membres recevaient l'investiture soit du roi de la Basoche, soit de son chancelier, connaissait d'un

(1) Fournel. *Les rues du vieux Paris*, p. 304.
(2) Plaidoirie de l'avocat Favier en 1604. Rapp. par M. Favre, p. 11.

certain nombre de causes civiles ou criminelles. Il est établi, dit Miraulmont (1), pour « cognoistre de tous différents survenus « entre eux, comme aussi des fautes, crimes et délits par eux « faits et commis au fait de leur charge ».

Au civil. — Le tribunal était seul compétent et sans appel, pour toutes les questions de stage entre clercs, et pour tous les débats et différends qui pouvaient survenir entre eux. Un arrêt du Parlement, du 3 avril 1545, confirmant ce droit, ajoute que le conseil de la Basoche devra traiter en bonne paix et amitié les suppôts d'iceluy royaume et vivre dorénavant amiablement les uns avec les autres.

Au criminel. — Le tribunal connaissait des causes légères concernant les différends entre clercs pour restitution de livres et autres causes, batteries, rixes, etc.

Les clercs n'étaient pas les seuls à être justiciables du tribunal de la Basoche : toute cause entre clercs et particuliers devait lui être soumise au même titre, en sorte que les fournisseurs, marchands, etc., demandeurs ou défendeurs, devaient comparaître à sa barre chaque fois qu'une difficulté s'élevait entre eux et des suppôts de la Basoche.

Deux décisions, des 10 septembre 1631 et 12 juillet 1634, déclarent l'incompétence de la juridiction prévôtale à ce sujet, et renvoient devant les officiers de la justice de la Basoche, pour des différends entre des clercs du Palais, un maître savetier et un maître passementier.

Le tribunal basochial connaissait, en appel, des difficultés des Basoches de province, dépendant de la juridiction de celle du Palais. Nous avons vu plus haut, en effet, que le roi de la Basoche du Palais pouvait établir d'autres juridictions basochiales, qui, dès lors, relevaient directement de ce roi, et devant lequel on pouvait faire appel des décisions des premiers juges.

Parmi les Basoches qui se trouvaient dans cette situation, nous citerons :

Celle de Poitiers (ordonnance de 1528).

Celle de Lyon (arrêt du 30 septembre 1588).

---

(2) *Origine des Cours*, p. 652.

Celle de Chaumont (autorisation du 21 février 1586).

Celle de Loches (autorisation du 14 février 1580).

Celle de Verneuil (arrêt du 24 novembre 1601).

Celle d'Auxerre (autorisation du 18 juin 1701).

Nous pourrions en citer d'autres encore, telles que les Basoches de Chartres, Colmar, Issoudun, Meaux et Orléans; mais à leur égard le droit de juridiction de **la Basoche du Palais** est moins bien établi. Il nous a semblé que les ordonnances qui la relataient avaient confondu deux choses importantes : le droit d'appel et le droit de consultation.

Il se peut parfaitement, en effet, que la renommée de la grande Basoche l'ait fait quelquefois choisir comme arbitre dans les différends concernant les autres corporations de province.

La Basoche du palais prétendait, d'ailleurs, avoir juridiction sur toutes les Basoches établies dans le ressort du Parlement de Paris. Se considérant, à cause de son droit d'instituer d'autres justices, comme investie d'un pouvoir égal à celui du Parlement près duquel elle vivait et qui lui donnait asile, cette prétention devait naître naturellement. Mais ce droit de justice supérieure, d'appel ou de cassation, ne lui a pas toujours été reconnu. Des contestations sans nombre surgirent à ce propos, et l'adversaire le plus tenace fut **la Basoche du Châtelet**, sa voisine.

Nous parlerons plus loin de cette lutte.

A un autre point de vue, la compétence de la Cour basochiale s'étendait :

A. Aux condamnations à une amende dont le taux ne semble pas avoir été limité, mais qui devait être modique, d'après ce que nous allons voir.

Nous avons cité (1) un arrêt qui porte condamnation à quarante-huit sols parisis d'amende; les amendes pour absence constatée aux cérémonies étaient habituellement de vingt livres.

Leur recouvrement était poursuivi sur certains effets corporels des débiteurs. Le manteau et le chapeau formaient un gage courant, mis sans cesse à la disposition des huissiers du royaume basochial. Toute infraction aux usages, toute méconnaissance

_____

(1) *Voir* p. 80.

des lois constituaient autant de dangers pour le chapeau et le manteau des clercs.

Les fonctionnaires de la Basoche qui n'assistaient pas aux audiences en habit décent encouraient la peine de la confiscation du chapeau.

B. Aux condamnations à la prison. La durée de la détention n'est pas indiquée non plus. M. Fabre (1) croit qu'elle n'excédait pas quelques jours seulement; et il faut ajouter que très souvent le Prévôt de Paris ou le Parlement empêchèrent l'application de cette dernière pénalité, dont le même auteur relate cependant un exemple (2).

La procédure en usage à la Basoche était calquée sur la procédure légale dont elle empruntait le style et la forme.

La justice y était rendue le samedi de chaque semaine, d'après Miraulmont (3), à onze heures du matin. Le trésorier faisait « crier aux arrêts (4) » par trois fois, au moyen de l'huissier de service, ce qui était alors le seul mode d'annonce et de publicité employé.

On se servait de papier timbré, et si cela s'explique bien pour l'administration courante de la véritable justice basochiale, on aurait peine à en admettre l'usage pour les travaux fictifs et les exercices journaliers de la Corporation. Dans le premier cas, où il y avait réellement des sentences exécutoires comme celle des autres tribunaux et au même titre, le Trésor ne pouvait perdre ses droits, et comme les privilèges concédés à la Basoche ne contenaient aucune exonération à cet égard, ses actes tombaient évidemment sous l'application du Droit commun.

Dans le second cas, au contraire, aucun intérêt n'était en jeu, aucune partie en cause, et si l'usage du timbre eût été suivi par la Basoche, cela ne se fût expliqué que par une simple fantaisie, inutile, coûteuse, et qui pouvait être taxée de mauvaise administration.

---

(1) P. 20.
(2) P. 76 et 77. Il s'agissait de huit basochiens du Châtelet que la Basoche du Palais fit emprisonner pour offenses.
(3) P. 660.
(4) C'est-à-dire annoncer l'ouverture de l'audience.

Or on ne trouve rien dans l'histoire de la Basoche qui puisse légitimer ce reproche, au contraire.

La réputation de bon marché et de célérité de sa justice était proverbiale, et cette renommée flatteuse et appréciable lui fut toujours conservée.

La procédure, les instructions et les plaidoiries des causes incombaient aux fonctionnaires de **la Basoche** : aucun salaire ne leur était dû, ce qui autorisa plusieurs auteurs à affirmer que c'était là une **justice reluisante et aussi bien réglée que se puisse dire (1).**

Miraulmont dit que ces usages se pratiquent et s'observent religieusement.

Comme forme, les actes de procédure et les arrêts (2) peuvent paraître singulièrement libellés avec cette formule exécutoire, qui était de style. « **La Basoche** régnant de triomphe et tiltre d'hon-« neur, salut. Savoir faisons, » etc., — et cette mention finale : « fait audit Royaume, le... » Les requêtes portaient : « A nos sei-« gneurs du royaume de la Basoche. »

Tout arrêt de la Cour devait être rendu par le chancelier, assisté de sept maîtres de requêtes, du procureur, du greffier et des huissiers.

Le préambule et la finale des décisions de la Cour portaient : « Notre bien-aimé X.. »; ou encore : « De grâce spéciale et au-« torité royale basochienne..., mandons à nos amés et féaux... « Car tel est notre bon plaisir, etc... »

Il était expressément interdit de faire opposition ou appel des sentences du roi ou des tribunaux inférieurs ailleurs qu'à la Cour basochiale. Pour juger ces appels, on faisait choix de magistrats spéciaux, pris notamment parmi les procureurs au Parlement et les avocats.

---

(1) Muteau. *Les clercs de Dijon*, p. 18.
(2) La Basoche était, tout à la fois, tribunal en dernier ressort et tribunal d'appel. Ses décisions étaient des arrêts. Un arrêt est ainsi appelé, dit un ancien auteur, parce que « là se fault arrêter », exprimant le dernier degré de la juridiction.

VII

FÊTES DE LA BASOCHE DU PALAIS

La **Basoche** était de toutes les fêtes populaires. Et elle y participait non pas seulement par sa présence, comme le faisaient les autres corporations, mais encore et surtout comme distributrice et dispensatrice des jeux et des récréations de toute nature qui étaient l'accompagnement forcé et apprécié de chaque réunion.

Généralement, en effet, tout ce qui concernait ces divertissements se trouvait organisé, réglementé et centralisé par un groupe de clercs choisi dans la Basoche, mais ayant cependant son autonomie et son chef particulier.

Ce groupe prenait la dénomination d'*Enfants sans souci*, et son président, nommé chaque année, était décoré du nom de **Prince des Sots**. Lui seul baillait licence aux jongleurs, sauteurs, jeux et amusements sur les fêtes et les foires (1). Il avait son siège au Palais, dans un local dépendant du Parquet.

Plus tard, en 1548, les Enfants sans souci se séparèrent de la Basoche, pour fonder, avec les Confrères de la Passion, la première scène française, à l'hôtel de Bourgogne (2).

Jusque-là, ces divers groupes agrémentaient les fêtes par leurs représentations théâtrales, appelées moralités, farces ou soties, selon le genre du sujet traité. Chaque sujet renfermait presque toujours, d'ailleurs, des allusions mordantes ou des allégories satiriques à l'adresse du souverain, de l'Église, de la magistrature et de toute personne marquante.

On a prétendu que si le théâtre avait été créé par les basochiens, c'était à eux aussi qu'on devait la censure; c'est beaucoup dire, car l'ordonnance du Parlement qui prescrit, en effet, de ne jouer aucune pièce en public avant d'en avoir fait examiner et approuver le manuscrit, n'empêcha pas la **Basoche** d'user de sa liberté et de dévoiler publiquement les faits qui lui semblaient

---

(1) Miraulmont. *Origine des Cours*, p. 656.
(2) Fabre. *Les clercs du Palais*, p. 236 et suivantes.

constituer des abus, sans plus se soucier de la défense qu'auparavant.

Cette liberté d'écrire et de parler n'était pas la seule qui fût accordée ou tolérée aux basochiens : ils jouissaient, avec une latitude plus grande encore, d'une sorte de monopole des manifestations publiques, — bien souvent plus dangereuses que les manifestations écrites ou parlées.

Même aux époques les plus difficiles de son existence, les basochiens étonnent par l'audace qu'ils apportent dans ces manifestations des rues : bornons-nous à mentionner les dernières.

Un conflit entre la royauté et la magistrature venait d'éclater à propos d'une augmentation d'impôt sur le timbre. Le Parlement refusait d'enregistrer l'édit, et Louis XVI, dans un lit de justice tenu à Versailles, forçait l'enregistrement.

Les basochiens, envisageant cet abus d'autorité comme une grave atteinte aux droits du Parlement et à ceux du peuple, se rendirent, le jour de la Saint-Louis, sur le Pont-Neuf, entourèrent la statue de Henri IV et contraignirent tous les passants à s'y arrêter et à venir saluer, en signe d'honneur, l'ancêtre du Roi régnant qu'ils considéraient comme plus respectueux de la justice que son descendant.

Or, le duc d'Orléans fut du nombre de ceux qui durent manifester ainsi.

Quelque temps après, elle exécutait en effigie, sur la place Dauphine, le chancelier Maupeou et le ministre Calonne.

Enfin, à la même époque, elle adressait elle-même au Roi les remontrances dont nous parlerons plus loin.

Les fêtes de **la Basoche** offraient un caractère exceptionnel, dont on se rend compte difficilement aujourd'hui. Elles se divisaient en trois catégories :

La première comprenait les fêtes exceptionnelles que motivaient constamment l'entrée des souverains et des ambassadeurs dans Paris, le couronnement du Roi, les naissances et les mariages des princes, les événements heureux de la politique ou de l'armée : victoires, traités de paix, etc.

Toutes les corporations y prenaient part, avec les fonctionnaires de tous ordres, et c'était, à travers les rues, une immense cavalcade richement costumée et équipée qui excitait l'admiration du peuple et son enthousiasme.

La deuxième comprenait les fêtes religieuses ou nationales qui réunissaient annuellement le même cortège et donnaient lieu à de nombreuses réjouissances. Le six janvier, jour des Rois, — le mardi gras, — Pâques, — la Saint-Jean, — la Saint-Louis, — la Toussaint et Noël étaient les principales fêtes.

Enfin, *la troisième* comprenait les fêtes corporatives, annuelles aussi, où figuraient un nombre plus ou moins grand de corporations amies : Le premier janvier, jour où, par décision du 31 décembre 1562, les basochiens avaient droit de parcourir la ville de nuit et de jour, avec flambeaux, torches et musique, pour donner les aubades accoutumées ; le Mai, — la Montre, — le Carême, — la Saint-Nicolas, fêtes communes à la jeunesse en général, à l'Université, et à la Basoche en particulier.

Le Mai donnait lieu à une réunion extraordinaire très en faveur et que suivait de près une autre réunion non moins importante, « *la Montre* », bien autrement nombreuse et imposante que les montres dont nous avons parlé précédemment.

Le Carême amenait chaque année la cause grasse que nous connaissons déjà.

Et la Saint-Nicolas était le jour des discours de rentrée et des élections.

La cérémonie du Mai et de la Montre nécessite une mention particulière, parce qu'elle fut surtout la fête de **la Basoche**, dont elle caractérise bien le tempérament.

LE MAI

Chaque année, deux mois avant la fête, dans le courant de mars, et en prévision de la cérémonie, il était procédé à l'élection de douze capitaines présentés par les trésoriers, qui se divisaient la corporation toute entière par égales fractions. De plus, un colonel, un lieutenant, un porte-enseigne des rangs étaient élus également sur l'avis du chancelier et du procureur.

Chaque capitaine devait choisir la couleur de sa compagnie et composer, de toutes pièces et avec l'esprit fantaisiste généralement admis pour cette réunion, le costume et l'accoutrement de sa troupe. Le dessin, tracé sur parchemin, transmis et approuvé par les trésoriers, était joint à l'étendard du capitaine et obligeait celui-ci à l'exécution stricte et entière du programme tracé par lui. Tout cela, bien entendu, aux frais de chaque capitaine.

Ensuite et pendant tout le mois de mai, les lundi, jeudi et samedi, à cinq heures du soir, les quatre trésoriers étaient contraints de faire battre les tambours, sonner les trompettes et donner des aubades et réveils aux principaux fonctionnaires de la Basoche.

Dans la dernière quinzaine du mois, les officiers prenaient jour avec l'administrateur des eaux et forêts, pour aller en grande pompe dans la forêt de Bondy, de Livry ou de Vincennes, couper l'arbre qui devait servir à l'érection du Mai.

Le jour choisi était ordinairement le dimanche. Dès six heures du matin, tous les membres de la Corporation, précédés des tambours, trompettes, hautbois et violons, se réunissaient dans la cour du Palais et, de là, se rendaient au lieu convenu et y déjeunaient.

Les dames n'étaient pas exclues de cette fête; elles s'y rendaient avec les basochiens dans de magnifiques carrosses, en compagnie choisie et galamment escortées.

En chemin, le cortège s'arrêtait et faisait célébrer une messe solennelle dans l'église d'une commune quelconque se trouvant sur sa route. L'une des dames y faisait la quête pour les pauvres du lieu, et l'on se remettait en marche pour la forêt.

On y rencontrait l'administrateur de l'État, auquel l'avocat-général faisait une harangue, retraçant l'origine du privilège, son maintien par les souverains qui s'étaient succédé, et l'utilité de cet usage.

La promenade se continuait; après examen, on faisait choix de trois chênes qui étaient marqués, et que des ouvriers transporteraient le samedi suivant dans la cour du Palais : les deux plus petits pour être vendus au profit de la communauté, et le troisième, qui atteignait, selon Fournel, une hauteur prodigieuse,—50 pieds, dit Larousse, — pour servir à la fête.

Ce droit constituait une véritable rente au profit de la Basoche, et on le lui reconnaissait à ce point que, quand par aventure la fête du Mai ne pouvait avoir lieu une année, l'administration des forêts délivrait l'année suivante les arbres des deux fêtes.

La journée se terminait enfin par un diner servi aux frais et dépens des trésoriers, comme nous l'avons déjà dit, par un bal animé qui avait lieu dans le château le plus rapproché du bois et que le seigneur voulait bien mettre à la disposition du joyeux groupe. La troupe revenait fort tard à Paris, et toujours musique en tête.

Trois jours après, le mercredi, les officiers de la Basoche rendaient une visite officielle et cérémonieuse, comme tout ce qui se faisait alors, savoir : au premier et au second présidents du Parlement, au procureur et aux avocats-généraux : chaque visite avec harangue et discours de part et d'autre.

A partir de cette réception, et pendant les trois jours qui suivaient, les tambours et les trompettes résonnent dans la grand'salle du Palais de Justice, depuis six heures du soir jusqu'à quatre heures du matin (1).

Les basochiens avaient leur costume officiel mi-partie bleu, mi-partie blanc, gants et toque; ils accompagnaient les principaux officiers aux aubades et réveils qui étaient donnés chez le premier président du Parlement.

Enfin, le samedi, dernier du mois de mai, à quatre heures du matin, le *mai* arrivait dans la cour du Palais.

A dix heures, au son des fanfares, on le décorait de deux grands et de vingt-quatre petits panonceaux, puis on l'ornait de flots de rubans; enfin on le hissait sur l'emplacement du *mai* de l'année précédente situé au bas d'un escalier aboutissant à la cour de la Sainte-Chapelle, appelée alors pour cette cause cour du Mai, vis-à-vis de la porte voûtée qui donne accès sur le boulevard du Palais.

Cet arbre était entouré d'une sorte de vénération et la justice basochiale sévissait contre toute tentative de destruction.

Ainsi, le 2 juin 1545, un huissier ayant coupé le *mai* était pour-

_____

(1) Ordonnance du Parlement du 13 avril 1553.

suivi criminellement par la Cour de la **Basoche**; mais comme il
offrait de prendre à sa charge la plantation d'un nouveau *mai*, il
y fut condamné, avec défense « d'user à l'avenir de telle voie de
fait ».

LA MONTRE

Les auteurs, sans confondre la cérémonie du Mai et de la Montre, nous donnent peu de détails sur cette dernière fête. La date
en était si rapprochée du Mai qu'on peut croire effectivement
qu'elle dut ne constituer qu'une seule et même réunion, divisée
en deux parties.

Nous émettons un doute à ce sujet : la première raison en est
que la fête du Mai était surtout une fête de la jeunesse. Son principal attrait n'était pas à Paris, le jour de la plantation de l'arbre,
mais à Bondy ou à Vincennes, dans la promenade préliminaire et
dans les jeux qui la suivaient. Or, les historiens, en retraçant le
cérémonial, ne font aucune allusion à la « montre » qui se passait
à Paris, avec un développement de forces et une pompe remarquables, et dont le but et le caractère étaient, au surplus, esssentiel-
lement différents.

La deuxième raison en est que les convocations faites pour la
cérémonie de la montre, tous les ans, vers le mois de juillet,
s'adressaient à tous les suppôts, c'est-à-dire aux justiciables de
la Basoche, alors que rien ne constate leur présence à la promenade du Mai.

Les subsides accordés pour faire face aux frais de la Montre
le sont à des époques qui ne concordent nullement, d'ailleurs,
avec celle du Mai.

Nous relevons, en effet, les dates des 18 juillet 1505, — 18 juin
1528, — 15 juin 1557, — 12 et 20 juin 1582, comme étant celles où sont autorisées les allocations. C'est, enfin, le premier
juillet 1540 que le Roi assiste à la Montre.

Or, l'époque du Mai se trouvait invariablement être le dernier
samedi du mois de mai. Il faut donc admettre que les deux fêtes
constituaient deux réunions, indépendantes l'une de l'autre.

Cela s'explique encore, nous le répétons, par le but particulier de la Montre. — Ce but nous est dépeint comme reposant sur des raisons de politique intérieure. Selon M. Fabre, il y avait, de la part des magistrats, « un certain amour-propre et un peu « de vanité dans ces sortes de processions. Le Parlement n'était « pas fâché de produire au grand jour cette espèce d'armée, « composée de jeunes gens hardis, entreprenants et belliqueux, « qu'il tenait à sa disposition, et sur laquelle il aurait pu s'ap- « puyer au besoin, comme les Rois de France s'appuyaient sur « la magistrature. »

Nous ne voyons nulle part la justification de ce sentiment que ne vient certes pas appuyer la résistance ouverte de la Basoche à l'égard du Parlement, ni celle du Parlement vis-à-vis de la Basoche.

Mais en rapprochant le cérémonial et l'idée même de la Mon- tre des basochiens avec la Montre des officiers du Châtelet et celle des notaires et des huissiers de province, n'est-il pas permis de voir entre elles une analogie frappante et de croire à ce but fon- damental et général : une réunion corporative et une assemblée disciplinaire entre tous les justiciables de la Basoche ?

Ainsi s'expliquerait la double cérémonie basochiale, à moins de deux mois de distance ; car il est difficile de croire à une partie de plaisir si rapidement renouvelée.

M. Muteau (1) nous donne une autre explication pour légitimer la Montre. Il voit dans cette réunion, imposée, selon lui, par Philippe le Bel à la Basoche, une véritable puissance à la dis- position du Roi de France, dévouée à sa cause de par droit de naissance, entreprenante, brave et populaire.

Nous ne croyons pas cette opinion plus fondée que celle de M. Fabre, dont elle ne s'écarte d'ailleurs que par un côté : l'in- fluence du Roi remplaçant ici l'influence du Parlement.

La Basoche ne s'occupa que de la politique intérieure qui touchait aux prérogatives de la justice et des juges. Elle se dés- intéressa ouvertement des autres conflits, si ce n'est cependant pour la révolte des Guyennes et pour la prise de la Bastille.

Il n'est donc pas admissible que la royauté et le Parlement

_____
(1) *Les clercs à Dijon*, p. 22.

aient voulu se servir de son organisation pour appuyer la politique particulière et exclusive de l'une ou de l'autre de ces autorités.

Au surplus, l'esprit d'obéissance passive, nécessaire à tout soldat, était bien certainement ce qui manquait le plus à la Basoche, et sa participation aux deux événements que nous signalons ne nous apparaît pas comme la conséquence forcée d'une alliance avec le Roi ou d'une obligation qui lui fut imposée, mais plutôt comme le résultat d'un mouvement spontané de libéralisme et de patriotisme : deux sentiments inconciliables avec l'opinion des auteurs en question.

La montre constituait la fête extérieure et démonstrative par excellence ; elle nécessitait, plus encore que toutes les autres réunions, de longs préparatifs.

Par mandement du roi, — plus tard, du chancelier, — tous les princes (1) de la Basoche, ses sujets et ses suppôts étaient convoqués à Paris, au jour fixé pour la montre, avec ordre de s'y trouver sous peine de dix écus d'amende, et quelquefois plus.

Les artisans, marchands et serviteurs soumis à cette juridiction devaient également y assister sous les peines les plus sévères.

La réunion, précédée, comme toujours, du **cry accoutumé** et des aubades aux chefs principaux, se centralisait dans la cour du Palais, où elle était ensuite divisée par compagnies de cent hommes chacune, ayant son capitaine, son étendard et son costume.

Les officiers, montés à cheval, avaient obtenu, en 1523, le droit de porter, le jour de la montre générale, « toutes sortes d'habits et « armes dorées et gravées, suivant leurs statuts et ordonnances, « nonobstant les édits de réformation des habits (2), ce qui leur « est accordé, pour ce jour-là seulement, à la charge qu'ils s'y « comporteront avec toute modestie et sans insolence. »

Ainsi organisés, les basochiens, guidés par les tambours, trompettes, fifres et hautbois, marchaient dans l'ordre suivant :

(1) Nous croyons que cette qualification, si souvent employée, désignait le premier fonctionnaire des Basoches tributaires de celle du Palais. Une sorte de vice-royauté créée par le roi de la Basoche du Parlement, et qui lui était subordonnée.

(2) Une mesure générale interdisait le luxe dans les habits.

Le roi, ou le chancelier ;

Les officiers ;

L'étendard ;

Les basochiens, et derrière eux les béjaunes ou nouveaux clercs ;

Puis les suppôts de toute catégorie.

Le cortège traversait les principales rues de la capitale et rendait les visites obligatoires à certains magistrats. Il retournait au Palais de Justice, où, après avoir écouté une harangue du roi, il commençait son défilé devant lui.

Les aubades recommençaient en d'autres endroits, puis la réunion se désagrégeait.

A ce moment, la Cour Basochiale devait probablement, selon l'opinion que nous avons émise, s'occuper des questions disciplinaires et les juger de la manière que nous avons indiquée pour les officiers du Châtelet.

Des réjouissances publiques avaient lieu par ailleurs et offraient une nouvelle occasion aux représentations théâtrales dont nous avons parlé précédemment.

La montre présentait certaines analogies avec les carrousels, selon quelques auteurs ; mais on ne dit pas si la Basoche se livrait aux mêmes tournois et aux mêmes luttes ; nous pensons, en nous basant sur la division des basochiens par compagnies, sur leurs costumes et leur éducation, que ces carrousels durent se borner aux danses et figures qui formaient le gros attrait de ces fêtes, et non aux exercices de pure force ou d'art exclusivement militaire, sous lesquels nous envisageons aujourd'hui les carrousels.

Quoi qu'il en soit, la montre attirait constamment une foule immense et engouée pour ces sortes de spectacles, comme elle l'était de toutes réunions où régnaient la joie et le bruit.

Ce n'était pas chose ordinaire, d'ailleurs, que de voir une armée de dix mille basochiens, montés et équipés avec un luxe inusité, traversant bruyamment les rues et places de Paris, et semant sur son passage des cris satiriques ou des lazzis sur toute personnalité en vue et sur toute chose.

Nous pouvons nous en faire une faible idée en comparant les

encombrements motivés de nos jours par ce qui reste du carnaval, au mardi-gras et à la mi-carême, ou encore par le moindre événement : le grand prix, les revues, etc.

Ce fut pour ce motif que François Ier désira voir « la montre », le premier juillet 1540, et s'en montra émerveillé. Mais ce fut aussi pour le même motif que Henri III la défendit et brisa cette royauté de convention qui, dit-on, portait ombrage à la sienne.

Tout basochien, dûment convoqué et n'assistant pas à la montre, était, nous l'avons dit, frappé d'une forte amende. En général, le défaillant s'exécutait par un paiement immédiat et spontané.

Les annales de la **Basoche** ne relatent que trois infractions à ces usages. Nous n'en rappellerons qu'une :

Un basochien, Jacques Dalluye, choisi comme lieutenant d'un groupe qui devait constituer, à la montre, la bande des femmes, — pour les figures du carrousel, sans doute, — avait choisi, d'accord avec le capitaine de cette bande, la couleur, les costumes et l'étendard; cela, — nous l'avons vu, — constituait une obligation ou de figurer à la réunion ou de payer dix écus d'amende. Il ne fit ni l'un ni l'autre, et le procureur général du roi de la Basoche ordonna la saisie des vêtements.

Cette formalité est ainsi résumée par un historien anonyme de la **Basoche**, dans un ouvrage souvent cité, mais qui ne l'a pas été sur ce point cependant (1) :

« Dit l'intimé, qu'il a toujours fait son devoir de bien servir
« la Basoche et que néanmoins on l'a appelé pour aller à la
« montre et être de la bande des femmes, et aller à pied et
« pour ce qu'il n'était pas disposé d'aller à pied il était malade,
« s'excuse, ce néanmoins il est condamné par le roi de la Basoche
« à y aller.

« A cette cause, il présente sa requête au roy et à son conseil
« à ce qu'il soit tenu pour exécuté, et sur icelle est ordonné que
« deux chirurgiens de la dite Basoche se transporteront par
« devers partie, la visiteront et en feront leur rapport.

(1) Exemplaire déposé à la Bibliothèque de la ville de Paris, rue de Sévigné.

« Et, en suivant se transportent par devers parties : deux
« maîtres des requêtes de ladite Basoche, lesquels trouvent
« l'intimé en la maison de sa mère, en une chambre haute, en
« une chaise, garni d'un bonnet de mitenne en sa tête, d'un
« bâton en sa main, et d'une robe de nuit fourrée, et trouvent
« qu'il est malade et qu'il ne pourrait aller à pied à la montre,
« et, de ce, en font leur rapport au roy de la Basoche et à son
« conseil.

« Ce nonobstant, le roy de la Basoche ordonne que partie ira
« à la montre malgré ses excuses et parce qu'il n'y veut aller on
« lui fait plusieurs excès, on lui ôte sa robe de dessus ses épaules
« et est exécuté sans qu'il y ait arrêt par lequel il ait été con-
« damné en l'amende. »

Il est évident que ce moyen sommaire de rendre justice ne
pouvait être accepté facilement : l'intimé fit donc appel de la
sentence devant l'official qui lui donna raison. Le roi de la Basoche forma immédiatement appel comme d'abus contre l'official,
attendu qu'il est assez pourvu de bon conseil « pour connaître
« de la difficulté et aussi que les avocats de la Cour n'entendent
« rien au style de la Basoche ».

Le Parlement, sur cet appel, dit qu'il a été mal octroyé et
exécuté par l'official et renvoie la cause et la matière par devant
le roi de la Basoche et son conseil, pour en ordonner ainsi qu'il
verra être à faire par raison ; et ordonne, la Cour, que ledit
roi de la Basoche traitera amiablement sujets, en sur ce que
l'intimé a requis délivrance de sa robe ; ordonne qu'il baillera sa
requête au Roi (1).

VIII

SUR LES PRIVILÈGES DE LA BASOCHE

On a beaucoup parlé des privilèges de la Basoche, — et
c'est généralement pour les contester, les critiquer ou les blâmer ;
nous verrons ce que ces griefs peuvent avoir de fondé.

(1) Arrêt du 14 juillet 1526.

Les privilèges de la **Basoche** doivent être divisés en trois catégories.

La première, comprenant les privilèges communs à **la Basoche**, aux écoliers et à la jeunesse en général. Les fêtes, les représentations théâtrales, le droit de porter l'épée rentrent dans cette division.

La deuxième, comprenant les privilèges communs aux confréries, aux réunions et aux corporations de toute nature et de tous ordres. Citons : une partie du droit de juridiction ; le droit de frapper monnaies, la concession du Pré-au-Clercs ; le droit d'accorder des maîtrises ; le droit à une loge au théâtre de l'Hôte de Bourgogne.

Et *la troisième*, spéciale à **la Basoche** et concernant ses travaux et les garanties recherchées pour le recrutement de certains fonctionnaires de l'ordre civil, administratif ou judiciaire. Son exonération de la justice prévôtale et son rattachement au Parlement. Une autre partie de son droit de juridiction, et le droit d'examen et de contrôle du stage peuvent compter au nombre de ces privilèges.

Examinons-les séparément :

Nous l'avons déjà fait pour les fêtes et les représentations théâtrales, nous reviendrons d'ailleurs à ce dernier sujet, en parlant de l'Hôtel de Bourgogne. Reste donc, comme dépendant de la 1re catégorie des privilèges, le droit de porter l'épée.

1. — *Port de l'épée.*

Porter l'épée était un honneur très apprécié et très recherché. L'épée était bien une arme de combat pour tous dans certains cas d'extrême nécessité ; mais le danger passé, elle devenait le signe distinctif de la noblesse ou la suprême récompense des actions d'éclat.

Le gentilhomme avait droit au port constant de l'épée, en vertu de sa naissance, tandis que les serfs ne pouvaient y toucher que pour défendre la terre de leur seigneur et combattre l'envahisseur.

Il arriva souvent que, pour reconnaître les services d'un groupe ou d'une cité et pour récompenser d'importants services rendus au royaume, le droit de porter l'épée fut accordé à tous les habitants. Cette faveur enviée a comme équivalents, maintenant, la médaille militaire ou la croix de la Légion d'honneur.

Les gens de robe, comme l'étaient et comme le sont encore nos magistrats, ne portaient pas l'épée. Les procureurs et les notaires, qui tenaient à la magistrature et au clergé, ne la portaient pas non plus. N'y a-t-il pas lieu de s'étonner que leurs clercs l'eussent portée? et en présence de la défense formelle qui leur en fut souvent faite, ne devrait-on pas croire qu'ils ne comptèrent jamais ce droit parmi les privilèges de la Corporation?

Si nous rappelons que les écoliers jouissaient enfin de cette faveur; si nous remarquons que les basochiens, armés et équipés pour leur montre, organisés militairement, prirent part à quelques événements guerriers et obtinrent en retour de très importantes faveurs royales, nous nous expliquerons que le port de l'épée leur ait été accordé ou tout au moins toléré.

L'interdiction, souvent renouvelée, de ne porter aucune arme ni bâton suivait généralement de très près un abus quelconque des basochiens. Rappeler la défense, c'était remettre en mémoire le châtiment prescrit en cas d'infraction et prêcher ainsi la modération. Mais la querelle qui y avait donné lieu s'oubliait vite, et avec elle l'interdiction de se parer de l'épée.

Au mois de juillet 1548, — au mois de mars 1552, — le 7 mars 1554, — le 9 mai 1588, — le 3 août 1663 — et toujours dans le but de réprimer les désordres qui se produisirent et surtout de les éviter, le Parlement fit défense de porter « bastons, « espées, pistolets, courtes dagues, poignards, à peine de puni- « tions corporelles et, notamment, de la hart (1) »; cela n'empêcha pas les basochiens de revendiquer ce privilège chaque année et d'en user dans toutes leurs réunions.

Tout en admettant l'existence du droit en question, nous devons ajouter que l'épée faisait partie du costume officiel et corporatif de la Basoche, le clerc ne la portait donc qu'avec ce cos-

---

(1) Fabre. *La peine de la hart*, p. 47 et suivantes.

tume, — ce qui, d'ailleurs, se comprend fort bien, — et seulement
le jour des cérémonies où l'on tolérait bien d'autres privilèges.

2. — *Les Armoiries.*

La Basoche avait ses armes; sa charte de constitution en faisait
mention, d'après l'historien anonyme que nous avons cité.

Les armes étaient un écu royal d'azur à trois écritoires d'or, et
au-dessus, timbre, casque et morion, avec deux anges pour sup-
ports (1).

Félibien (2) dit que les armes étaient composées d'un écritoire
sur un champ fleurdelisé, le tout surmonté de casque et morion,
en signe de royauté.

Cependant M. Fabre, qui en a retrouvé le dessin sur l'almanach
de **la Basoche**, publié en l'année 1786, dit que ce dessin ne se
rapporte pas à la description que les auteurs en ont faite. Ainsi,
notamment, les deux anges étaient remplacés par deux femmes
nues, et on lit autour la légende latine : *Sigillum magnum regni
Basochii.* Selon cet auteur encore, les trois écritoires étaient un
emblème, faisant allusion sans doute au couplet de la Ronde de
la Basoche, composé sous François Ier, après la bataille de Pavie :

> L'encrier, la plume et l'épée
> Étaient les armes de Pompée ;
> La Basoche est son héritière ;
> Elle en est fière.
> Soldat-clerc, le basochien
> Est bon vivant et bon chrétien.
> Vive la Basoche,
> A son approche
> Tout va bien (3).

Les armoiries de **la Basoche** étaient brodées sur le drapeau
de la Corporation, sur les étendards et les guidons.

Elles étaient également reproduites sur le sceau officiel, dont

---

(1) M. Fabre en donne deux figures, p. 51 et 314.
(2) *Histoire de Paris*, t. 1, p. 501.
(3) Nous avons vainement recherché dans les bibliothèques parisiennes
la suite de cette ronde, dont tous les auteurs ne citent que le premier couplet, alors qu'elle en comptait quarante, dit-on.

chaque acte de **la Basoche** devait porter l'empreinte pour qu'il pût faire foi en justice et recevoir son exécution.

Le sceau actuel du notariat n'a plus absolument la même signification, ni la même importance.

Les armoiries de **la Basoche** ne constituaient pas un privilège particulièrement exceptionnel.

L'usage en était commun aux autres corporations, aux provinces et aux villes. Elles étaient une marque d'honneur et de distinction, conférée, par le Roi, aux seigneurs, aux officiers de robe et d'épée, au clergé, aux bourgeois des villes franches, etc.

Chaque armoirie, ayant naturellement sa signification propre, se distinguait des autres et pouvait révéler une origine plus ou moins glorieuse.

Les attributs qui figuraient sur celle de **la Basoche** devaient prendre rang parmi les plus importants, car les faveurs royales lui furent prodiguées, et ce n'est évidemment pas sur ce point qu'on dut les restreindre.

Il ne faut pas confondre les armoiries officielles de **la Basoche** avec le blason que les chefs de la Corporation portaient dans les montres et les autres cérémonies.

Ce blason, sans caractère légal, était créé aux attributs et à la couleur qui convenaient à son auteur; il accompagnait généralement le guidon de chaque groupe de basochiens et servait à distinguer ce groupe des autres pendant toute la fête.

3. — *La Monnaie de la Basoche.*

Il est indubitable que **la Basoche** eut le droit de frapper une monnaie spéciale.

Miraulmont (1) constate que **la Basoche** avait sa monnaie particulière, ayant cours parmi les suppôts de la Corporation, sinon d'une manière obligatoire, du moins de gré à gré. Il dit que c'était là une marque vraiment royale et souveraine.

M. Fabre (2) se livre à une savante recherche sur l'authenticité

---

(1) *Origine et établissement des Parlements*, p. 351.
(2) P. 63 et suivantes.

de ce fait, et en conclut que la monnaie de **la Basoche** devait être, en réalité, une sorte de médaille ou jeton dont se servaient les basochiens comme signe de ralliement ou pour perpétuer le souvenir de quelques cérémonies marquantes.

M. Muteau (1) dit qu'il s'agissait de jetons représentatifs d'une certaine valeur conventionnelle entre les clercs et les suppôts, une image, pour ainsi dire, de la véritable monnaie, sans valeur en dehors d'eux.

Cette dernière opinion semble la plus vraisemblable. Les clercs durent se servir de cette monnaie sinon dans leurs relations avec les artisans de **la Basoche**, au moins dans leurs rapports intérieurs, — notamment pour acquitter les droits de bienvenue ou béjaune à **la Basoche**, et dans les études, pour les amendes, cotisations, etc... M. Fabre, lui-même, cite un arrêt du 7 septembre 1713 (2), portant défense aux officiers de **la Basoche** d'exiger des clercs ou récipiendiaires aucun autre droit que celui d'entrée ou de sortie, en **jetons**, argent ou repas. Or, nous n'avons constaté dans aucun auteur l'existence de jetons indépendants de la monnaie en question, et cette monnaie, quelles que fussent sa forme ou sa dénomination, servait bien aux basochiens.

4. — *Les Maîtrises.*

Les plus anciens historiens de **la Basoche** relatent le droit pour cette Corporation de conférer des **maîtrises**. On l'a depuis contesté sans trop de raison, et, probablement par suite d'une confusion des termes.

En principe, le droit de conférer une maîtrise, c'est-à-dire l'autorisation d'exercer un métier ou un commerce, était du ressort exclusif de la puissante Corporation des métiers de Paris, et, à coup sûr, **la Basoche** n'eût pu faire usage librement d'un privilège semblable, il n'y avait d'ailleurs aucun motif pour cela.

Mais elle eut le droit de choisir parmi les artisans, commer-

(1) P. 19 et suivantes.
(2) P. 28 et 29.

çants et gens de métiers, dûment pourvus de maîtrise légale,
ses fournisseurs accrédités et ses suppôts. A ceux-là seulement
elle accorda un brevet d'investiture conventionnelle, assurant à
l'artisan une clientèle importante à divers titres et le privilège
d'une enseigne au nom de la populaire Basoche, — assurant,
d'autre part, à la Basoche, un suppôt et un justiciable de plus.

C'est ainsi, à notre avis, qu'on doit entendre le droit de la
Basoche à créer ses maîtrises.

Elle en conféra, notamment, pour les professions suivantes :

1° Barbiers-chirurgiens, en 1588, 1684 et 1685 ;

2° Croffetiers-maletiers, en 1686 ;

3° Cordonniers, en 1672 ;

4° Chapeliers, en 1691 ;

5° Gainiers en cuir bouilli, en 1686 ;

6° Libraires-imprimeurs, pour ses registres, en 1643 ;

7° Pâtissiers, rôtisseurs et traiteurs, en 1686 ;

8° Peintres, orfèvres, huissiers, buvetiers, gantiers, etc., à
diverses autres époques.

Il faut bien dire, cependant, que la Corporation des métiers
s'émut souvent de cet empiétement apparent sur ses attributions,
et surtout des conséquences commerciales ou juridiques qui en
résultaient. Ces contestations ne réussirent pas à faire disparaître
toutes les maîtrises, car le chapelier de la Basoche exista jusqu'à
l'époque de la Révolution, de même que le pâtissier, dont l'enseigne fut longtemps conservée au coin de la rue Hautefeuille et de
la rue Saint-André-des-Arts (1).

Chaque commerçant ou artisan, accrédité près de la Basoche,
devait effectivement faire figurer à côté de son enseigne les
armes et les couleurs de la Basoche. Il devenait, ainsi que nous
l'avons dit, son justiciable, et ne pouvait se soustraire ni aux
ordonnances du roi ou du chancelier, ni aux arrêts de la Cour
Basochiale, dans toutes les contestations qui pouvaient surgir
entre lui et la Corporation.

Les annales de la Basoche relatent plusieurs arrêts où figurent
des commerçants et des clercs. Aucun d'eux ne paraît d'ailleurs

(1) Denizart. *Basoche du Palais.*

avoir contesté l'impartialité reconnue de cette Cour, ni l'équité de ses décisions.

5. — Le Pré-aux-Clercs.

Au xive siècle, le Pré-aux-Clercs (1), qui se trouvait dans le bourg Saint-Germain-des-Prés, aux portes de Paris, était une grande plaine dépendant de l'abbaye de ce nom.

Elle était divisée en deux parties :

La première, appelée le petit Pré-aux-Clercs, occupait à peu près l'emplacement actuel compris entre le quai, la rue de Seine, la rue Bonaparte et la rue Jacob.

La seconde, appelée le Grand-Pré, et séparée de la précédente par un large fossé dénommé d'abord la petite Seine, puis la rue des Petits-Augustins, et enfin rue Bonaparte, partait de cette dernière rue, et se prolongeait jusqu'à la rue de Bourgogne, près de l'esplanade des Invalides.

Le Grand Pré était depuis un temps immémorial la propriété de l'Université, qui l'affermait.

L'autre, auquel on a donné une contenance de 100 arpents, ce qui représenterait aujourd'hui 34,190 mètres (2), — ce qui ne paraît guère se justifier par les limites beaucoup plus restreintes rapportées ci-dessus, — appartenait aux moines de l'abbaye; comme elle était plus rapprochée de la ville que ne l'était le domaine universitaire, elle servait également de rendez-vous à la jeunesse parisienne et particulièrement aux écoliers. C'était aussi le lieu consacré aux duels, d'où nous est probablement venu cette locution « aller sur le pré ». Plus tard, enfin, le lieu des rendez-vous galants des seigneurs de la Cour, ce qui ne fut pas sans accroître sa renommée, immortalisée ensuite par l'opéra-comique de Planard et d'Hérold :

> Les rendez-vous de noble compagnie
> Se donnent tous dans ce charmant séjour,
> Et doucement on y passe la vie
> A célébrer le champagne et l'amour.

(1) Fournel, p. 32. Vieux Paris.
      Id.   p. 289. Rues du vieux Paris.
(2) L'arpent de Paris était de 100 perches de 18 pieds de côté, équivalant à 34 ares 19 centiares.

On comprend que cette destination n'était pas celle que lui désiraient les prêtres de l'abbaye, et, déjà bien antérieurement à l'époque dont nous parlons, des tentatives avaient été faites par eux pour repousser les envahisseurs; mais les rigueurs dont ils accompagnaient ces réclamations furent précisément la cause de leur dépossession totale, et, sans doute aussi, le motif de la concession qui en fut faite à la Basoche.

En 1163, un conflit très grave s'était terminé par un concile composé de dix-sept cardinaux et 124 évêques, ordonnant de respecter le droit de l'abbaye.

En 1278, l'abbé de Saint-Germain croyait pouvoir terminer le débat en construisant sur une partie de la promenade. Mais les écoliers, forts de leur indépendance qui les mettait à l'abri des nombreux cachots de l'abbaye, du pilori et du gibet, destinés aux vassaux récalcitrants du puissant abbé, démolirent les constructions.

Une mêlée sanglante en résulta, et l'on reprocha aux prêtres de s'être servi d'armes contre des gens paisibles qui assistaient à la lutte sans y prendre part.

Le légat du pape condamna le supérieur à être chassé du monastère. Cela ne parut pas suffisant, et Philippe le Bel, le père des écoliers, intervint à son tour pour frapper les religieux de très fortes amendes et ordonner le rasement des tourelles du monastère.

En 1368, on l'en déposséda totalement au profit de l'Université après de longs procès et au moyen d'un échange entre l'abbaye, qui abandonna le petit *Pré-aux-Clercs*, appelé aussi la *Saulsaie*, probablement à cause des arbres de ce nom qui longeaient la Seine et le ruisseau, et l'Université qui céda le terrain des fossés Saint-Germain-des-Prés (1), c'est-à-dire le lit de la petite Seine, au devant de l'abbaye, — mince compensation, il faut l'avouer.

Un siècle après, en 1482, les religieux recevaient un équivalent plus lucratif et moins dangereux pour leur repos, en obtenant la concession du terrain et du privilège de la foire Saint-Germain, qui longeait leur domaine.

(1) Lefeuve. *Histoire de Paris*, t. I, p. 499.

Le Pré-aux-Clercs était donc devenu la propriété de l'Université.

Ce point toutefois n'est pas admis par tous les historiens ; l'opinion dominante est que Henri II l'expropria sur les religieux et le donna aux basochiens dans les circonstances que nous allons indiquer.

Mais M. Fabre, et après lui Fournel, nous paraissent avoir définitivement établi le principe des droits de l'Université sur le Pré-aux-Clercs (1). Nous y reviendrons tout à l'heure.

Ce changement de propriétaire n'arrêta pas les querelles des religieux et des écoliers. L'abbaye longeait le pré, qui était coupé à divers endroits par des chemins servant au personnel du couvent. Les écoliers se plaignaient constamment du trouble que la circulation sur ces chemins apportait à leurs jeux et à leurs promenades.

Or, en ces temps éloignés, la douceur et l'apaisement étaient à à coup sûr ce qu'on connaissait le moins. Les écoliers, rudoyés et battus, se livraient à des déprédations sans limites, et c'était avec une rage violente et sauvage que les adversaires soutenaient périodiquement leurs prétentions réciproques.

Mentionnons la date du 4 juillet 1548, où les écoliers, excités par Ramus, autrement dit Pierre La Ramée, le célèbre réformateur philosophe, se portèrent en armes contre l'abbaye et en firent le siège malgré l'intervention du prévôt ; et celle du 12 mai 1557, où, pour venger deux de leurs camarades assassinés, ils détruisirent trois maisons, et maltraitèrent le lieutenant criminel. Ces dates, disons-nous, comptent parmi les plus terribles rixes. Plusieurs clercs furent tués, un grand nombre d'autres blessés. L'un d'eux eut le poignet coupé par les archers, et 18 furent emprisonnés pendant près d'un mois.

Les écoliers étaient alors réunis aux basochiens du Palais, et le Parlement rendit contre eux, au mois de juillet 1558, un arrêt qui leur fit défense de tenir aucune assemblée au Pré-aux-Clercs. Des potences avaient été dressées par ordre dans le faubourg

(1) Fabre, p. 45 et suivantes.
Fournel, p. 293, note 3.

Saint-Marcel, pour arrêter les perturbateurs ; ce qui n'était pas toujours là une vaine menace.

C'est vers cette époque, également, d'après les historiens, que le roi Henri II, — le plus favorable des souverains pour la Basoche, — fit don à cette corporation : 1° du Pré-aux-Clercs ; 2° du droit de couper le mai dans les forêts royales ; 3° et d'une allocation annuelle en argent, pour les frais de la plantation du Mai et pour ceux des Montres. Voici, dit-on, ce qui donna lieu à cette triple faveur.

En 1548, le peuple de la Guyenne s'étant soulevé, le connétable de Montmorency fut chargé de réprimer l'émeute. **La Basoche du Palais** offrit ses services. Or, six mille basochiens s'enrôlèrent et se conduisirent si vaillamment que le Roi désira les en récompenser, et leur demanda ce qu'ils désiraient :

« L'honneur de servir Votre Majesté partout où elle voudra « nous employer », répondirent-ils.

C'est alors qu'il leur octroya les privilèges dont nous venons de parler.

M. Fabre met en doute toutes ces assertions des écrivains ; mais nous pouvons lui opposer l'autorité de l'historien anonyme auquel il a fait ses plus larges emprunts et celles de Miraulmont et de Denizart. Nous ne croyons pas à un don exclusif du Pré-aux-Clercs, mais nous pensons que **la Basoche** dut obtenir l'affectation d'une grande partie du pré à ses réunions, comme droit de simple jouissance personnelle et peut-être même commune avec les écoliers de l'Université.

La Basoche n'était pas une corporation riche et prospère ; elle ne posséda jamais que dans la limite du besoin de ses jeux. On lui avait donné un emplacement dans le Palais, on put, sans invraisemblance, lui concéder un emplacement pour ses promenades et ses récréations, comme on en donna un autre sans doute à l'Université.

Cette jouissance fut peu à peu enlevée ; l'Université vendit par fractions son domaine, où on installa des cabarets élégants, et à mesure qu'on voit s'affaiblir **la Basoche**, on voit aussi le Pré-aux-Clercs se rétrécir, pour disparaître finalement avec ses jeunes occupants.

6. — *Loge à l'Hôtel de Bourgogne.*

Le théâtre et la comédie eurent pour créateurs la **Basoche**. C'est ce que M. Fabre établit longuement. La première salle fut créée, le 30 août 1548, par les Confrères de la Passion, nom donné à un groupe de basochiens qui se réunissaient pour l'entreprise de certains spectacles depuis près d'un siècle déjà.

Cette salle était désignée sous le nom d'*Hôtel de Bourgogne.*

L'Hôtel de Bourgogne avait été bâti par le comte d'Artois. Il fut le séjour de prédilection de Jean sans Peur. Plus tard, et vu l'état de vétusté où il se trouvait, François Ier en ordonna la démolition ; on morcela l'hôtel dont une partie fut acquise par le groupe en question. Cependant la grosse tour quadrangulaire, appelée *tour de Jean sans Peur*, qu'on admire entre les numéros 20 et 22 de la rue Étienne-Marcel, depuis le percement de cette voie, fut conservée.

Les Confrères de la Passion prenaient les titres de doyens, maîtres et gouverneurs de la Confrérie de la Passion de Notre-Seigneur Jésus-Christ. Ils avaient le privilège exclusif des représentations théâtrales dans Paris.

En cessant, plus tard, de jouer ensemble et en cédant leurs droits à une troupe de profession, ils firent la réserve de deux loges, très rapprochées de la scène et appelées loges des maîtres.

Pour apprécier la valeur de cette réserve, il faut noter que le prix d'entrée était alors de 4, 5 et 10 sols par personne, et qu'il n'était pas toujours prudent de se tenir aux places très en vue, car une ordonnance de police du 5 février 1596 défend à « *toute* « personne de faire violence en l'Hôtel de Bourgogne, d'y « jeter des pierres, de la poudre (!) ou d'autres choses qui « pussent émouvoir le peuple à sédition ».

Les représentations avaient lieu à une heure de l'après-midi, et commençaient à deux heures, qu'il y eût du monde ou non. Elles devaient se terminer à quatre heures et demie du soir en hiver.

Chaque année, le jour de carême-prenant, les trésoriers de la **Basoche** se rendaient à l'Hôtel de Bourgogne pour y prendre une collation et fournir les tapisseries et armoiries nécessaires à l'ornement de l'une des loges qui leur avaient été réservées ; les comédiens étaient ensuite invités à se rendre au Palais, pour assister à la plaidoirie de la **cause grasse**, et donner ensuite la représentation à laquelle ils étaient obligés vis-à-vis de **la Basoche**.

L'accès aux loges devait être permanent et exclusivement permis à la Corporation ; ses armes y figuraient et c'était elle qui en supportait seule l'entretien et la décoration. Il ne semble pas cependant que les basochiens en aient abusé. Les annales constatent que ce privilège, tombé en désuétude, fut, pour ainsi dire, abandonné vers la fin du xvie siècle.

L'auteur anonyme que nous avons souvent cité dit, à ce sujet, « que si les basochiens se sont relâchés depuis quelque temps de « ce droit, cela ne vient que d'un effet de leur modestie et de ce « qu'ils s'appliquent à des choses plus utiles et plus importantes « au public. »

Toutefois, et pour le principe sans doute, le Parlement reconnait le bien-fondé et l'existence du droit à une loge basochiale, par un arrêt du seize septembre 1639, rendu contre le prévôt de Paris, qui avait voulu disposer de cette loge.

7. — *Droits pécuniaires divers.* — *Prix de la lettre de chancellerie.*

Nous avons dit que l'actif pécuniaire de la Corporation se composait, en dehors des bienvenues et des amendes : 1° du produit des deux arbres qui accompagnaient le Mai ; 2° des subsides accordés par le Roi, le Parlement et la Confrérie des procureurs ; 3° de plus, et comme corporation rendant la justice, **la Basoche** figurait parmi les compagnies de judicature, touchant un gage annuel de cent cinquante livres. On voulut le lui supprimer, mais on y renonça. Il faut, dit à ce sujet Dalloz (1), que les droits aient été trouvés bien solidement établis pour que cette réforme n'ait pas lieu.

Constituaient également de véritables privilèges : 1° l'attribution, par Henri II, de sommes dont nous n'avons pu retrouver le mon-

(1) *Rép. gén.*, v° *Clercs*, n° 11.

tant, à prélever sur les amendes prononcées par la Cour des aides, en faveur du roi. On pourrait s'en servir comme argument pour démontrer la participation de la Basoche au soulèvement de la Guyenne, qui avait précisément les impôts pour cause; 2° et l'attribution du plus fort droit perçu à une date déterminée pour le scel ou la formalité de chancellerie sur les actes présentés à un titre quelconque à cette date.

Ces privilèges ne furent pas toujours respectés dans leur intégralité, et, pour en jouir, les basochiens durent le plus souvent les réclamer comme faveurs exceptionnelles et transitoires.

8. — *La Justice.* — *Le Registre du stage et son contrôle.*

Nous savons que **la Basoche** constituait une juridiction sérieuse et réelle. C'est pour cette raison surtout que plusieurs auteurs s'attachent à reconstituer son histoire et y consacrent toute leur attention (1).

Un autre privilège de **la Basoche**, et celui-là seul qu'on peut regretter sérieusement, était le droit de constater le stage et de le surveiller.

Il en était du stage des clercs de **la Basoche** comme, aujourd'hui, du stage des **clercs de notaire**. Aucun procureur ne pouvait être admis à ces fonctions sans avoir obtenu au préalable un certificat d'*admittatur*.

Cette obligation semblait dater des premiers jours de la Corporation, et les règlements l'imposaient à tous les candidats sans exception. Il y avait là un privilège exclusif qui atteignait l'ensemble des clercs. On pouvait ne pas faire partie d'une manière effective de **la Basoche**, mais il était impossible de se soustraire à sa justice et aux conditions de stage imposées par elles.

Un registre était déjà tenu à ce sujet et l'inscription revêtait à peu près la forme de nos inscriptions à la Faculté de Droit. Le clerc devait en prendre une nouvelle chaque année, et l'inscription coûtait quinze livres pour droit de chapelle.

---

(1) Miraulmont. *Origine des Cours et Parlements*, p. 650.

Les procureurs étaient eux-mêmes astreints à la formalité d'un registre où ils devaient inscrire les noms de leurs clercs.

Avant de délivrer le certificat, et même à l'époque des inscriptions annuelles, chaque basochien devait justifier de sa capacité par la production d'actes de procédure ; ce qui ne le dispensait pas, bien entendu, de passer un nouvel examen à la Confrérie des procureurs et d'obtenir son certificat de capacité.

Étaient dispensés de justifier d'aucun stage à **la Basoche** :

Les fils de procureurs,

Les avocats,

Et certains hauts dignitaires de **la Basoche**.

Le Parlement et **la Basoche** eurent souvent de longues contestations au sujet de la délivrance des certificats de stage. Alors que celle-ci se montrait intraitable contre les admissions de faveur ou d'exception, le Parlement déclarait, à plusieurs reprises, comme il le fit par un arrêt du 21 février 1770, que, malgré l'irrégularité de son stage, eu égard à sa capacité et à son temps de travail, « **pour cette fois seulement, et sans tirer à consèquence** », le postulant serait pourvu de son certificat et que l'arrêt en tiendrait lieu.

Les basochiens admettaient aussi difficilement que les fils de procureurs pussent se dispenser du stage, de par droit de naissance. Ils refusèrent, en tous cas, d'étendre cette exception **aux gendres** ; mais, ici encore, le Parlement substitua sa volonté à celle des clercs de procureurs, et les gendres purent aussi se soustraire aux prescriptions des règlements.

Ce fut cependant, de l'avis unanime, le plus respectable et le mieux respecté des privilèges. Les basochiens en jouirent jusqu'aux derniers moments de la Basoche, et si, plus tard, les avoués ne demandèrent pas le rétablissement d'un stage contrôlé par leurs clercs, c'est, dit-on, que, craignant d'une part les basochiens, et ayant facilité d'autre part, pour des raisons que nous comprenons, l'affaiblissement et la suppression de **leur communauté**, ils ne se souciaient pas de la reconstituer indirectement par le contrôle en question.

IX

PUISSANCE, AFFAIBLISSEMENT ET AGONIE DE LA BASOCHE DU PALAIS

La Basoche régna en souveraine sur les clercs, notamment sous le règne de Philippe le Bel, si nous en croyons ses historiens et les marques de vénération que les clercs témoignèrent toujours pour ce Roi. — Il en fut de même sous le règne de Louis XII et sous celui de Henri II, qui leur concéda les plus grandes faveurs

Mais elle eut à se défendre, sous les autres gouvernements, contre des attaques sans nombre, motivées soit par la hardiesse et les écarts de sa critique, soit par une hostilité latente et indéniable des procureurs et du Parlement, soit enfin par l'opposition de l'Université et du clergé.

Cela explique, nous ne saurions trop le dire, les alternatives de liberté et de force par lesquelles passa la Corporation, ce qu'on peut opposer aux sévérités et aux restrictions qui suivaient généralement les faveurs. C'est également une explication nécessaire pour comprendre les récits tourmentés et sans suite qui forment l'histoire véritable de la **Basoche du Palais**.

La Basoche reçut les plus graves atteintes à ses privilèges :

1° Sous **Charles VII**, en 1442, de nombreux clercs furent arrêtés, conduits en prison et condamnés à jeûner au pain et à l'eau, par suite des allusions blessantes contenues dans la farce de la **cause grasse** ;

La Faculté de théologie intervint aussi en 1444 contre les clercs.

2° Sous **Louis XI**, défense leur fut faite, en 1476, de jouer « farces, soties, moralités ou autres jeux », sous peine de bannissement, avec interdiction **de demander la permission de** jouer, sous peine d'expulsion du Palais ou du Châtelet ;

Le Parlement, en 1477, confirme cette interdiction.

3° Sous **Charles VIII**, une plaisanterie dans la représentation annuelle est le prétexte de l'arrestation de cinq clercs et de leur condamnation à la prison ;

4° Sous **François Ier**, à l'instigation du Parlement, la **cause grasse** est supprimée, en 1536 ;

Le clergé, intervenant aussi, exige la communication des manuscrits avant d'autoriser les représentations et menace toute infraction de la corde et de la potence.

En 1548, les mystères sont interdits, et on surveille attentivement les jeux des basochiens.

5° **Sous Henri III.** — La royauté basochiale est supprimée parce que, dit-on, la Corporation, devenue trop puissante, constituait un état dans l'État;

6° **Sous Henri IV.** — Le Parlement diminue la cérémonie du Mai et restreint l'exercice de la montre;

7° Enfin le règne de **Louis XV** peut également compter parmi les mauvais jours de la Corporation. En cela d'ailleurs les basochiens partageaient la situation critique faite aux Parlements et à la Cour des aides par le chancelier Maupeou. On ne pouvait supprimer les magistrats ni suspendre la justice sans troubler profondément la cléricature judiciaire, c'est-à-dire la **Basoche.**

Le fait se produisit en 1771 et plusieurs clercs, qui s'étaient plus particulièrement fait remarquer par l'ardeur de leurs attaques, furent emprisonnés à Bicêtre.

Ce n'était pas cependant par pure condescendance envers le Parlement et ses fonctionnaires que les basochiens intervenaient ici; mais plutôt par désir de critiquer publiquement les réformes impopulaires et par l'idée préconçue de ridiculiser les actes de l'autorité royale et la soumission de certains magistrats.

Ce sentiment se trahit à plusieurs reprises dans un important document de l'époque, — le seul du genre à notre connaissance, intitulé : *Remontrances de la Communauté des clercs du Palais, dite la Basoche, au Roi,* qui fut adressé à Louis XV à l'occasion précisément des faits dont nous venons de parler.

Ces remontrances ne constituaient à la vérité qu'une imitation spirituelle et satirique des observations qui, de toutes parts, étaient alors adressées au Roi; mais l'étonnante liberté de parole qui s'en dégage, les audacieuses insinuations qu'elles renferment, et le fond de vérité qui perce malgré tout à travers l'apparente plaisanterie ou la naïveté calculée, caractérisent le véritable esprit, l'esprit final de la Basoche et l'écho que devaient avoir ses moindres actes au Palais et dans le peuple.

On en jugera mieux à la lecture suivante :

REMONTRANCES (1)

« Sire, disent les basochiens, nous ne pouvons pas ignorer que
Votre Majesté doit avoir un furieux dégoût pour les remontrances.
L'imprimeur Simon et toute l'Europe savent bien pourquoi. Nous
osons toutefois nous flatter, Sire, que vous aurez encore la pa-
tience de supporter les nôtres, qui probablement seront les dernières, à moins que les poissardes ne prennent aussi la liberté de
porter leurs gémissements au pied du trône.

« Quoi qu'il en soit, nos remontrances, Sire, sont d'autant moins
déplacées, que nous tenons au Parlement aussi **essentiellement**
que le Parlement tient à la monarchie. Le Parlement fut établi en
1302 par Philippe le Bel : nous le fûmes en 1303, sous Philippe
le Bel ; en sorte que la communauté de la Basoche n'est que d'un
an, tout au plus, la cadette du Parlement. Nul n'était ci-devant
reçu conseiller au Parlement, qu'il n'eût obtenu de Votre **Majesté**
des provisions dont le prix était de 40.000 livres, et autrefois nul
n'était reçu clerc ou praticien, qu'il n'eût pris des lettres du roi de
la Basoche, dont la taxe était d'un écu. Nous n'avons d'autre
qualité que celle de clercs ; mais il y a plus de trois cents ans
que le Parlement a reconnu que les magistrats ne sont eux-mêmes
que gens clercs et lettrés, pour vaquer et entendre au fait de la
justice. Si ces traits de ressemblance ne suffisaient pas pour nous
autoriser à vous remontrer, nous ajouterions, Sire, que dans ces
jours de disgrâce et d'angoisse, tout ce qui tient à la robe, de près
ou de loin, doit la secourir de tout son pouvoir et devenir Cour
des aides. Peut-être nos représentations ne paraîtront pas assez
respectueuses ; mais elles sont calquées sur celles de nos maîtres,
qui doivent encore être nos modèles.

« Nous aurions bien voulu, Sire, ne pas nous en tenir là et pouvoir exciter quelque sédition. Nous avions déjà commencé par
insulter, au Palais, les membres de votre conseil, que vous y
avez envoyés pour rendre la justice à vos peuples. Ces premiers

(1) Desmazes. *Le Châtelet de Paris*, p. 402.

essais de courage auraient pu être grièvement punis sous un règne seulement monarchique, mais, sous un gouvernement despotique tel que le vôtre, nos confrères les plus entreprenants en ont été quittes pour un petit voyage à Bicêtre (1). C'en était assez pour nous enhardir, si la réflexion ne fût venue à notre secours. La connaissance, quoique superficielle, que nous avons de l'histoire de France, nous a fait comprendre que c'est temps perdu que de se révolter en France. Nous nous sommes souvenus que lors des plus grands troubles de l'État, l'autorité monarchique a toujours repris le dessus, et que les petits qui ont fait la sottise de servir l'ambition de quelques grands en ont toujours payé les pots cassés.

« Puis donc que le parti le plus violent n'est pas le plus sage, qu'il nous soit du moins permis, Sire, de gémir aux pieds de Votre Majesté sur l'excès des maux qui affligent la patrie.

« Nous ne nous arrêterons point ici à vous peindre le déplaisir de tant de magistrats fringans, exilés dans de tristes hameaux où il n'y a ni bals, ni comédie, ni opéra. Ce n'est pas là leur plus grand malheur, et il faut avouer que la retraite peut donner lieu à bien des réflexions utiles.

« Nous ne vous représenterons pas l'affliction où sont aujourd'hui tant de jolies femmes de cette capitale qui dictaient des arrêts et ne vivaient que d'épices. Elles ont d'autres ressources, et il serait à souhaiter qu'elles n'en eussent aucune que celle d'être sages.

« Nous ne stipulerons pas non plus pour l'ordre des avocats. Puisqu'ils font métier et marchandise d'éloquence, ils sont plus en état que nous de plaider leur propre cause. Tout le monde sait, au reste, qu'ils exercent une profession libre; ils sont donc libres de se taire, libres de se sacrifier pour des magistrats qui les méprisent; libres de refuser leur ministère à la veuve et au pupille, qui attendent le secours de leur langue ou de leur plume pour sortir de l'oppression; libres de manquer à leur devoir de sujets et de citoyens; libres en un mot de mourir de faim pour se faire honneur dans l'esprit des rebelles.

(1) *Voir* p. 116.

« Quelque intérêt que nous prenions à nos dames les procureuses, nous ne vous dirons pas combien il sera dur, pour la plupart d'entre elles, de quitter leurs coteries et d'aller se claquemurer, avec leurs chastes époux, dans une province où l'on respire sans doute un meilleur air qu'à Paris, mais où l'on ne pourra pas se donner les mêmes airs, un air de rouge, un air de diamants, un air de carrosse.

« Il ne sera pas même question ici de notre désastre. Hélas ! nous n'avions appris d'autre métier que celui de piller le public d'une manière légale. Combien donc de nos confrères vont être obligés de retourner dans leur province pour aider un père nécessiteux à labourer son champ et à nourrir sa famille ; comme si l'État n'avait pas plus besoin de procureurs que de laboureurs ! Et que va-t-il devenir ce beau jour, le plus beau de notre vie, où le fier et magnifique escadron de la Basoche, suivi d'une longue suite de carrosses suffisamment garnis de nymphes, traversait Paris en ordre de bataille pour aller dans le bois de Bondi marquer le mai de la cour du Palais ? Ce rare privilège sera-t-il donc perdu ?

Et n'aurions-nous blanchi dans ces travaux guerriers
Que pour voir, en un jour, flétrir tant de lauriers ?

« Mais, Sire, ce ne sont là que des objets peu importants, en comparaison de ceux que nous avons à mettre sous les yeux de Votre Majesté. Il ne s'agit de rien moins que de la subversion totale des loix et de la déroute de leurs dépositaires essentiels. Oui, Sire, le même coup qui a culbuté les lois fondamentales de la Basoche a renversé celles de la monarchie. Et quelles sont ces lois fondamentales ? Hélas, Sire, on vous l'a dit dans tant de remontrances, et vous avez toujours fait semblant de ne pas l'entendre ! La première, et en quelque sorte l'unique loi fondamentale de votre royaume, c'est qu'un bourgeois qui a acheté une charge de conseiller dans un de vos Parlements soit le juge de vos loix comme celui de nos procès.

« Nous savons bien qu'il est prouvé par le droit et par le fait que nos rois font les loix ou les abrogent à leur volonté, et selon qu'ils le jugent nécessaire au bien de leurs peuples ; malgré cela,

Sire, nos rois sont soumis aux loix, les magistrats sont les ministres essentiels des loix ; donc nos rois sont essentiellement soumis aux magistrats.

« Nos rois sont toujours mineurs, même après leur majorité déclarée ; donc ils ont toujours besoin de tuteurs, et ces tuteurs sont essentiellement les magistrats.

« Nos rois peuvent se tromper ou être trompés ; mais les magistrats ne rendent que des **oracles d'une faillible vérité**. Ils vous l'ont dit, et soyez sûr qu'ils sont très convaincus de leur infaillibilité, bien qu'ils ne croient pas à celle du pape.

« Aussi, lorsqu'à l'exemple de vos illustres prédécesseurs vous leur permettez de vous faire des remontrances, vous devez bien penser que ces remontrances qu'on oppose à l'enregistrement de vos loix sont elles-mêmes des loix qu'on vous impose. Donc, quand vous envoyez une loi à vérifier et qu'on vous déclare qu'elle ne plaît pas à votre Parlement, vous devez vous le tenir pour dit, et ne point passer outre, sans quoi vous seriez non seulement le roi de vos peuples, mais même le roi de vos magistrats, et vos magistrats ne seraient que vos sujets, ce qui serait encore le renversement des loix fondamentales de l'État.

« Telles sont, Sire, les maximes sacrées que nous avons sucées au Palais, **avec le lait de la procédure et du chic**.

« En vain un ministre intrépide osera vous suggérer des maximes contraires ; nous lui répondrons par un seul mot qui renferme tout, et qui est sans réplique : il veut que vous soyez **despote** et que les magistrats ne le soient plus.

« En vain quelques savants, livrés dans la poussière du cabinet à l'étude de notre histoire et de notre **Droit Public**, prétendront que nos maximes de Palais ne sont que des mensonges, et que nous insultons la nation en lui proposant de croire de pareilles absurdités ; en vain le prouveront-ils par une multitude de pièces surannées qu'ils vont déterrer jusque dans les fondements de la monarchie, et même dans les registres de votre Parlement. Qui ne voit que ces savants sont des gens maussades et ennuyeux, dont le témoignage ne saurait nuire aux prétentions d'un joli magistrat qui sait par cœur le vaudeville de la Comédie-Italienne et les ariettes du nouvel opéra ! Qui ne sait encore que nous vivons dans un siècle de philosophie et d'élégance où les vieux principes doivent être proscrits comme les vieilles modes !

« Dira-t-on, Sire, pour appuyer les droits de votre sceptre que **le charbonnier est maître chez lui** ? Mais ce n'est là qu'un proverbe bas et trivial d'où il ne résulte rien contre des magistrats dont le nom dérive sans doute du mot latin **magister**, et qui par conséquent doivent être les maîtres partout.

« Alléguera-t-on que vous êtes **monarque** ? que ce mot est composé de deux mots grecs μονος αρχεω, qui signifient je **commande seul**, et que, quand on a le droit de commander seul, tous les autres sont tenus d'obéir ? Mais nos magistrats, qui ne sont pas Grecs, n'entendent point cela; ils déclarent au surplus qu'ils ne sont avec la loi, l'État et Votre Majesté, qu'une seule et même chose, un tout indivisible, d'où il faut conclure que vous commanderez toujours seul lorsqu'ils commanderont avec vous, ou même sans vous et contre vous.

« Prétendra-t-on que vous ne tenez votre couronne que de Dieu et de votre épée? Les magistrats en conviennent; mais ils savent en même temps que vous la leur avez vendue moyennant la finance de leur office, et qu'elle doit rester au greffe, où vous pouvez être sûr qu'elle sera bien gardée, car rien ne sort du greffe, et **l'avare Achéron ne lâche point sa proie.**

« Dira-t-on enfin que les vues de Votre Majesté, qui embrassent l'ensemble de votre administration, sont des vues générales, et conséquemment supérieures à celles de quelques particuliers auxquels vous ne rendez point compte du secret de votre gouvernement? Mais ce secret que vous ne dites pas, Sire, votre Parlement le devine, car votre Parlement est sorcier, bien qu'il ne croie pas aux sorciers.

« De là, sans doute, ce zèle, cet empressement avec lequel il a tant de fois quitté son service et laissé languir nombre de vos sujets dans l'attente d'un jugement définitif, afin de vaquer au plus pressé, en travaillant à gagner son procès contre Votre Majesté. De là cette persuasion que lorsque vous voudrez le resserrer dans les bornes de sa mission primitive, ce ne sera là que votre volonté momentanée. Quand vous lui lâcherez la bride, alors il reconnaîtra votre volonté constante. Aussi ne devez-vous pas

douter un seul instant que les magistrats ne fassent tout ce que
Votre Majesté voudra dès qu'elle voudra tout ce qu'ils feront.

« Inutilement donc avez-vous supprimé leurs offices puisqu'ils
ne le voulaient point : inutilement avez-vous remplacé par
d'autres magistrats ceux qui ne voulaient pas rendre la justice à
vos peuples. En effet, Sire, où tout cela s'est-il opéré ? Dans un lit
de justice. Ah! Sire, un lit de justice, malgré cette pompe qui
l'accompagne et qui est le symbole de la puissance comme de la
majesté de nos Rois, un lit de justice n'est point un acte légal.
Quand Votre Majesté veut dissoudre un Parlement, quelques
bonnes raisons qu'elle en ait, les loix fondamentales exigent que
cette dissolution soit vérifiée et enregistrée librement par ce
Parlement lui-même. Votre Majesté ne gagnerait rien à envoyer
son édit de suppression pour être enregistré dans un autre Parlement, car, vous le savez, Sire, tous les Parlements ne font qu'un,
et quand ils seraient réellement distingués les uns des autres,
vous n'ignorez pas qu'ils ont tous un intérêt commun et qu'ils
s'entendent comme larrons en foire. Mais quoi, dira-t-on, les
coupables ne pourront donc être jugés que par eux-mêmes ou
par leurs complices ? Non, Sire, non, malgré la règle qui dit qu'on
ne peut pas être juge et partie; car il n'y a point de règle
sans exception, et ici l'exception est singulièrement et essentiellement le privilège des magistrats.

« Ceux que Votre Majesté vient d'établir seront-ils donc,
comme les autres, les dépositaires essentiels de la loi? Ont-ils
comme eux, dans leur poche, la procuration de la nation qui les
charge de la représenter ? Il est vrai que ce sont des bons juges,
mais sont-ce d'importants personnages, capables de soutenir
toute la dignité, disons-mieux, toute la magistrature? On sait que
ce sont d'honnêtes gens ; mais ce ne sont pas des héros, puisqu'ils n'ont pas su vous résister, puisqu'ils ont été plus dociles
à vos volontés qu'à nos clabauderies, et qu'ils ont préféré le bien
public à nos éloges. Sire, ils n'auront jamais le courage de soutenir les droits de votre couronne contre vous-même, — ni de
vous prouver leur fidélité par leur désobéissance. Leurs prédécesseurs étaient des Romains ; mais de ces Romains de l'ancienne
Rome, qui n'étaient ni royalistes ni catholiques.

« Vous voyez, Sire, quel intérêt prennent au sort de ces derniers la plupart des princes de votre sang et plusieurs pairs de votre royaume. Quoique la Cour des pairs soit essentiellement distincte de celle du Parlement, quoiqu'elle ait une juridiction certaine, déterminée, et qui lui est propre en qualité de cour féodale ; quoiqu'elle ait exercé séparément cette juridiction avant et après l'institution du Parlement, comme il est prouvé par des monuments authentiques de notre histoire, cependant, Sire, ces princes et ces pairs veulent absolument siéger avec des petits bourgeois, qui, de leur côté, ont souvent prétendu être leurs égaux. N'est-ce donc pas là, Sire, un exemple d'humilité bien digne d'être applaudi par un Roi très chrétien ?

« Vous voyez encore que les princes de votre sang, qui peuvent devenir un jour (ce qu'à Dieu ne plaise pourtant) les héritiers de votre couronne, aiment mieux, dans cette supposition, n'hériter que d'un sceptre mutilé et d'un fantôme de royauté, que de recueillir une souveraineté entière. Quel trait de renoncement évangélique ! Et comment Votre Majesté n'en est-elle pas touchée !

« Daignez, Sire, vous rappeler ce que Henri le Grand disait un jour à la reine en parlant des magistrats, de ces magistrats qui l'avaient réduit à la nécessité de conquérir son propre royaume : « J'ai eu plusieurs disputes avec eux ; en cela je n'ai été plus heu-
« reux que mes prédécesseurs, et vous ni votre fils ne le serez
« pas davantage. »

« Ah ! Sire, nous vous en conjurons, au nom de la discorde qui est notre mère nourrice et qui frissonne à la vue de vos projets, renoncez à celui de détruire ce germe éternel de division entre le monarque et les sujets, ce principe si fécond des troubles et des malheurs publics. Apprenez une bonne fois à l'Europe étonnée que le Roi de France n'est pas un plus grand seigneur que le doge de Venise, ou que le *roi de la Basoche*. Qu'elle sache que tout ce que vous venez de faire pour reprendre votre autorité n'était qu'un jeu d'enfant.

« Rétablissez d'abord la Cour des aides, qui vous fera de belles remontrances. Renvoyez au vieux Louvre le grand conseil qui, pour conserver la couronne à Charles VII, encore Dauphin, eut jadis l'audace de chasser de Paris plusieurs conseillers du Parlement, et qui vient aujourd'hui de donner à toute la magistrature un si mauvais exemple de soumission. Supprimez les nouveaux tribunaux que vous aviez établis pour diminuer des trois quarts et demi la lenteur et les frais de la justice, qui étaient peut-être l'impôt le plus onéreux à vos sujets. Rappelez l'ancien Parlement, et rendez-lui tout son lustre : l'immensité de son ressort faisait sa gloire : il est essentiel à sa dignité comme à sa fortune que vos sujets se ruinent en venant de cent lieues plaider à Paris.

« Voilà, Sire, ce que vous demandent par notre entremise, non le clergé que le Parlement a voulu écraser; non la noblesse qu'il a vexée et humiliée dans la personne de vos commandans de provinces et autres militaires chargés de l'exécution de vos ordres; non le tiers état, dont les Parlements ne font qu'une très petite partie, et duquel ils se soucient fort peu; mais ce que vous demandent ces Parlements eux-mêmes avec toute leur suite. Ce sera le moyen de faire taire bien des langues, et d'immortaliser votre nom en perdant votre couronne.

« Ce sont, Sire, les vœux de vos fidèles serviteurs et sujets. »

A partir de l'époque de ces remontrances jusqu'à la Révolution, la Basoche du Palais, diminuée et affaiblie, s'occupa moins de ses manifestations extérieures et se consacra davantage sans doute à ses travaux. La montre subsista néanmoins, avec son caractère militaire et professionnel, l'esprit de corps resta le même. C'est en corps qu'elle travaille toujours; c'est en corps aussi qu'elle combattit et qu'on la vit assister et participer à la prise de la Bastille. — Les basochiens, revêtus d'uniformes rouges, avec boutons et épaulettes en argent, se font alors remarquer par leur zèle : montant la garde, organisant des patrouilles et des surveillances, prenant rang parmi les volontaires de 92, etc... (1).

La Royauté tomba, et avec elle la Basoche. Mais la fin de cette Corporation fut digne de ses débuts, elle eut plus que tout autre

---

(1) Fournel. *Les vieilles rues de Paris*, p. 302.

le sentiment du devoir et de l'abnégation ; et c'est en patriotes
que les basochiens envoyèrent à l'Assemblée nationale, le 26 juin
1798, leur chancelier et les autres membres du bureau de la Basoche pour renoncer solennellement à tous leurs privilèges.

Le *Moniteur* du 28 le constate dans les termes suivants :

« A la séance du 26 juin de l'Assemblée nationale, une dépu-
« tation de **la Basoche** est venue offrir à l'Assemblée le sacri-
« fice des distinctions que lui assure son institution, annonçant
« qu'elle avait déposé dans l'église de Notre-Dame, près de la
« statue de Philippe le Bel, le drapeau que la Basoche avait reçu
« de ce Roi, et que, désormais, ce corps cessant d'exister, tous
« les individus qui le composaient ne porteraient plus d'autre
« uniforme que l'uniforme national aux trois couleurs. »

Nous avons fait de nombreuses recherches pour retrouver le
drapeau ; mais malheureusement sans succès. Les prêtres de
Notre-Dame affirment n'avoir jamais connu ce fait ; ils pensent
même que la statue de Philippe le Bel n'était pas à Notre-Dame ;
mais l'erreur sur ce dernier point nous paraît évidente, car l'endroit où elle reposait avait sa légende bien constatée dans l'histoire. On dit, en effet, qu'un jour de fête, Philippe le Bel pénétra
à cheval dans la basilique, jusqu'au lieu où se célébrait la cérémonie, près de la chapelle de la Vierge, et ce serait en commé-
moration de cet événement que sa statue équestre aurait été
placée en cet endroit (1).

Enfin, le témoignage du **Moniteur** nous paraît aussi absolument probant.

On découvrira certainement un jour, dans un musée ou dans
quelque collection particulière, le drapeau basochien, et, sans
doute aussi, les archives ou les objets que comportait son fonctionnement. Cela aidera à reconstituer plus fidèlement l'intéres
sante image de son passé.

(1) Fournel. *Les rues du vieux Paris*, p. 10.

CHAPITRE III

LA BASOCHE DU CHÂTELET

Les clercs des divers fonctionnaires au Châtelet de Paris n'avaient, avec leurs collègues du Parlement, que les relations intermittentes des affaires; rien d'ailleurs ne nécessitait leur groupement. Les conditions du stage n'étaient pas les mêmes au Châtelet qu'au Parlement, leur intérêt professionnel non plus, et le plus souvent les charges n'étaient accessibles dans chaque juridiction qu'aux seuls clercs qui y étaient inscrits. Chacun vivait chez soi.

Il se forma donc, pour les mêmes motifs qu'au Palais, une communauté de clercs au Châtelet, qui eut de suite une sorte d'existence légale, — de fait ou de droit, — et qui réunit tous les jeunes gens sous une même discipline en les assujettissant à un même règlement.

Les clercs, croyons-nous, étaient pour le moins aussi nombreux au Châtelet qu'au Parlement. Cela s'explique d'ailleurs, par l'importance qu'avait, au commencement du XIVᵉ siècle, la juridiction prévôtale du Châtelet, où à peu près tous les services administratifs, civils et judiciaires se trouvaient centralisés; tandis que le Parlement, avec ses deux séances annuelles, ne pouvait avoir de bien nombreux fonctionnaires.

Voilà pourquoi, contrairement à l'opinion de M. Fabre et de plusieurs autres auteurs, nous croyons que les clercs du Châtelet étaient groupés en communauté avant la charte de Philippe le Bel, qui constitua la Basoche.

Cette communauté n'avait apparemment pas le caractère d'une confrérie, comme il en existait; et elle ne possédait ni monarque ni privilège. Mais il n'est pas impossible qu'un règlement de police intérieure eût soumis ses membres à une certaine discipline et à l'observation de quelques prescriptions relatives au stage et à l'étude de la pratique.

Tout cela n'est pas du domaine de l'imagination, mais de la probabilité. Certains auteurs fixent à 1270 la date de la constitution de la Basoche du Châtelet; or ils nous semblent avoir, à l'appui de cette opinion, la vraisemblance des faits ci-dessus.

Quoi qu'il en soit, le groupe des clercs au Châtelet reçut la qualification de **Basoche du Châtelet**, ce qui le distingua de la **Basoche du Palais**. Il ne demanda pas l'investiture royale et officielle de sa corporation; et on ne peut invoquer à ce sujet aucun édit ou lettre patente (1). C'est sur la notoriété et l'usage qu'il s'appuya pour revendiquer ses droits, et il vécut ainsi pendant tout le temps que vécut la **grande Basoche**.

Le Droit Coutumier, seul connu et appliqué au Châtelet, ne reposait pas sur d'autre base : la coutume était une tradition basée sur l'usage, les faits ; et nombre de confréries, de communautés et d'associations n'avaient pas d'autre charte que la tradition ou le fait. Or, ce rapprochement n'est pas sans intérêt.

La **Basoche du Châtelet** fut une juridiction spéciale, mais véritable, comme nous le dirons ci-après. Nous verrons aussi tout à l'heure que la **Basoche du Palais** revendiqua sa suzeraineté pour connaître en dernier ressort des différends survenus parmi les clercs du Châtelet.

La **Basoche du Châtelet** ne pouvait créer d'autres Basoches dépendantes de la sienne. On lui reconnut cependant le droit de poursuivre l'exécution de ses jugements par la saisie du manteau, mais elle n'abusa jamais ni de sa situation ni de la popularité dont elle jouit pendant les dernières années de son règne.

Nous la verrons, subissant les usages de la jeunesse, organiser ses jeux, ses fêtes et ses promenades, et, en certains moments, se joindre à sa rivale du Palais et faire corps avec elle; mais nous n'aurons à constater à son passif aucune résistance aux tribunaux, aux juges, aucun manquement grave à ses devoirs, aucun motif de trouble ou d'agression volontairement cherché.

(1) Nouvéau Denizart. 1. *Basoche du Châtelet.*

I

ADMISSIONS. — CONDITIONS. — BIENVENUES.

Denizart (1) dit que la **Basoche du Châtelet** était composée
de plusieurs clercs de procureurs au Châtelet, différemment
qualifiés selon leur état. Il y a là une erreur évidente, car les
procureurs ayant cette qualification exerçaient tous la même
fonction, sauf le procureur du Roi, qui n'a pas été visé, à
coup sûr. Il faut, selon nous, entendre ainsi l'appréciation de
l'auteur en question : plusieurs clercs de procureurs au Châtelet et autres fonctionnaires, différemment qualifiés selon
leur état.

M. Fabre (2) compte, en effet, parmi les basochiens du Châtelet,
les clercs des procureurs, des notaires, des commissaires et des
greffiers.

Les statuts de **la Basoche** sont également fort anciens; à une
époque où elle eut sa plus grande influence, en 1757, ces statuts
furent refaits et approuvés, dans le but surtout d'entourer le
stage de nouvelles garanties.

Les conditions d'admission étaient les mêmes qu'à la **Basoche
du Palais**. L'usage et l'importance des bienvenues également.

II

SIÈGE. — ÉLECTIONS. — FONCTIONS. — LE PRÉVÔT DE LA BASOCHE.

Le siège de cette Basoche se trouvait au Châtelet. Mais, à
partir de l'époque où les tribunaux quittèrent ce lieu pour s'installer dans le couvent des Augustins, **la Basoche** les suivit et
siégea dans l'une des salles d'audience dépendant du nouveau
local appelée « Chambre de Police ».

Elle avait à sa tête non un roi, mais un prévôt, qui s'attri-

(1) *Basoche du Châtelet*, p. 342.
(2) P. 73.

buait ainsi au figuré la fonction du premier magistrat de la Cité.

Les autres fonctionnaires étaient :

Un avocat général,

Un procureur général,

Quatre conseillers-trésoriers,

Un greffier,

Des avocats plaidants et postulants, en nombre suffisant,

Et 3 huissiers audienciers.

Le prévôt, l'avocat général, le procureur général et le greffier étaient nommés à l'élection dans l'assemblée générale qui se tenait le lundi d'avant la Saint-Martin, au scrutin secret de cinquante votants au moins, et au *suffrage restreint*.

Pour être électeur, il fallait, en effet, être clerc depuis cinq ans; et, pour être éligible, le prévôt devait en outre, avoir été principal clerc pendant deux ans au moins, et avoir exercé la profession d'avocat ou de fonctionnaire de la **Basoche** pendant un an.

Les autres officiers de la **Basoche** étaient nommés par le prévôt, dans les trois jours qui suivaient son élection.

La Basoche du Châtelet avait son costume officiel, son drapeau, ses armoiries et son sceau; le tout sensiblement différent de ceux du Palais. Au coin du drapeau et des guidons se trouvait une fleur de lys, — au milieu trois pals, — au centre figuraient ces mots : « Chastelet de Paris(1). »

III

JUSTICE BASOCHIALE. — TRAVAUX INTÉRIEURS ET INSTRUCTION PROFESSIONNELLE

Nous avons dit que la **Basoche du Châtelet** constituait une juridiction véritable. Cette juridiction lui fut reconnue indirectement, vers le xvie ou xviie siècle, par l'homologation de ses règlements, portant organisation de la justice entre ses membres, et elle jouit de ces prérogatives sans difficulté pour le premier **degré** de juridiction.

(1) Desmazes, p. 411.

La **Basoche du Châtelet** connaissait de toutes les difficultés entre clercs, et la **Basoche du Palais** prononçait en appel sur ces contestations.

En 1661, divers clercs avaient été poursuivis en paiement d'une cotisation pour les frais de la Montre, et sur leur appel un arrêt du 31 mars rendu par la Cour Basochiale du Palais leur enjoint de payer 46 sols à ce sujet.

La Basoche du Châtelet avait également, pour les besoins de l'instruction de ses membres, copié l'organisation judiciaire du Palais en empruntant aux différents services des tribunaux leurs coutumes, leur procédure et leur image.

Son budget ressemblait aussi à celui de la **Basoche du Palais**; les avocats acquittaient un droit pour leur inscription; on infligeait d'assez fortes amendes, et la communauté devait avoir certaines rétributions des procureurs.

Chaque semaine, le jeudi, à midi, les basochiens s'exerçaient à la pratique de ces diverses fonctions en instruisant et discutant des causes purement fictives, en rendant des jugements et en les exécutant.

Sa formule était : « La Basoche régnante en titre et triomphe d'honneur au Châtelet de Paris. »

L'avocat général, spécialement chargé du choix de ces causes, distribuait aussi celle qui devait faire l'objet de la réunion générale d'hiver, à la Saint-Nicolas.

A la réunion d'hiver, on devait lire et publier les modifications aux règlements.

Et l'avocat général prononçait un discours auquel le prévôt répondait.

Ces discours avaient trait aux devoirs de la **Basoche**.

IV

LES FÊTES

On ne plaidait pas au Châtelet et l'on considérait comme jours fériés :

Le premier janvier ;

Le 13, Saint-Hilaire, évêque de Poitiers ;

Le 22, Saint-Vincent, patron de l'Église Saint-Germain-l'Auxer-rois, paroisse du Châtelet ;

Le 23, Saint-Charlemagne, Roi de France ;

Un jour, à choisir, pour la foire Saint-Germain-des-Prés ;

Les lundi et mardi gras, le mercredi des cendres et le jeudi de la mi-carême ;

Le 22 mars, anniversaire de l'entrée de Henri IV dans Paris (à partir de 1594) ;

La semaine de Pâques ;

Le lendemain de la Quasimodo, — jour où avaient lieu les serments ;

Le 2 mai, Saint-Gratien, archevêque de Tours ;

Les 9 et 10, translation de Saint-Nicolas, jour où les clercs assistaient à deux services, dont l'un à la mémoire de leurs collègues décédés ;

Le 19, Saint-Luc, patron des avocats et procureurs ;

La Pentecôte ;

Un jour, pour la foire du Landy ;

31 juillet, Saint-Germain l'Auxerrois.

On ne plaidera pas non plus pendant les grandes vacances, qui venaient ensuite et les jours de :

La Toussaint,

Le 11 novembre, Saint-Martin,

et Noël.

Le **Châtelet** avait sa cause grasse (1), son Mai et vraisemblablement sa Montre particulière ; mais les réunions auxquelles donnaient lieu ces cérémonies n'étaient ni aussi populaires, ni aussi solennelles que celles de la **Basoche du Palais.**

Il y avait une raison à cela : c'est que les clercs du Châtelet, considérés comme suppôts de la **grande Basoche**, se joignaient généralement à elle dans les circonstances exceptionnelles, comme celles des deux fêtes en question. Cela seul explique le chiffre de dix mille clercs et suppôts que pouvait réunir et compter la **Basoche du Palais.**

(1) Fournel. *Les rues du vieux Paris*, p. 299, note 2.

Le Châtelet procédait ensuite et chez lui à la célébration de son Mai particulier et de sa Montre.

On a prétendu que la montre des clercs du Châtelet avait d'abord lieu le mardi-gras, puis, d'après une déclaration du 31 décembre 1558, le lendemain de la Trinité. Or, il se pourrait encore que, par la même confusion, ces dates fussent celles de la montre des *officiers* du Châtelet et non de la montre des clercs de la Basoche.

En effet, la véritable fête des clercs était la Saint-Nicolas d'été, 9 mai, jour où, vraisemblablement, avait lieu leur réunion générale, tandis que le lendemain de la Trinité était bien effectivement l'époque de la montre des *officiers*.

Des représentations théâtrales terminaient aussi les fêtes, et Gringoire, l'auteur accrédité des deux Basoches, fournit plusieurs pièces au Châtelet.

Les interdictions faites à la **Basoche du Palais** sont le plus souvent faites aussi et par la même ordonnance à la **Basoche du Châtelet**.

Le 12 janvier 1551, le Parlement, considérant la cherté du temps, fait défense aux clercs de **la Basoche** et à ceux du **Châtelet**, de faire aucune farce, banquets et autres dépenses.

Le 8 mai 1571, autre arrêt leur défendant de faire planter aucun May, et d'ôter promptement celui qu'ils ont fait placer, sous peine de douze livres parisis d'amende.

V

PRIVILÈGES

Les basochiens du Châtelet n'avaient pas de privilèges spéciaux, mais ils usèrent de tous ceux de la **Basoche du Palais**, et notamment du droit toléré de porter l'épée dans les réunions, d'avoir des armoiries, de jouir du Pré-aux-Clercs, concurremment avec les autres clercs. Ils eurent le droit aussi de constater et de contrôler le stage.

En ce qui concerne le port des armes, une ordonnance du 21 août 1759, rendue par la Basoche régnante au Châtelet, en

parle en ces termes : « Ce jour, la Basoche assemblée, le procureur
« général est entré et a dit que le but des règlements est de main-
« tenir le bon ordre et de conserver aux fonctions que les
« procureurs et les clercs doivent au tribunal la dignité qui
« leur convient; que c'est pour soutenir cette dignité qu'une
« multitude de sentences et d'arrêts défendent aux clercs de
« porter des épées, cannes ou bâtons, **dans l'enceinte du Châ-**
« **telet,** et leur enjoignent en même temps de s'y présenter pour
« remplir leurs fonctions de clercs, en habits décents; **que si**
« **jusqu'à présent la disposition de ces règlements n'a pas**
« **été observée** généralement, il y a lieu d'espérer qu'à l'avenir
« les clercs s'empresseront de donner à la justice cette marque
« de soumission et de respect. »

Ce langage, particulièrement modéré et sensé, empêcha-t-il
mieux qu'auparavant le port des armes dans l'enceinte de la
justice? Nous en doutons, bien qu'à l'époque de la recommandation, **la Basohe du Châtelet** fût encouragée et soutenue par les
procureurs eux-mêmes et eût meilleure notoriété que celle du
Palais.

VI

REGISTRE DU STAGE ET CONTRÔLE

Pendant que **la Basoche du Palais** s'affaiblissait en perdant
petit à petit ses privilèges sous l'influence indirecte des procureurs
et des magistrats, **la Basoche du Châtelet,** grâce au concours
des procureurs de première instance, puisait une force nouvelle
et une organisation plus solide dans la reconstitution de ses
règlements.

Elle concentra principalement sa réforme dans l'organisation
du stage, et ce fut, à coup sûr, le motif de la faveur dont elle
jouit alors et qui dura jusqu'à la Révolution.

Tout clerc devait se faire inscrire sur les registres de **la
Basoche** chaque année. Il devait justifier, dans le courant des
mois de février, mai, août et novembre, de son travail et de sa

capacité, par la production, aux officiers de la Basoche, de quatre actes de procédure rédigés par lui.

Aucun clerc n'était admis aux divers offices du Châtelet qu'il n'eût, au préalable, obtenu son certificat de stage.

Il était cependant fait exception, à titre de privilège, en ce qui concernait le prévôt, qui avait, en outre, le droit de plaider pendant son année de direction.

Les officiers jouissaient d'un droit de préférence sur les autres membres de la corporation, avec lesquels ils se trouvaient en compétition.

VII

RELATIONS DES DEUX BASOCHES. — CONFLITS

Entre basochiens, les rapports durent être constamment bons ; en tous cas, rien ne permet d'en douter. Mais les relations corporatives des deux Basoches furent une suite presque ininterrompue de difficultés, de contestations et de luttes, toutes ayant d'ailleurs ce même point de départ : rivalité de chaque compagnie et efforts pour conquérir soit l'indépendance, soit la suprématie.

On voit la Basoche du Palais invoquer sa royauté contre la prévôté de la Basoche du Châtelet ; on la voit soutenir qu'il y a entre elles deux une différence semblable à celle existant entre les procureurs au Parlement et les procureurs au Châtelet, par la seule raison que les membres de chaque corporation basochiale ne pouvaient avoir d'autres droits que ceux que possédaient leurs patrons eux-mêmes. On la voit, enfin, et avec plus de fondement, se prévaloir de sa charte de constitution et de son privilège de créer des juridictions inférieures, alors que la Basoche du Châtelet ne possédait aucun titre légitimant son indépendance.

Ces difficultés de principe en engendrèrent de plus personnelles. On se reprocha de part et d'autre sa propre situation et le milieu dans lequel on se trouvait. On s'adressa même de vertes injures, — en prose et en vers, — et on se permit des représailles qui, pour n'être pas sanglantes, n'en laissaient pas moins dans les archives de la double corporation des traces éminemment regrettables.

Nous citerons seulement quelques exemples des conflits de juridiction :

Par jugements de décembre 1602 et du 13 juin 1603, le prévôt de la **Basoche du Châtelet** condamna François Nelson, clerc d'un procureur au Châtelet, à une amende de quatre écus pour une infraction quelconque. Cette condamnation fut exécutée par la saisie du manteau.

Mais alors Nelson venait d'entrer chez un procureur au Parlement, et devenait de ce fait justiciable de **la Basoche du Palais** ; il fit appel de la sentence en question devant le chancelier de cette Cour. Il surgit à ce propos divers incidents qui aggravèrent le débat et, le 5 juillet 1603, la Cour rend un arrêt par lequel, mettant les appellations à néant, sans amende et sans dépens, ordonne que les parties soumettront leur différend devant la Cour Basochiale du Palais, où elles comparaîtront au premier jour, et enjoint au prévôt de la **Basoche du Châtelet** de s'y rendre personnellement, sous peine de douze livres parisis d'amende.

Le 16 mars 1604, un autre arrêt confirme le précédent et fait défense au prévôt du Châtelet ou à son lieutenant de prendre à l'avenir connaissance de ce qui sera ordonné par les officiers de la Basoche.

La **Basoche du Châtelet** perdait, de cette façon, son droit à la juridiction d'appel, qu'elle avait voulu faire exercer, comme au Parlement, par l'ancien conseil des procureurs, et, d'autre part, la **Basoche du Palais** reconnaissait elle-même son pouvoir supérieur sur la corporation rivale, devenue ainsi corporation sujette.

Cet arrêt fut respecté pendant longtemps ; mais à propos d'un fait insignifiant, le même principe fut remis en question et tranché implicitement dans le sens opposé, par arrêt du 4 mars 1701. La supériorité d'une Basoche sur l'autre n'est pourtant pas préjugée, car l'arrêt renvoie sur ce point devant la Grand'Chambre, dont nous ignorons la décision.

A partir de cette époque, d'ailleurs, et pendant trois quarts de siècle, nous ne rencontrons aucune autre trace de lutte ; le Châtelet conserve la plénitude de ses droits et de sa justice pour le stage de ses clercs, et le Palais délaisse ses réclamations et ses critiques, comme il avait déjà délaissé ses grandes cérémonies.

Nous avons dit, sous le titre VI, que les clercs du Châtelet dûrent en partie le rehaussement de leur Corporation au concours des procureurs. D'après M. Fabre (1), cependant, en 1757, ceux-ci cherchèrent à anéantir la Basoche, mais leurs efforts amenèrent une vigoureuse résistance de la part des clercs. Ils fouillèrent dans leurs archives, et trouvèrent un grand nombre de pièces qui constataient législativement l'existence de cette communauté. Cela servit leur cause et les contestations cessèrent.

(1) P. 78.

CHAPITRE IV

L'EMPIRE DE GALILÉE

Nous devons mentionner ici l'existence d'une **troisième Basoche**, moins dans l'intérêt de notre histoire, cependant, que pour permettre d'envisager l'ensemble de la cléricature parisienne, avant la Révolution.

En dehors des deux juridictions dont nous avons parlé, comportant les affaires contentieuses et civiles du pays, c'est-à-dire : les tribunaux ordinaires et le notariat, une autre juridiction, pour le moins aussi importante, centralisait la direction des finances et des biens du domaine royal.

Elle se nommait la **Chambre des comptes**, devenue depuis, mais avec des attributions extrêmement amoindries, **la Cour des comptes**.

Créée par Saint Louis et réglementée par Philippe le Bel, **la Chambre des comptes** se partageait, avec le Parlement, la direction politique du royaume. — Le Parlement enregistrait les ordonnances du Roi concernant la justice et les affaires civiles, **la Chambre des comptes** avait le même droit exclusif dans son département des finances.

La Chambre et le Parlement constituaient, dans leur ressort respectif, deux juridictions supérieures : l'une judiciaire et civile, l'autre administrative ; deux tribunaux en dernier ressort, ayant leur magistrature et leurs fonctionnaires.

A cette époque, où la formule et l'étiquette constituent les premiers devoirs, les premières lois, nous voyons la Chambre des comptes afficher non seulement son indépendance à l'égard du Parlement, mais encore ses droits à la préséance, ses privilèges de naissance et ses faveurs royales.

Le Parlement ne prend que ce seul titre, — il avait d'ailleurs sa signification et sa force historiques, — tandis que la Chambre des Comptes se fait désigner de la manière suivante, dans ses édits de constitution : « Cour souveraine, principale, première, seule « et singulière du dernier ressort pour tout le fait des comptes « et des finances, l'arche de repositoire des titres et enseigne- « ments de la couronne et du secret de l'État, gardienne de la « régale et conservatrice des droits et domaines du Roi. »

Les princes et les seigneurs en faisaient partie, les officiers du corps entier jouissaient du titre de noblesse au premier degré, et le Roi venait y siéger quelquefois.

De plus, les membres de la Chambre étaient exempts des taxes seigneuriales de toute nature et des charges publiques.

Cela explique dans une certaine mesure l'orgueilleuse désignation qu'elle se donnait dans ses édits.

Or, les fonctionnaires accrédités près de cette juridiction étaient nombreux, et parmi eux figurait également une communauté de procureurs, avec ses clercs ou auxiliaires.

Ceux-ci se formèrent en corporation basochiale, soit au temps où se fonda la Basoche du Palais, soit quelques années plus tard. — La date n'en a pas été précisée et le plus ancien document connu remonte à 1454 (1).

La Basoche de la Chambre des Comptes prit là dénomination de « haut et souverain empire de Galilée », parce que, croit-on, les réunions se tenaient dans une salle de ce nom à une époque que nous ne pouvons pas préciser (2).

Au début, il n'y avait que dix procureurs, mais leur nombre augmenta successivement jusqu'à vingt-neuf, ce qui nous permet de supposer que la Basoche ne dut jamais constituer qu'un groupe peu important. Son conseil à lui seul comportait cependant quinze clercs.

Le chef portait le nom « d'Empereur ». Toutefois, la Chambre des Comptes ne paraît pas avoir toujours traité ce souverain avec les égards dus à son titre, car elle condamne l'Empereur de

(1) Fabre. *Les clercs du Palais*. p. 100.
(2) Salle de Galilée, ainsi nommée probablement en souvenir de la province de Galilée en Palestine (Jésus le Galiléen).

Galilée à l'emprisonnement, par arrêt du 5 février 1500, pour avoir ordonné la saisie du manteau de l'un de ses suppôts.

Henri III, en supprimant la royauté de la Basoche du Palais, ne pouvait conserver l'**Empereur de Galilée**; il ne le maintint donc pas, et un chancelier le remplaça alors, avec les mêmes attributions.

La Basoche de la Chambre des Comptes avait sa fête principale le six janvier, jour des Rois. — Elle donnait des aubades à la magistrature et offrait des gâteaux aux membres de la Chambre.

Elle célébrait également la Saint-Charlemagne et avait sa **Montre** annuelle et sans doute aussi son **Mai**.

La Basoche percevait d'importants droits de béjaune et taxait certains emplois secondaires de la Chambre des Comptes. — Elle tenait des audiences périodiques, surveillait le stage de ses membres, délivrait les certificats d'**admittatur** et prononçait en dernier ressort sur toutes ces questions, en la forme et avec la même autorité qu'à la Basoche du Palais.

Les basochiens jouissaient également, comme cette dernière Basoche, de divers privilèges : « lettre de chancellerie, allocations, etc. »

Leur règlement contenait en termes formels la défense de porter l'épée, sous peine d'une forte amende.

CHAPITRE V

LES CLERCS DE NOTAIRE PARISIENS N'ÉTAIENT JUSTICIABLES D'AUCUNE BASOCHE

Les clercs de notaires avaient-ils rang dans les deux premières Basoches, — la troisième n'étant pas en cause, — et quelle pouvait y être leur participation?

Sur ces points, nous allons nous trouver en désaccord avec presque tous les auteurs contemporains : Fabre, Muteau, Fournel. — Desmazes, Larousse, Dictionnaire du notariat, Répertoire du Palais, etc.

Les clercs de notaire, disent-ils, faisaient partie de la **Basoche du Châtelet**, mais non de la **Basoche du Parlement**.

Pourquoi de la **Basoche du Châtelet**? Il n'y a là qu'une affirmation dont nous n'avons trouvé nulle part la justification.

Est-ce parce que le notariat avait son siège au Châtelet, à côté de celui de la magistrature inférieure, à côté notamment des procureurs au Châtelet, dont les clercs avaient constitué la Basoche de ce nom?

La raison ne nous semble guère plausible.

Les notaires royaux et les procureurs au Châtelet formaient deux Compagnies distinctes, comme l'étaient d'ailleurs leur juridiction respective. Ils n'avaient entre eux aucun lien ni aucun intérêt qui leur fût commun et qui nécessitât une union quelconque ou une cohésion des fonctions.

Cette absence de lien entre notaires et procureurs existait au même titre entre leurs clercs.

L'instruction professionnelle n'était pas la même pour chacun d'eux. Le stage imposé et réglementé par la Basoche du Châtelet ne concernait que les clercs de procureurs et les fonctions de ceux-ci. Pendant que les habitudes du tribunal et de l'audience devaient forcément, et comme de nos jours, créer une camaraderie par le contact entre les clercs de l'ordre judiciaire, les usages plus sédentaires des clercs de la juridiction volontaire, la nature même de leurs travaux, leur éducation toute particulière dont nous avons parlé et la surveillance assidue et rigoureuse dont ils étaient l'objet devaient rendre leur camaraderie plus circonscrite, plus intime ; cela devait en tout cas empêcher le contact en question et rendre impossible l'incorporation des clercs de notaire à la **Basoche du Châtelet**.

Pour quel motif, au surplus, y eût-elle demandé son incorporation, ou l'eût-elle subie ?

La Basoche du Châtelet ne prétendit jamais imposer son certificat d'admittatur aux notaires — et elle ne le pouvait pas, car ceux-ci exerçaient une fonction indépendante et supérieure à celle des procureurs, d'après ce que nous savons déjà ; partant, le concours de **la Basoche** pour l'accessibilité à ces fonctions ne pouvait qu'être inutile et gênant pour le notariat. Or, une telle mesure n'est pas admissible en raison ni en fait.

Denizart ne parle pas de la présence des clercs de notaire à **la Basoche du Châtelet**, et c'est pour nous un excellent témoignage à invoquer.

Mais faisaient-ils partie de **la Basoche du Palais ?**

Nous ne le pensons pas non plus, et les motifs sont ici les mêmes. L'institution de **la Basoche** n'admettait que l'étude et la pratique du barreau, son image, avons-nous dit, était celle de la justice elle-même, et c'est ce qui lui servait à perfectionner l'instruction de ses membres, à constater les aptitudes à la profession presqu'exclusive de procureur, et à délivrer le **brevet** sans lequel on ne pouvait traiter.

On a dit que ce brevet permettait aussi l'accès aux fonctions de notaire, nous doutons que cela ait été souvent constaté et il est permis de croire qu'au contraire le notariat exigea toujours et exclusivement un stage effectif et pratique de la profession ; ailleurs qu'au Palais, il dut faire le possible pour maintenir son droit incontestable de contrôle à cet égard.

L'indépendance des clercs de notaire ne saurait donc constituer, pour eux, aucune preuve d'infériorité ou de supériorité à l'é-

gard de l'une ou de l'autre des Basoches. Cette institution, organisée à un point de vue étranger au notariat, ne le concernait
pas et n'était d'aucune utilité pour ses auxiliaires.

Il ne faudrait pas en conclure que chaque clerc vécût alors
solément : on serait en désaccord avec les idées, les tendances et
les besoins de l'époque. Les notaires du ressort de Paris étaient,
même à l'origine, suffisamment nombreux pour grouper près
d'eux un important cortège de clercs et ce groupe dut, à l'exemple
des autres, s'organiser en conférences, s'occuper des intérêts de
la profession, et exercer sur tous les membres, sinon une direction efficace, tout au moins une discipline qui semble n'avoir
jamais fait défaut. En effet, on voit les clercs de notaire s'organiser au Châtelet, y célébrer des fêtes, y donner des représentations, dont ils sont les interprètes et fort probablement les auteurs ; or, ce ne sont là que des récréations. Avec quelle plus
forte raison n'en peut-on pas conclure que cette union, à l'exemple
de la Basoche du Palais, existait aussi dans le travail et dans
la pratique de leur profession ? N'était-ce pas surtout pour l'étude
des choses relatives à leur fonction que s'organisaient tous les
groupes? Peut-on supposer d'ailleurs que les clercs de notaire se
soient isolés les uns des autres pour les questions techniques
qui étaient d'une vitalité absolue partout, et se soient spontanément réunis sans autre motif que certaines causes futiles ou
seulement pour défendre leur indépendance individuelle ? Nous
ne le croyons pas.

Antérieurement à 1483, le groupe des clercs du Châtelet est
constitué, car on le voit à cette date jouer un mystère, à l'occasion de l'entrée de la Reine, et Dulaure lui donne la qualification
de **Communauté des clercs de notaire du Châtelet**.

Nous pouvons même invoquer deux arguments différents,
afin de démontrer que la communauté en question eut une importance assez forte pour porter ombrage à la **Basoche du
Palais**, et provoquer ses attaques.

1° Un arrêt de la **Basoche du Palais**, du 24 mars 1599 (1),
interdit aux clercs de notaire d'aspirer aux dignités basochiales.

_____

(1) Fabre, p.   .

Or, l'interdiction, quoique relative à la **Basoche de Loches**, établissait un principe général.

Cette décision confirme ce que nous avons dit plus haut, et permet de supposer nécessairement que les clercs pouvaient faire partie de **la Basoche**, à titre de simples membres. Le motif de l'exclusion s'explique, au surplus, très facilement : être dignitaire, c'était jouir du privilège de la dispense du stage et avoir accès aux fonctions judiciaires ; évidemment les clercs de notaire ne pouvaient revendiquer un tel droit, ni y prétendre.

2° En 1631, **la Basoche du Palais** émit tout à coup et, semble-t-il, pour la première fois, la prétention d'exercer son droit de juridiction sur la *Communauté des clercs de notaire du Châtelet*. Un débat ouvert sur cette question se termina par un arrêt du Parlement du 5 avril de la même année, déboutant **la Basoche** de sa prétention et reconnaissant que la *Communauté des clercs de notaire* pouvait se soustraire à la justice basochiale.

Le Parlement distinguait donc entre **la Basoche du Châtelet**, relevant directement de celle du Palais, et la **Communauté des clercs de notaire**, dont il proclame l'indépendance à cet égard.

Si les clercs de notaire avaient leur organisation propre, leurs règlements et leur justice à part, il faut cependant admettre, en s'appuyant sur les faits précédents, qu'ils durent souvent se réunir les uns aux autres, par exemple, pour participer conjointement aux fêtes du Mai, à la Montre du Palais, et à tant d'autres cérémonies ordinaires ou extraordinaires.

Le but poursuivi était surtout de grouper de nombreux participants et, à ce seul titre, l'accès des fêtes de **la Basoche** ne devait pas être bien difficile.

Quant aux autres privilèges : port de l'épée, accès du Pré-aux-Clercs, etc., la Corporation des clercs de notaire devait en jouir avec d'autant plus de latitude qu'elle occasionnait moins de difficulté pour en jouir. Nous avons dit que la raison des défenses formelles, si souvent renouvelées à ce sujet, était le trouble causé dans le lieu même de la justice, les habitudes trop bruyantes des basochiens et la crainte d'un prétexte à l'émeute.

Or, la nature des fonctions des clercs de notaire, les traditions du notariat parisien et la surveillance directe et efficace de leurs maîtres rendaient superflue toute précaution de ce genre. Mais, bien entendu, certaines défenses provoquées par les **Basoches** au lendemain des fêtes du Mai ou de la Montre du Palais devaient atteindre avec la même rigueur les clercs de toutes les juridictions.

CHAPITRE VI

LES BASOCHES DE PROVINCE

L'impulsion donnée aux communautés de clercs par les **Basoches Parisiennes** gagna rapidement la province. En peu de temps, de nombreuses corporations basochiales furent créées ; les unes avec l'aide et sous la dépendance de **la Basoche du Palais**, les autres en vertu d'autorisations spéciales, soit du Roi, soit des Parlements. Il est même vraisemblable que certains groupes de clercs, formés en corporations basochiales, vécurent longtemps de leurs droits privés, sans charte, mais aussi sans protectorat gênant. — Ainsi peuvent s'expliquer les lacunes considérables constatées dans l'organisation des **Basoches de province**, où les archives, si elles eussent existé, ne pouvaient disparaître avec autant de facilité qu'à Paris et devaient être retrouvées.

La date où durent être constituées les plus connues des ces Basoches ne peut être précisée. On prétend, cependant, que plusieurs d'entre elles, notamment les **Basoches de Rouen**, de Toulouse, de Château-Thierry, etc., sont antérieures ou au moins contemporaines à **la Basoche du Palais**. M. Fabre le conteste pour Toulouse, en se fondant sur l'absence de preuves positives. Nous répétons ce que nous avons déjà dit, les clercs devaient se réunir depuis longtemps, et leurs groupes, pour constituer souvent de simples associations de fait, n'en étaient pas moins sans doute fortement organisés, réglementés et policés, à l'exemple d'une corporation légale et privilégiée.

En les examinant dans leur ensemble, **les Basoches de province** présentent, à peu de chose près, le même caractère et le même fonctionnement que celles de Paris. Elles jouissent d'une popularité plus localisée peut-être et moins bruyante, mais leurs privilèges y gagnent d'autant, car on les conteste moins.

10

Les jeux et les fêtes sont aussi bien accueillis qu'au Palais et au Châtelet, les représentations y sont organisées de la même façon et la critique s'y exerce librement.

Une chose les distingue cependant **des Basoches de Paris**, c'est une union plus resserrée entre tous les clercs, une sorte de préoccupation pour ainsi dire constante d'éviter la division entre la juridiction des tribunaux et la juridiction volontaire, entre les clercs de procureurs près les divers Parlements, les procureurs des tribunaux secondaires et le notariat.

Ici le Notariat s'associe ouvertement **aux Basoches**, il n'a pas seulement un droit d'accès à la Corporation, mais le plus souvent un droit de préférence aux honneurs et aux dignités basochiales.

Une remarque est encore nécessaire, car, de loin en loin, ce point semble être contesté par des décisions judiciaires. **La Basoche du Palais** exerçait, avons-nous dit, une juridiction supérieure d'appel sur certaines corporations de province. Par conséquent, ses règlements avaient force de loi dans toutes les corporations ; et, les clercs de notaire parisiens n'en étant pas justiciables, on pouvait, à la rigueur, ne pas admettre leurs collègues de province dans les Basoches sujettes du Palais, ou tout au moins ne pas leur conférer de dignités. Il en fut ainsi à **la Basoche de Loches**, et nous verrons plus loin que l'usage n'en avait pas toujours été suivi ni généralisé.

Si **les Basoches** furent créées isolément en **Province**, leur disparition eut une date commune, celle du 26 juin 1790.

Depuis ce temps, et dans chaque arrondissement, les clercs se sont transmis les souvenirs du passé et les ont appliqués à leur région. Peut-être est-il permis de voir là, non le fait d'une erreur ou d'une illusion, car ce souvenir est parfois très précis et très exact ; mais, au contraire, le fait plus caractéristique d'une cléricature enrégimentée partout, et partout aussi dépendant d'une Cour conventionnelle devant laquelle les différends étaient portés. Puisque l'institution de la justice était copiée par les clercs, cette justice devait avoir ses degrés, — et elle les avait à Paris ; — elle ne devait donc pas non plus laisser une contrée quelconque hors de la loi commune, après que le domaine des seigneurs justiciers dut lui-même s'incliner devant la justice du Roi.

A n'envisager que le stage, il y avait nécessité encore de le réglementer partout.

Et ce qui donne une nouvelle force à cette croyance, c'est précisément la diversité des endroits où étaient établies les Basoches dont nous allons parler et que Denizart signale comme les plus en faveur parmi les nombreuses corporations du même genre, qui existaient avant la Révolution.

I

BASOCHE D'AIX EN PROVENCE

Elle a eu pour historien, mais à un point de vue un peu trop spécial, M. A. Joly, cité par M. Fabre (1).

Son origine est fort ancienne, et elle tenait une large place dans les cérémonies officielles.

On raconte, en effet, qu'elle figurait dans les processions, et probablement aussi dans les tournois organisés par René d'Anjou, Roi de Naples et de Sicile, qui jouissait en Provence d'une popularité sans borne.

Cela se passait vers 1440.

II

BASOCHE D'AMIENS

Les clercs d'Amiens avaient des fêtes dont on a beaucoup parlé. Parmi ces fêtes, on distinguait surtout une cause grasse, ou revue satirique qu'il était d'usage de soutenir publiquement chaque année, le jour du carnaval.

C'est à la faveur de la cause grasse qu'ils créèrent, dit-on, le rébus pendant si longtemps en vogue et qui leur permettait si bien de masquer toutes les libertés des critiques.

(1) P. 95.

L'usage en a été conservé dans la région jusqu'à nos jours, mais les clercs n'en ont plus le monopole, et c'est la grande masse du public qui s'en est emparé. Il est, néanmoins, curieux de constater qu'à deux ou trois siècles d'intervalle la publicité et la forme de ces cérémonies soient encore une copie fidèle des usages des Basoches parisiennes, copie transmise successivement par les générations antérieures et de proche en proche jusque dans le fond des campagnes.

Il n'y a pas plus de trente ans encore que, dans plusieurs villes de la région, la cause grasse était annoncée, chaque jour de la semaine précédant le carnaval, par un cri qu'accompagnait une musique bouffonne et charivarique. Ce cri, sorte de rébus ou de charade assez facilement compréhensible, indiquait en le résumant le sujet de la cause grasse jouée et plaidée sur un théâtre ambulant, promené de carrefour en carrefour, le jour du carnaval.

Les acteurs improvisés se partageaient les rôles : certains d'entre eux insinuaient les particularités scandaleuses de la cause ; d'autres plaidaient pour chaque partie ; puis, le tribunal rendait sa sentence et l'exécution terminait la cérémonie.

Ce genre de divertissement, très généralisé et très goûté du public, n'était en somme qu'une réminiscence des spectacles parisiens d'autrefois. Mais ces spectacles avaient fait leur temps dans le domaine public, la grivoiserie et la licence s'en mêlaient et, n'ayant plus pour les soutenir l'excuse de la jeunesse d'autrefois, le coup de grâce leur fut ainsi porté et personne n'osa en blâmer l'entière disparition.

III

BASOCHE D'ANGERS

Le premier dignitaire de cette corporation avait la qualification de prince. Malgré cela, rien n'indique qu'elle fût une juridiction inférieure ou la sujette d'une autre Basoche prévôtale, royale, ou impériale.

Son origine dut être la même que celle de **la Basoche d'Aix**, et la bienveillance du roi René s'exerça, vraisemblablement, sur chacune d'elles au même titre.

IV

BASOCHE D'AUXERRE

La Basoche d'Auxerre avait à sa tête un prévôt.

Elle dépendait de la juridiction de **la Basoche du Palais**, qui, à la date du 18 juin 1781, lui avait décerné des lettres patentes de constitution.

Nous pensons, néanmoins, que l'existence de la Corporation d'Auxerre était antérieure à cette date.

Est-ce cette Basoche qui, chaque année, le 10 juillet, célébrait à Auxerre la *Fête des Fous* et procédait à l'élection d'un abbé ? Nous ne pouvons l'affirmer, et Roger de Collerge (1), le poète attitré des basochiens, ne nous offre aucun éclaircissement à ce sujet.

Son *Cry pour l'abbé de l'église d'Ausserre* convie à la fête le corps judiciaire, mais non les clercs ses amis, ce qui s'expliquerait si la Basoche était la propre organisatrice de la fête :

> N'y faillez pas, Messieurs de la justice,
> Et vous aussi, gouverneurs de police ;
> Admenez-y vos femmes sadinettes
>
> . . . .
>
> Vous y viendrez sans flacons et bouteilles
> Car par l'abbé, sans porter ses lunettes,
> Et les suppotz, orrez demoin merveilles.

V

BASOCHE D'AVIGNON

Il devait exister une corporation basochiale à Avignon et elle paraît avoir laissé un joyeux souvenir de jeunesse et de gaîté.

Il y avait un abbé de la jeunesse, qu'on appelait aussi « le chef des plaisirs ».

(1) Ses œuvres. Édition d'Héricault, p. 275.

VI

BASOCHE DE BEAUGENCY

Cette corporation était également justiciable de la **Basoche du Palais,** ainsi que le reconnaissait un arrêt du 17 août 1735.

Son chef était un prévôt.

Elle jouissait de certains privilèges, et notamment du droit de percevoir la redevance du ban des vendanges.

Le ban était une publication orale faite au prône. On appelait du même nom toute proclamation qu'on voulait porter à la connaissance du public.

Les basochiens, pour consacrer le souvenir des événements ainsi publiés, les inscrivaient sur un drapeau ou un étendard qu'on présentait ainsi aux intéressés. Cela s'appelait **présenter le ban.**

Or, les clercs de Beaugency étaient autorisés à présenter le ban à tous gens nobles ou vivant noblement, à tous officiers de judicature et praticiens qui se mariaient ou étaient pourvus de charges dans l'étendue du bailliage.

Le droit perçu à ce sujet devait varier selon l'événement auquel il donnait lieu et l'importance du contribuable. Denizart mentionne que la **Basoche de Beaugency** réclama un droit de 12 livres 16 sols au bailli du marquisat de Ménars, pour ban de mariage ; cette somme, relativement importante, laisse supposer que les fonctions de bailli étaient grassement rétribuées à Ménars.

VII

BASOCHE DE BORDEAUX

M. Fabre dit que la **Basoche de Bordeaux** était une des plus anciennes.

Les troubles nombreux qui tourmentèrent cette ville avant Henri IV, et même après quoique moins fréquemment, le bouleversement occasionné par les guerres et la politique et le peu de stabilité du Parlement établi dans cette ville sont autant de causes qui durent empêcher le développement de la **Basoche** en question, dont ne parle pas Denizart.

VIII

BASOCHE DE CHARTRES

Le premier fonctionnaire de **cette Basoche** était également désigné sous le nom de prévôt.

En 1730, la **Basoche du Palais** est appelée à se prononcer sur un différend concernant les clercs de Chartres, ce qui a fait dire qu'ils en étaient justiciables. Cela d'ailleurs n'a rien d'invraisemblable.

La Basoche de Chartres, organisée militairement, avait de nombreuses prérogatives et de non moins nombreux privilèges.

Au point de vue intérieur : — elle percevait un droit de béjaune de trente sols sur tout clerc admis chez un procureur.

Chaque basochien devait, en outre, et par rang d'ordre, fournir, le premier dimanche du mois, un pain béni à la messe qu'ils faisaient célébrer au Palais.

Au point de vue extérieur : — elle était chargée de publier les traités de paix et se faisait escorter par les fourriers et gardes de la ville.

Les basochiens portaient les drapeaux, lors de chaque événement important : et cet honneur, dont nous ignorons l'origine, n'était certes pas le moins apprécié par eux.

Ils jouissaient des privilèges suivants :

1° Perception d'un droit de cinq livres quatorze sous pour les bans de mariage de personnes nobles ou autres, à l'exception des personnes appartenant au corps des marchands ;

2° Droit gratuit de sept places, pour le prévôt et les officiers de la **Basoche**, à chaque spectacle de la ville.

La corporation s'est reconstituée après la Révolution, et dans une séance du 26 novembre 1839, l'un de ses membres, M. Bournissien, avait fait un rapport sur le but et l'historique des

Basoches. Une désagrégation eut lieu ensuite, et la **Basoche de
Chartres** fut délaissée par ses membres.

IX

BASOCHE DE CHATEAU-THIERRY (1)

L'histoire de cette **Basoche** est certainement la plus curieuse
qui se puisse concevoir. Depuis la date de sa constitution, — qui
semble antérieure à celle du Palais, — jusqu'à l'époque **toute
récente** de sa dissolution, la cléricature de Château-Thierry fut
la plus fidèlement attachée à sa charte et la plus respectueuse des
fortes traditions du passé.

C'est en consultant les archives qu'on peut suivre l'évaluation
ou la transformation des usages professionnels ou corporatifs,
c'est en étudiant son fonctionnement qu'on peut apprécier à sa
juste valeur l'utilité ou le danger que présenterait le rétablissement des Basoches, au point de vue des notaires et du notariat.

Il y a là comme une source d'enseignements fertiles, où doivent
venir puiser ceux qui s'intéressent à la corporation et à sa reconstitution.

La **Basoche de Château-Thierry** fut fondée, dit-on, par la
reine Blanche (2).

Elle avait donc déjà plus d'un demi-siècle d'existence au
moment de la formation des **Basoches Parisiennes**, et si cela
n'est pas démontré, on ne peut nier cependant que la nature des
privilèges dont nous parlerons plus loin et l'usage respecté des
fêtes de la reine Blanche sont des faits logiquement invoqués à
l'appui de la tradition en question.

La **Basoche** avait son prévôt.

Elle ne dépendait ni de celle du Palais ni d'aucune autre et
réunissait l'ensemble des clercs de l'ordre civil judiciaire et administratif. Les clercs de notaire en faisaient donc partie, et c'est

---

(1) Nous devons une grande partie de nos renseignements à la gracieuse
obligeance de M. Plu, ancien prévôt de la Basoche, et à notre ami M. Mar-
chand, ancien notaire.
(2) Denizart.

à leur initiative surtout qu'on doit rattacher la dernière reconstitution du groupe.

Les travaux intérieurs des clercs, leurs droits et leurs obligations, leurs divertissements, et généralement le fonctionnement de la corporation se trouvaient réglementés comme pour les autres juridictions basochiales.

Elle avait été réorganisée sous le patronage de la magistrature, ce qui est encore important à noter, et des conférences régulièrement suivies avaient lieu périodiquement au Palais de justice de la ville.

Pendant les six siècles de son existence, aucun dissentiment ne nous est révélé qui fût de nature à troubler les bons rapports entre basochiens et patrons.

PRIVILÈGES

En leur délivrant la charte de constitution, Blanche de Castille avait concédé aux basochiens de Château-Thierry le droit de se faire délivrer chaque année, la veille de l'Épiphanie, par l'un des fermiers du Roi, — établi à proximité de la ville, dans un domaine qu'on appelle encore « le Moulin du Roi », — « un gâteau d'un « bichet (1) de fleur de farine, pétrie avec beurre et œufs, et « sel à suffisance, du poids de 75 à 85 livres.

« Plus, encore, une poule grasse et en plumes de chaque meu« nier se trouvant sur le passage de la cavalcade de la reine « Blanche », ainsi que nous le constaterons plus loin.

La Basoche jouissait, en outre, d'un droit de péage de cinq sols par sac de blé qui se vendait à la Halle de la Ville, depuis le jour des Rois jusqu'au mardi gras, et dont le montant servait à fêter la Reine-Blanche au carnaval. Le trésorier chargé de ce soin en donnait quittance aux fermiers et leur comptait, en exécution d'une ancienne tradition, cinq dragées par quittance.

Les registres de la corporation relatent le cérémonial accoutumé des deux fêtes dont nous parlons, et, s'il se rapproche dans

(1) Mesure locale d'environ vingt-cinq litres.

son ensemble, soit de la fête du Mai parisien, soit de la Montre du Palais, par contre il présente dans ses détails des particularités originales, bien curieuses à rappeler.

FÊTES

1. — *Fête du gâteau des Rois.*

Tous les ans, la veille de l'Épiphanie, vers cinq heures du soir, le prévôt, ceint de son écharpe blanche, les officiers en costume avec épaulettes d'or ; les basochiens revêtus de leur habit officiel, l'épée au côté, coiffés du chapeau à cornes avec plumet rouge et branche de houx, symbole de la devise de Château-Thierry « nul ne s'y frotte », partaient, bannière en tête et guidons, chercher le gâteau « au Moulin du Roi ».

Ils étaient précédés de six porteurs de flambeaux, d'une musique composée de tambours, de fifres et de violons (1), de plusieurs forts à la halle chargés de rapporter le gâteau, et d'un nombreux et bruyant cortège.

En arrivant au moulin, le prévôt requérait la délivrance du gâteau et embrassait la meunière. Ils ouvraient ensemble le premier quadrille du bal qui suivait, et auquel tous les basochiens prenaient part.

On revenait à la ville, et pendant tout le parcours, les clercs devaient distribuer des dragées aux personnes présentes.

Le lendemain, le cortège allait, avec le même cérémonial, porter une part de gâteau à chaque magistrat et offrir des bonbons aux dames. Après quoi, on se remettait à danser, non sans avoir déjeuné et dîné, sous la présidence des officiers de la Basoche.

On eut parfois à constater une certaine résistance de la part du meunier débiteur du gâteau. C'est ainsi qu'en 1674 un meunier du nom de Michel d'Escot refusa de s'exécuter et y fut condamné par sentence du bailliage de Château-Thierry du 27 février de la même année.

_____

(1) Dans les dernières années, la musique municipale remplaça les tambours et les violons.

Autre contestation : le 5 janvier 1777, le meunier, du nom de Gardet, livra un gâteau n'ayant pas le poids réglementaire, car il y manquait 35 à 40 livres ! Les officiers de **la Basoche** verbalisèrent aussitôt et, par ordonnance du lieutenant général, deux experts boulangers furent commis à l'effet de constater le poids exact et la quantité de farine, d'œufs et de beurre employés.

L'ordonnance fut dénoncée au meunier, qui alla chez Mᵉ Debaussois, notaire, reconnaître par acte authentique le droit de la **Basoche**, et s'engager à servir désormais un gâteau conforme aux prescriptions. Il poussa même la gracieuseté jusqu'à payer les musiciens, et le surlendemain, 7 janvier, un deuxième gâteau du poids complémentaire fut ajouté au premier, et la cérémonie se termina sans nouvel incident.

Cependant, en 1789, d'autres difficultés s'élevèrent encore avec le même fermier, qui, cette fois, se refusa à laisser peser le gâteau. Une sentence du bailliage présidial de Château-Thierry, du 22 janvier 1790, confirma le droit de **la Basoche** à ce sujet. — Enfin, le 6 janvier 1804, il s'engagea, par acte transactionnel, à servir aux clercs la redevance annuelle d'un gâteau de 25 à 30 livres.

La Révolution en enleva donc la moitié, et non pas seulement le cinquième autorisé sur toutes les redevances perpétuelles ; la **Basoche** dut lui être néanmoins reconnaissante de n'avoir pas tout emporté.

Depuis, et dans un acte reçu en dernier lieu par Mᵉ Jean, notaire à Château-Thierry, au mois de mars 1864, Lanelle-Gardet, meunier du Moulin du Roi, reconnut dans un titre nouvel le droit de **la Basoche** à la subvention du gâteau ; mais cela s'ajoute maintenant, sans doute, au pain des pauvres du bureau de bienfaisance, car la dernière redevance fut servie en juin 1870.

2. — *Fête de la Reine-Blanche.*

Cette fête se célébrait le jour du mardi gras.

L'un des basochiens figurait la reine Blanche, costumée selon la tradition, une couronne sur la tête et le sceptre en main, montée sur haquenée blanche.

Des pages et des écuyers l'accompagnaient, revêtus de costumes de l'époque.

Ensuite venait le cortège des basochiens, à cheval, le sabre au côté, en tête le plumet rouge et la branche de houx.

Tous se rendaient d'abord chez le président du Tribunal où un déjeuner leur avait été préparé; ils allaient ensuite de village en village, depuis Essommes jusqu'à Chézy, en revenant par Nogentel.

On faisait halte à chaque moulin pour y réclamer la redevance d'une poule grasse et en plumes, conformément au privilège établi par la charte de constitution.

Ce droit, moins bien établi sans doute que celui du gâteau, ou d'une perception plus difficile, donna lieu à certaines contestations qui se terminèrent avantageusement pour la Basoche, non sans laisser quelques rancunes chez les débiteurs, s'il faut en croire ce refrain local :

> . . . .
> Si j'avais cinq sous vaillants,
> J'achèterais un âne,
> Ane à paniers, mannequins,
> Pour mener les basochiens
> Au diable, au diable, au diable.

Un meunier de Nogentel, nommé Bertrand, se reconnaît débiteur de la redevance en question par acte du **22 février 1744**, devant Me Maciet, notaire à Château-Thierry; et, dans presque tous les anciens titres de propriété, on retrouve la même charte imposée aux meuniers des environs de Château-Thierry.

RECONSTITUTION. — SES NOUVEAUX RÈGLEMENTS

Après la Révolution, la **Basoche** de Château-Thierry continua de subsister, avec des fortunes diverses, entre les clercs des deux juridictions.

Elle menaçait cependant de sombrer définitivement lorsqu'en juin 1870 la cléricature de cette ville résolut de refondre les statuts en les appropriant à ses nouveaux besoins.

Elle se reconstitua et nomma comme dignitaires :

M. Plu, licencié en droit, principal clerc de notaire, prévôt-président ;

M. Bouché, principal clerc de notaire, vice-président,

Et M. Chaloin, licencié en droit, principal clerc d'avoué, premier syndic.

D'un commun accord, **la Basoche** régénérée rédigea les statuts suivants :

RÈGLEMENT DE LA BASOCHE DE CHATEAU-THIERRY

PREAMBULE

*Les anciens règlements de **la Basoche** datent des 14 novembre 1647, premier janvier 1674, premier février 1678, 7 septembre 1777, 31 mars 1819.*

Leurs modifications étant devenues d'une absolue nécessité, un règlement fondamental a été rédigé dans les termes suivants :

TITRE Ier

DE L'INSTITUTION DE LA BASOCHE

*Article premier. — Les clercs de la ville de Château-Thierry se réunissent en **Basoche** sous la protection des magistrats du Tribunal, des Chambres d'avoués et de notaires de l'arrondissement, pour s'exercer à la discussion des questions de droit et de procédure.*

TITRE II

CHAPITRE Ier

COMPOSITION DE LA BASOCHE

Article 2. — La Basoche de Château-Thierry comprend :
1° Les clercs d'avoués, de notaires et d'huissiers des villes et cantons de Château-Thierry, inscrits aux registres de stage, et ceux qui, sans être inscrits, sont âgés d'au moins dix-sept ans;
2° Les surnuméraires d'enregistrement et les commis d'hypothèques de cette ville;

3° *Les jeunes gens qui voudraient se livrer à l'étude du Droit.*

Article 3. — *Les clercs de notaires et d'huissiers appartenant aux études situées hors du canton et dans cet arrondissement font également partie de la corporation, mais seulement à titre de membres correspondants.*

Article 4. — *Les clercs d'avoués, de notaires et d'huissiers de la ville et du canton, n'ayant pas dix-sept ans, sont aspirants basochiens.*

Art. 5. — *Le droit d'admission est de trois francs.*

La cotisation mensuelle de vingt-cinq centimes.

Les membres correspondants et les aspirants basochiens ne paient ni droit d'admission ni cotisation.

CHAPITRE II

ORGANISATION DU CONSEIL

Article 6. — **La Basoche** *a un Conseil qui se compose d'un prévôt-président; d'un vice-président ; d'un procureur-syndic; d'un substitut du procureur-syndic; d'un greffier-trésorier ; d'un commis-greffier ; d'un juge; d'un suppléant.*

CHAPITRE III

COMPÉTENCE DU CONSEIL. — SES ATTRIBUTIONS

Article 7. — *Le Conseil se constitue en tribunal pour juger les questions de droit d'après la discussion ouverte devant lui par ceux des basochiens qui en auront été chargés, sur les conclusions du procureur-syndic et le résumé du prévôt-président.*

Article 8. — *Les membres du Conseil, sur l'indication du prévôt-président, font, à tour de rôle, des conférences, préparent des questions, interrogent sur les sujets traités dans les conférences, donnent des analyses à faire et des actes à rédiger.*

Le prévôt-président, le Conseil préalablement consulté, peut désigner, pour faire les conférences, des membres pris en dehors du Conseil.

Le prévôt-président et le procureur sont seuls dispensés de plaider et de faire des conférences.

Article 9. — *Le Conseil est encore juge des contestations qui interviennent entre les basochiens. Il peut prononcer des amendes et infliger des peines disciplinaires. Il peut prononcer l'exclusion temporaire pour quinze jours au moins et trois mois au plus. L'exclusion définitive ne pourra être prononcée qu'en assemblée générale et à la majorité absolue des suffrages.*

CHAPITRE IV

AUDIENCES ET CONFÉRENCES

Article 10. — Les audiences et conférences ont lieu alternativement.

A l'issue de chaque séance, le prévôt-président indique le jour de la prochaine audience ou conférence. Elle dure au moins deux heures. Elle commence par un appel nominal fait par le trésorier qui tient note des absents. L'absence n'est excusable que pour cause de voyage, maladie ou autre motif légitime dont il devra être justifié.

Article 11. — Le prévôt-président désigne ceux des basochiens qui doivent plaider des conférences. La demande et la défense sont tirées au sort. La cause à plaider ou le sujet de la conférence doit être remis au basochien qui en sera chargé huit jours à l'avance.

Avant les plaidoiries, des conclusions écrites devront être déposées sur le bureau. Le procureur-syndic aura droit d'en prendre communication avant de donner ses conclusions. Il est entendu et le tribunal prononce après le résumé du prévôt-président.

Article 12. — Le basochien qui, sans motif légitime, ne sera pas à même de plaider ou de faire sa conférence, sera obligé de faire deux conférences successives, sans préjudice de l'amende dont il sera parlé plus loin.

TITRE III

DES FONCTIONS

Du Prévôt-Président.

Article 13. — Le prévôt-président est spécialement chargé de la police des audiences.

En cas d'absence, il est remplacé par le vice-président.

Il a voix prépondérante dans toutes les décisions et discussions.

Du Vice-Président.

Article 14. — Le vice-président remplace le prévôt-président de droit en cas d'absence ou empêchement.

Du Procureur-Syndic.

Article 15. — Le procureur-syndic tient la main à ce que les baso-chiens remplissent leurs devoirs avec exactitude. Il prend la parole dans toutes les affaires. Il requiert le remplacement des titulaires sortants de charge et présente les candidats.

Il requiert l'application des peines disciplinaires et des amendes.

Du Greffier-Trésorier et du Commis-Greffier.

Article 16. — Le greffier-trésorier tient la plume aux audiences. Il tient également les deux registres de la Basoche. Ces registres, cotés et paraphés par le prévôt-président, sont destinés : le premier, aux délibérations de la Basoche et le deuxième aux procès-verbaux des audiences et conférences. Il est dépositaire des deniers de la Basoche. Il tient note des amendes qu'il touche, reçoit les cotisations et paie les dépenses sur les bons du prévôt-président.

Il rend ses comptes tous les trois mois.

Il est remplacé par le commis-greffier.

Du Juge et du Juge suppléant.

Article 17. — Le juge, et, à son défaut, son suppléant, compose le tribunal avec le prévôt-président et le vice-président.

Le suppléant peut, en outre, être chargé par le prévôt-président de remplacer tout autre membre du Conseil en cas d'absence.

TITRE IV

DES ÉLECTIONS

Article 18. — Les charges sont conférées par le scrutin à la majorité des suffrages.

Elles durent un an.

Les membres sortants peuvent être réélus.

TITRE V

DE L'INSTALLATION

Article 19. — La séance d'installation s'ouvre par l'appel nominal. Le greffier-trésorier donne ensuite lecture du règlement et du procès-verbal d'élection.

Les basochiens prêtent serment entre ses mains, en ces termes : « Je jure de respecter le règlement. »

TITRE VI

DES MEMBRES CORRESPONDANTS

Article 20. — Les membres correspondants ont le droit d'assister aux audiences et conférences.

Ils sont dispensés de plaider et de conférer.

TITRE VII

DES ASPIRANTS BASOCHIENS

Article 21. — Les aspirants basochiens pourront, avec l'autorisation du Conseil, être admis à suivre les audiences et conférences.

TITRE VIII

DES FÊTES A OBSERVER

Article 22. — La Basoche a trois fêtes à observer : la fête des Rois ; celle du Mardi-Gras et celle de Saint-Louis.

La fête des Rois est seule obligatoire.

TITRE IX

DISPOSITIONS PÉNALES

Article 23. — Il y a plusieurs sortes d'amendes :

Elles sont encourues par tous les basochiens indistinctement.

L'amende de vingt-cinq centimes est encourue :

Par tout basochien qui ne répond pas à l'appel de son nom ;

Par ceux qui, requis de faire silence, reçoivent un nouvel avertissement.

L'amende de cinquante centimes est encourue :

Par tout basochien qui n'est pas en mesure de plaider ou de conférer :

Par le greffier-trésorier dont les écritures ne sont pas en règle ;

Par le procureur-syndic qui ne donne pas ses conclusions.

DISPOSITIONS GÉNÉRALES

Article 24. — Toutes innovations ou modifications aux statuts ne pourront être demandées que par une requête adressée au prévôt-président et signée de dix membres au moins.

Elles sont discutées en assemblée générale.

Pour fêter dignement cette reconstitution, la ville de Château-Thierry avait organisé de grandes réjouissances publiques, auxquelles prirent part les notabilités de l'endroit, le clergé et la presse parisienne.

Il sembla alors que la cléricature était définitivement groupée et officiellement organisée; celle de Château-Thierry allait sans doute donner une émulation aux clercs de toutes les régions, ses efforts auraient une suite et un but, son exemple serait imité, et bientôt peut-être, au moyen d'une jonction de tous les groupes, on verrait s'opérer une centralisation plus complète encore que celle d'autrefois, et certainement plus féconde en résultats.

Malheureusement il n'en fut pas ainsi! ce n'était là qu'un mirage, et les événements qui, quelques mois après, troublaient si profondément le pays contribuèrent beaucoup à l'évanouissement de ce rêve.

Les clercs de Château-Thierry n'ont aujourd'hui que le souvenir de leur ancienne Basoche, et l'espoir de la voir revivre un jour.

X

BASOCHE DE CHAUMONT (Haute-Marne).

La Basoche de Chaumont fut établie par lettres patentes de la Basoche du Palais, en 1586.

On lui avait conféré un ressort de justice propre, mais sans doute sauf appel, car la Basoche du Palais ne se fût pas désintéressée aussi bénévolement de cette corporation, elle ne l'eût plutôt pas fondée.

XI

BASOCHE DE COLMAR

Celle de **Colmar** fut constituée beaucoup plus tard, par cette raison, d'ailleurs, que Colmar ne fut réuni à la France que sous Louis XIV.

On voit cette **Basoche** consulter la corporation du Palais, en 1763, sur une difficulté professionnelle, et l'on en conclut qu'elle dut être une corporation sujette ou secondaire.

La preuve ne nous paraît pas suffisante; car il se peut que les basochiens de Colmar aient voulu recourir aux lumières de leurs condisciples de Paris pour décider un point douteux quelconque, sans pour cela y avoir été obligés. Cette expression « consultation » ne dénote rien moins que le droit d'appel.

XII

BASOCHE DE DIJON

La Bourgogne n'avait que ce siège basochial. M. Muteau (1) a démontré l'existence de son institution; il a pu, en reconstituant les archives de la cléricature de Dijon, établir une analogie certaine, indubitable, avec les usages et les procédés de diverses autres Basoches; mais aucun document n'a été découvert sur l'organisation de cette corporation et de ses travaux.

André de la Vigne, cité par M. Fabre, se borne à dire que, de son temps, **la Basoche de Dijon** était de plus en plus en renom.

Elle avait, d'après M. Muteau, son roi, son drapeau, ses armes et son sceau, qui portait, avec le nom du premier fonctionnaire, ces mots : **la jeunesse de Bourgogne et la Basoche.**

Elle avait aussi ses montres, ses cérémonies, ses spectacles et ses auteurs estimés. Nous avions à Paris, la Fête des Fous, les

(1) *Les clercs à Dijon.* Dijon et Paris, 1857.

Confrères de la Passion, etc..., joyeuses corporations créées, d'éléments divers, vivant à côté de **la Basoche** et dans lesquelles les clercs avaient droit d'accès. Dijon avait, en ce sens, les mêmes usages, car **sa mère folle**, société bien connue, remplaçait, comme nom et comme attributions, les corporations en question.

XIII

BASOCHE DE DOUAI

.Denizart dit que cette corporation se nommait : **la Société des clercs baladins.** Peut-être doit-on voir, avec plus de raison, une simple réunion de clercs, consacrant leurs loisirs aux représentations populaires, comme le faisaient les Confrères de la Passion.

Douai comprenait plusieurs groupes de ce genre.

Il y avait **une fête des ânes**, le premier janvier de chaque année, et on y jouait des farces.

Le deux février, une autre fête suivait où **un prince de la rhétorique**, accompagné d'une troupe d'acteurs, se chargeait de représenter, *séance tenante,* tout sujet donné.

Les clecrs baladins durent vraisemblablement être les promoteurs attitrés de ces spectacles, en dehors de la **Basoche.**

Il est vraisemblable toutefois qu'il exista à Douai une corporation basochiale ; l'importance de la ville, le nombre des clercs et l'existence des réunions joyeuses dont nous venons de parler permettent cette supposition.

XIV

BASOCHE DE GRENOBLE

La Basoche de Grenoble est également citée comme ayant eu un grand prestige autrefois. M. Fabre, originaire du Dauphiné, a fait des recherches à ce sujet, mais n'a pu rien découvrir. Le Parlement de Grenoble étant un des plus anciens, il est certain, dit-il, que la Société des clercs devait y être prospère.

XV

BASOCHE D'ISSOUDUN

Il existait à Issoudun une **Basoche** qui est indiquée par Denizart comme devant dépendre de celle du Palais.

En 1693, une cause concernant la corporation d'Issoudun est jugée par la **Basoche Parisienne**, ou sous ses auspices. On en a conclu que l'intervention de celle-ci constituait un droit d'appel ou de juridiction supérieure sur la cléricature de cette ville.

XVI

BASOCHE DE LANGRES

Son institution datait des premiers temps des Basoches.

Les clercs jouissaient de certains privilèges qu'ils conservèrent longtemps et qui leur attirèrent maintes difficultés avec les évêques.

L'un des privilèges le plus contesté était le **droit de charivari**, levé sur les **remariés**.

En 1404 et 1421, l'évêque leur fit défense formelle de l'exercer, sous peine de dix livres d'amende et d'**excommunication** ; mais cette interdiction tomba en désuétude, et le droit de charivari continua d'être perçu par la **Basoche**.

XVII

BASOCHE DE LILLE

Nous n'avons pas de document sur cette **Basoche**.

La jeunesse de la ville était réunie en une association qui avait pour chef « **un empereur de la jeunesse** ».

M. Fabre (1) en a conclu que cette société avait beaucoup

(1) P. 69.

d'analogie avec les réunions de clercs dont l'existence est constatée dans les chefs-lieux des Parlements et autres Cours de justice.

La plupart d'entre elles avaient pour double but, en effet, de surveiller l'enseignement professionnel des élèves et de présider aux réjouissances publiques, soit par une initiative d'organisation, soit même par la participation effective dont nous avons eu souvent déjà l'occasion de parler.

XVIII

BASOCHE DE LOCHES

La Basoche du Palais avait créé cette juridiction par arrêt du 14 février 1586, dont voici le texte :

« La Basoche régnant en triomphe et titre d'honneur, salut.

« Sur la requête faite par Denielli, avocat audit royaume, « tendant à ce qu'il plût à la Cour de vérifier les lettres d'érec- « tion et établissement d'un siège, Cour et juridiction basochiale, « donnée et concédée aux clercs du siège royal de Loches, sui- « vant et conformément aux statuts attachés auxdites lettres, « sous le contre-scel de la chancellerie de ladite Cour ;

« La Cour en intérimant ladite requête, ouï, sur ce, le procu- « reur général et de communauté, a ordonné et ordonne sur le « vu desdites lettres, sera mis, lu, publié et enregistré pour en « jouir par les impétrants, aux charges y contenues, et que les « appellations qui seront interjetées ressortiront dudit royaume « conformément auxdits statuts. »

Ces lettres patentes furent confirmées le 6 septembre 1777.

Le clercs de notaire ne pouvaient aspirer à aucune dignité, aux termes de l'arrêt du 24 mars 1599, rappelé plus haut, et cette interdiction, dont nous avons d'ailleurs indiqué la portée, devait être motivée par quelques revendications de la cléricature nota- riale, et non par des antipathies de profession, impossibles à admettre.

Les corporations de clercs étaient nombreuses en Touraine, et presque toutes dépendaient de la **Basoche du Palais**, dont elles devaient avoir les règlements.

XIX

BASOCHE DE LYON

Elle relevait également de la **Basoche du Palais**, et avait été constituée le 21 février 1586.

Son premier fonctionnaire était un prévôt, auquel on donne parfois la dénomination de roi, puis de prince; quant aux usages, s'ils étaient semblables à ceux des autres juridictions pour les travaux professionnels ou intérieurs, ils en différaient sensiblement quand il s'agissait de cérémonies extérieures.

En effet, on voit les basochiens lyonnais conserver les traditions religieuses des premières époques, et préférer aux plaisirs profanes, dont les chefs donnent l'exemple dans la capitale, les exercices pieux, comme les messes solennelles et les processions.

La fête du Mai, fort en usage à Lyon, n'était même pas exclusive de ce sentiment.

Les élections basochiales avaient lieu chaque année à l'époque de cette fête et revêtaient un caractère absolument spécial.

Le monarque élu était porté en triomphe sur son trône, le sceptre à la main, et présidait de suite aux fêtes de plantation du Mai.

Le Mai comprenait trois sapins.

Le premier, planté devant la demeure du gouverneur de la ville; le deuxième devant le président du Tribunal, et le troisième devant la maison du **roi de la Basoche**.

Puis le nouvel élu allait, accompagné des membres de la corporation et d'une brillante escorte de soldats, pris assurément parmi les basochiens, rendre visite à toutes les églises de la ville où le cortège était reçu en grande pompe par le clergé.

Le monarque offrait ensuite un banquet à ses suppôts, pour clore la fête. A ce sujet, les historiens mentionnent spécialement le festin magnifique qui fut offert, au xvi⁰ siècle, par Philiber Girinet, le nouveau roi, dans une maison de campagne de l'Ile-Barbe, où il fut conduit dans de petites barques, au bruit du canon, et d'où il revint en ville au milieu des applaudissements d'une foule empressée (1).

La Basoche de Lyon réclama souvent son indépendance, son autonomie, pourrait-on dire, et elle plaida à ce sujet contre **la Basoche du Palais**, à diverses reprises, et notamment le 30 septembre 1588... deux ans seulement après sa création (2) !

Son existence fut d'ailleurs tourmentée, car, malgré sa puissance, et sans doute à cause de ses attaches religieuses, elle fut autorisée et supprimée à plusieurs reprises.

Rétablie par lettres patentes du premier avril 1652, un arrêt de 1653 vint aussitôt la supprimer, et ce fut avec ces alternatives diverses qu'elle fonctionna pendant le cours de plusieurs siècles.

XX

BASOCHE DE MARSEILLE

Fondée en 1596, en même temps que le siège de la sénéchaussée, **la Basoche de Marseille** constituait une juridiction ne dépendant d'aucune autre. Cela se comprend d'ailleurs, car les clercs de notaire en étaient les officiers, et nous avons dit que, pour eux, la division en juridictions inférieures et supérieures n'avait aucune raison d'être et ne pouvait se concilier avec le fonctionnement du notariat royal.

La Basoche avait son roi, choisi parmi les clercs de notaire (3), et dont la formule exécutoire était : « **Par la grâce du bonheur, roi de la Basoche.** » Il se nommait lui-même un successeur et prêtait serment entre les mains d'un chancelier, qui signait les expéditions.

Les armoiries de la Basoche étaient trois écritoires surmontées d'une couronne fleurdelisée.

(1) Fabre, p. 87.
(2) Denizart.
(3) Denizart.

XXI

BASOCHE DE MEAUX

La Basoche de Meaux fut constituée par les clercs de la ville et de leur autorité privée, dit-on, en 1727.

Elle n'eut qu'une courte existence, car elle fut supprimée en 1763.

Pendant sa durée on lui donna, ou on lui toléra le droit de choisir son Mai dans le bois et la garenne de Poiney, où, vraisemblablement, la corporation se rendait toute entière, à l'exemple des fêtes du Mai parisien.

XXII

BASOCHE DE MOULINS

Larousse, qui en constate l'existence, ne nous donne aucun détail sur son organisation. Les autres historiens semblent ne pas la connaître.

XXIII

BASOCHE D'ORLÉANS

Sa création est fort ancienne, et ce fut probablement l'une des premières juridictions créées par la Basoche du Palais, dont elle dépendait.

Cependant son recrutement, ses privilèges, le titre de son souverain peuvent contredire cette opinion ou tout au moins faire admettre une importante dérogation à sa charte de constitution.

La Basoche se composait des clercs de notaire et des clercs de procureur. Elle était gouverné par « un empereur » nommé, ainsi que ses officiers, tous les trois ans, par la Communauté des procureurs.

Les basochiens avaient le droit de porter l'épée.

De plus, ils jouissaient du droit de ban, qui leur permettait de percevoir, à l'occasion du mariage de tous gentilhommes, officiers d'épée ou de robe, bourgeois vivant noblement, employés dans les affaires du Roi et praticiens, savoir : pour les premières noces, 12 livres 16 sous, — et, pour les deuxièmes noces, 6 livres 8 sous.

Une taxe de faveur était faite pour les huissiers, qui ne payaient que 3 livres 4 sous.

Ce droit pouvait être perçu dans toute l'étendue de la juridiction coutumière d'Orléans, sauf Beaugency, dont la Basoche, comme nous l'avons vu, jouissait d'un droit de ban spécial.

En outre, la Basoche d'Orléans recevait 30 sous par chaque lettre de béjaune délivrée aux clercs nouvellement admis.

Les basochiens ne payaient pas de cotisations, mais ils étaient tenus, à tour de rôle, d'offrir, le 1er dimanche de chaque mois, un pain béni à la messe qui se célébrait au Palais.

La Basoche jouissait d'un droit de franchise de 7 places à tous les spectacles de la ville.

XXIV

BASOCHE DE POITIERS

La Basoche du Palais avait créé cette juridiction en 1500. Sur quelques contestations survenues entre les deux corporations, des arrêts de 1528 et 17 janvier 1741 avaient confirmé le droit d'appel de la Basoche Parisienne.

La Basoche de Poitiers s'est illustrée par ses deux membres: Jean Bouchet, procureur et poète, et Pierre Blanchet, l'auteur présumé de la comédie appelée « la Farce de maître Pathelin », considérée comme l'un des meilleurs modèles du genre et dont tous les auteurs ont analysé et commenté le sujet.

XXV

BASOCHE DE REIMS

Reims avait sa **Basoche**, dont faisaient partie les clercs de notaire.

Son organisation et ses fêtes se rapprochaient beaucoup de celles des autres corporations.

Elle avait un sceau représentant une écritoire et deux canifs ouverts, entourés de deux plumes d'oies taillées et de feuilles de laurier (1).

XXVI

BASOCHE DE ROUEN

La Basoche de Rouen avait juridiction sur tous les clercs de Normandie. Elle constituait une communauté privilégiée, pouvant s'assembler en corps et plaider.

Sa création remonterait à l'année 1285, dit-on, et on invoque des lettres patentes (2) qui la constitueraient l'aînée des deux **Basoches Parisiennes**.

Nous avons dit, à propos de la **Basoche du Châtelet**, ce que nous pensions de la date de formation des diverses Basoches, nous n'avons pas à y revenir.

Quoi qu'il en soit, la corporation de Rouen reçut sa charte de confirmation en 1449, sous Charles VII, et cette charte fut vérifiée au Parlement de Normandie, et enregistrée au bailliage de Rouen.

Une autre confirmation, œuvre d'un poète qui la rédigea en vers, lui fut octroyée le **23 février 1570**.

(1) Fabre, figure, p. 68.
(2) Denizart, *Basoche du Parlement de Normandie*.

XXVII

BASOCHE DE TOULOUSE

Cette Basoche eut une popularité à peu près égale à celle dont jouit la Basoche du Palais.

Créée à une époque qu'on ne peut exactement préciser : soit avant 1479, comme semble dire un auteur (1), soit le 2 janvier 1548, comme l'a prétendu un autre (2), sa juridiction s'étendait fort loin et sur un nombre considérable de clercs, dont la plupart étaient des étudiants en Droit.

Elle avait à sa tête un sénéchal, remplacé plus tard par un roi.

La fête annuelle se célébrait aux Cordeliers, le 6 mai.

L'usage du charivari était observé par les basochiens, et on le leur retira en 1479, à la suite d'un procès occasionné par l'abus auquel ce droit donna lieu.

Vers la même époque, la Basoche de Toulouse assiste à Paris, à l'enterrement d'un roi de la Basoche du Palais et récite des vers sur la tombe.

XXVIII

BASOCHE DE TOURNAY

Comme celle de Lille, dont nous avons parlé, la Basoche de Tournay semble avoir fusionné avec l'une des deux associations de la jeunesse qui existaient dans cette ville, et dont les chefs étaient un empereur et un prince.

(1) Denizart. *Basoche de Toulouse.*
(2) *Voir* à ce sujet Fabre, p. 92.

XXIX

BASOCHE DE TOURS

Elle fut créée par lettres patentes de 1755, confirmées le 4 mai 1757.

Son souverain était un prévôt, et il est vraisemblable que cette juridiction ressortait, comme les autres sièges tourangeaux, de la Basoche du Palais. L'auteur anonyme déjà cité dit d'ailleurs que les basochiens de Tours, de Poitiers et de Verneuil, avaient reconnu la Basoche du Palais comme souveraine.

XXX

BASOCHE DE VERNEUIL, AU PERCHE

Celle-ci est encore de Touraine.

Érigée le 14 juillet 1586, elle fut d'abord soumise au siège basochial de Loches, puis rattachée ensuite à la Basoche du Palais, le 24 novembre 1601.

En effet, sur une difficulté survenue entre un notaire et un praticien-laboureur, son scribe probablement, la Basoche de Verneuil avait prononcé une amende de sept écus, par décision des 30 janvier et 3 février précédents.

Les parties interjetèrent appel devant le présidial, et la Basoche du Palais reprit l'instance et, par l'arrêt de 1601, ordonna « que dans le délai d'un mois, après signification, le président de la Basoche de Verneuil et consorts seront tenus d'envoyer au greffe de la Cour de Paris les lettres et titres de l'érection et création de cette juridiction ; autrement et faute de ce faire dans ledit temps et icelui passé, est dès à présent interdit l'exercice de cette juridiction ».

La preuve ne fut pas faite sans doute, et comme, d'autre part, les lettres d'érection ne constituaient aucun privilège de juridiction, la Basoche du Palais eut son droit d'appel.

XXXI

BASOCHE DE VIENNE (ISÈRE)

La Basoche de Vienne offre une certaine analogie de coutumes avec celle de Chartres. Le roi ou le prévôt était cependant remplacé ici par « **un abbé de la Basoche** ».

La corporation assistait, avec les autorités de la ville, aux fêtes importantes. Elle se rendait au devant des grands personnages qui faisaient leur entrée dans Vienne (1).

(1) Fabre, p. 93.

CHAPITRE VI

RÉSULTAT FINAL DES CORPORATIONS BASOCHIALES.

Nous voyons, par le tableau qui précède, que chaque corporation basochiale se distingue des autres par certaines différences — parfois considérables — dans sa constitution, l'admission de ses membres, la forme et la durée de ses travaux, la notoriété dont elle jouit, l'importance de ses privilèges, etc.

Mais elles se confondent en une seule et même collectivité chaque fois que l'intérêt général l'exige. Toute discussion cesse, toute rivalité disparaît dès qu'on fait appel aux sentiments de confraternité et de solidarité qui, au fond, animent les basochiens à un même titre.

C'est ainsi qu'on peut expliquer : 1° La jonction des diverses corporations en certaines circonstances : décès des princes de la **Basoche du Palais**; fêtes extraordinaires; résistances contre la magistrature et la royauté; consultations juridiques de corporation à corporation en dehors des limites de leur juridiction respective, et uniformité des décisions sur les questions de stage, préséances et discipline.

Grâce à ces efforts communs, grâce à l'usage que la **Basoche** implanta presque partout,— et qui fut copié par les autres corporations,— de prescrire les exercices du raisonnement et de la parole, de surveiller les études, d'exiger des examens sérieux à l'abri de tout favoritisme, on put arriver à une amélioration considérable, puis à un nivellement de l'instruction corporative des clercs, sans oppression, sans aucun des défauts reprochés aux **maîtrises** et aux **jurandes**; on put, au lendemain de la Révolution et d'accord avec les nouveaux principes, rattacher cet usage à chacune des communautés reconstituées : avocats, notaires, huissiers, etc., et le rendre obligatoire, légal, juridique.

Les **Basoches** qui avaient préparé et facilité cette utile protection furent dépossédées de leur droit de contrôle à cet égard, et sans autre raison, semble-t-il, que la notoriété faite à la **Basoche du Palais** et à quelques autres par des magistrats mécontents ou des procureurs rancuniers.

Le sacrifice fut complet : toutes les **Basoches** disparurent et personne ne fit la remarque qu'on pouvait limiter la suppression aux fêtes, aux montres et aux privilèges, et maintenir comme éminemment instructif tout ce qui concernait le stage, la police et les travaux intérieurs des diverses collectivités de clercs.

Il y avait là une telle lacune qu'on dut rétablir ensuite, à la demande des fonctionnaires eux-mêmes, cette partie des attributions basochiales — mais en en confiant le soin aux patrons et non aux clercs, comme précédemment.

Les préventions contre ceux-ci étaient trop fortes encore, car on ne se souvenait que de l'esprit agressif, audacieux et bruyant de la **Basoche du Palais.** — On n'avait alors en vue que sa résistance aux procureurs, au Parlement et au Roi, — résistance réputée dangereuse et dont il paraissait impossible d'éviter le retour en laissant subsister un droit quelconque aux clercs.

On ne se souvint pas de la protection accordée par les fonctionnaires du Châtelet à leur Basoche, ni de l'initiative prise par diverses corporations de procureurs pour reconstituer, soutenir et défendre leurs Cours basochiales, — ce qui impliquait la reconnaissance de leur utilité.

Les réformateurs ne virent qu'une seule **Basoche**... celle du Palais, et comme elle ne laissait pas que des souvenirs d'indépendance et de modestie, on ne chercha pas à les modifier, — on les supprima toutes !

C'est la logique de chaque réforme radicale.

Nous venons de rappeler que la **Basoche du Châtelet** avait été protégée par les procureurs ; on peut dire, à un point de vue général, que les corporations basochiales, soutenues par les communautés de procureurs ou notaires, furent les seules réellement utiles, jouissant de la meilleure réputation et ayant le plus de force.

La Basoche du Palais, attaquée par les magistrats et par les procureurs, leur résista à cause de la protection royale, mais du jour où celle-ci lui manqua, elle perdit tout à coup la faveur et la considération que lui donnait la notoriété publique.

Au contraire, **la Basoche du Châtelet** ne fut réellement puissante que dans les dernières années de son existence, précisément à cause du patronage des procureurs au Châtelet, qui, jusqu'alors, leur avait à peu près manqué.

Nous pensons qu'on peut expliquer par le même motif la répartition des corporations basochiales dans les départements.

La Touraine tenait le premier rang parce que les fonctionnaires royaux ou seigneuriaux étaient plus particulièrement favorables à la propagation de ces corporations.

Tandis qu'au contraire, dans d'autres ressorts où l'influence des seigneurs dominait encore ou était insuffisamment oubliée par les fonctionnaires, ceux-ci ne durent pas encourager la constitution des sociétés basochiales. Sans être trop indépendantes, ne s'arrogeaient-elles pas un peu partout le droit de prescrire et de surveiller les examens qu'on exigeait des candidats? le droit de repousser tout postulant dont le mérite n'était pas la première vertu? le droit de disposer des offices vacants au gré d'une majorité élective, et de les pourvoir de titulaires?

Et pourtant, on doit admettre que ce fut en définitive un grand mérite pour **la Basoche** : d'avoir facilité, accru, émancipé l'instruction professionnelle; d'avoir réglementé le stage et d'en avoir fait bénéficier toutes les intelligences et les principales fonctions libérales.

Le concours du notariat à ce résultat n'est pas douteux.

Les clercs de notaire parisiens s'étaient tenus à l'écart des deux Basoches; ils avaient réclamé contre la tentative d'incorporation dirigée par **la Basoche du Palais**, et nous avons expliqué les motifs de leur refus. Mais ils étaient réunis en une communauté particulière qui s'occupait sans bruit de tout ce qui concernait leur profession, — qui discutait, comme à **la Basoche**, les questions de pratique courante et dont le stage, surveillé à la vérité par les notaires, présentait cependant la même garantie et la même sécurité.

Les clercs de notaire de province, élevés à une autre école et d'autant plus libres, s'étaient rangés sous le drapeau de **la Basoche**, et cela, croyons-nous, avec l'appui des notaires de leur région.

Ils dominaient parfois la corporation, comme à Marseille, — quand leur nombre ou les usages locaux s'y prêtaient ; — ou ils pouvaient être confondus parmi les clercs de procureurs, — comme à Loches, — et céder le pas à ceux-ci, par l'importante protection de la **Ba oche du Palais**, très intéressée à confier les dignités à ses collègues.

Ils pouvaient aussi avoir des droits égaux et une pensée commune, — comme à Château-Thierry, — uniquement dirigée vers l'instruction judiciaire et civile à la fois.

Ces manifestations extérieures, — utiles selon les uns, nuisibles selon les autres, — et généralement tapageuses, comme l'étaient toutes les réunions de jeunes gens, n'empêchent pas d'envisager **la Basoche** dans ses travaux et dans ses résultats professionnels, — et nous pensons qu'elle eut pour effet :

1° **De grouper les clercs**, — notamment les clercs de notaire parisiens, en leur donnant l'idée de constituer une communauté à son image, — et les clercs de notaire de province, en les groupant dans les Basoches régionales, — car les clercs de notaire vivaient isolément ou par petits groupes, par la nature même de leurs fonctions, tandis que les clercs de procureurs avaient un lieu de rendez-vous commun et naturel, dans l'enceinte même du tribunal où les appelaient chaque jour leurs occupations.

Et par cela même les Basoches eurent pour effet de leur inculquer **les véritables sentiments d'état, de camaraderie, d'estime, d'assistance et de défense mutuelles.**

2° **De rehausser** aux yeux de tous l'importance de ces fonctions, qu'on dut ensuite considérer comme une collaboration pour marquer l'affinité des relations entre clercs et fonctionnaires et les distinguer des secrétaires, commis, employés. etc., vivant aussi des travaux de la pensée..., mais de la pensée des autres.

3° **D'organiser les exercices pratiques** : discours, conférences et procédure; et d'appliquer dans ces exercices les réelles opérations de la pratique.

L'ensemble de la jurisprudence Basochiale — et plus spécialement celle de la **Basoche du Palais**, — offrait même un exemple admirable d'instruction pour tous. Les basochiens exerçaient réellement une fonction avec des éléments convenus, parfois véritables et d'autres fois fictifs, — mais avec autant de sécurité et d'importance que pour les causes réelles. Le Tribunal siégeait, les greffiers prenaient leurs notes et rédigeaient la sentence, les huissiers la signifiaient à la partie et aux procureurs et ceux-ci y répondaient. Le tout était sujet à revision, à taxe, à enregistrement, ce qui permettait bien mieux qu'aujourd'hui, à coup sûr, d'exiger du fonctionnaire, dès sa nomination, une connaissance absolue des affaires, connaissance dûment constatée et éprouvée.

4° **De contrôler l'instruction professionnelle et de la constater graduellement par le stage officiel**, créé, encouragé et sauvegardé par les seuls efforts des basochiens malgré les critiques dirigées contre cette sage précaution.

C'est à ce quadruple résultat bien constaté que nous devons nous arrêter — et c'est la cause unique qui doit faire regretter encore aujourd'hui la **Basoche** par ses descendants.

Nous allons voir ce que la législation actuelle leur a emprunté, tout en constatant ce dont elle a négligé, à tort ou à raison, suivant nous, de tenir compte.

TROISIÈME PARTIE

LA BASOCHE ACTUELLE
ET SPÉCIALEMENT LA BASOCHE NOTARIALE

CHAPITRE PREMIER

TRANSFORMATIONS LÉGISLATIVES

La Révolution ne laissa rien subsister des corporations basochiales, de ses privilèges, de sa justice, de son droit de contrôle,
du stage, ni même de sa méthode d'enseignement pratique, — et,
à ce dernier point de vue, ce fut certainement le résultat le plus
regrettable des modifications qui allaient se produire.

Les basochiens restèrent pour la plupart en possession de leur
emploi dans les études : soit de procureurs, soit d'avoués ; un
grand nombre dut aussi profiter des réformes, en devenant titulaires de charges nouvellement créées : charges d'avoués, remplaçant celles de procureurs, charges d'avocats, charges de notaires, etc.

En effet ces fonctions, devenues vacantes par la dépossession de
leurs anciens détenteurs, étaient devenues immédiatement accessibles, par la voie nouvelle du concours public, à tous ceux qui
pouvaient passer avec succès les examens théoriques et pratiques
exigés de tout candidat. Or, nul plus que le basochien ne pouvait
y parvenir, car les antécédents libéraux de la corporation, sa par-

ticipation aux premiers actes de la Révolution, son éducation juridique et scientifique constituaient certainement comme autant de raisons spéciales le désignant au choix des examinateurs.

Tout bien considéré, il se peut donc que ce grand événement eût été, à l'origine, plus favorable que désavantageux à **la Basoche**, et surtout à la **Basoche judiciaire**.

La corporation notariale, effectivement, conserva son organisation et ses fonctionnaires. Les seules modifications reconnues alors nécessaires portaient sur l'étendue de son ressort, l'unification de ses règlements et les garanties de moralité et de capacité exigées des candidats. Par suite, les clercs de notaire restèrent à la tête de leurs fonctions, jouissant de la même considération, des mêmes faveurs, et d'autant plus largement que, partout, le notaire devenait un fonctionnaire public relevant directement du Souverain, au même titre et en vertu de la même loi. Seuls parmi les basochiens, les clercs de notaire purent donc, en restant groupés comme précédemment, conserver, sinon l'esprit de corps, tout au moins l'esprit d'état ou de profession que possédait si bien **la Basoche Notariale**, ou, sous un autre nom, la Communauté des clercs de notaires.

Et cela explique, dans une certaine mesure, pourquoi les clercs de notaire actuels sont plus unis entre eux, plus attachés à leur histoire et à leur origine que ne le sont les autres clercs.

La première réforme de l'organisation notariale résulte d'un décret du 29 septembre 1789, qui, supprimant toutes les charges, ordonne qu'il y sera pourvu par voie de concours.

Cela pouvait donner à la cléricature de l'époque une importance et une facilité d'élection énorme dont elle ne profita pas d'ailleurs, à Paris surtout.

Le 6 octobre 1791, une autre loi organise le notariat et réglemente le concours qui doit avoir lieu entre les clercs stagiaires, chaque année, le premier septembre, pour recevoir le certificat d'*admittatur* aux fonctions de notaire.

Le concours consistait dans un interrogatoire individuel sur les lois constitutionnelles, les fonctions et les devoirs de la profession, et dans la rédaction immédiate d'un acte dont les éléments étaient fournis aux candidats séance tenante.

Après l'examen, chaque élu était inscrit sur un tableau spécial, par ordre de mérite, c'est-à-dire en raison des notes obtenues au concours.

Et lorsqu'une étude devenait vacante, le candidat premier inscrit au tableau en était le titulaire désigné, à l'exclusion de tout autre.

Mais ce procédé avait un défaut considérable, en ce que le dernier classé au concours d'une année prenait rang avant le premier classé de l'année suivante, — ce qui excluait le mérite en certains cas.

Pour obvier à cet inconvénient, qui fut vite constaté, on prescrivit alors un second concours entre les seuls clercs inscrits et ayant déjà passé le premier examen ; celui qui, parmi eux, avait obtenu le plus de suffrages, était choisi nonobstant l'ordre de son inscription antérieure.

Toutes ces tentatives échouèrent néanmoins, et le résultat qu'on en attendait ne fut pas atteint.

Vers la fin de l'an II seulement, forcé par vingt-deux vacances d'études, on applique pour la première fois à Paris la loi en question et on pourvoit par le concours au remplacement des titulaires de ces études.

Et probablement encore ce concours laissa à désirer puisque, immédiatement après, — le 10 octobre 1794 (19 vendémiaire an III), — une loi réintégrait les anciens fonctionnaires, tout en maintenant cependant les nouveaux élus, ce qui augmenta d'autant le nombre des études parisiennes.

En province, le concours public dut rendre plus de services, car les postes nouvellement créés étaient nombreux et l'examen s'imposait, à cause des changements apportés à l'institution par la suppression des tabellions et des notaires seigneuriaux.

Rien ne révèle toutefois que le résultat général fût sensiblement différent de celui qu'on avait constaté à Paris. Les modifications sur lesquelles on comptait le plus, — celles qui se rapportaient au concours — échouèrent partout, et les législateurs résolurent alors de réorganiser le notariat sur de nouvelles bases. Et c'est ainsi que la loi du 25 ventôse an XI, complétée elle-même par l'ordonnance du 4 janvier 1843, délaissa définitivement le concours public en considérant que la meilleure garantie de capacité qui pouvait être exigée des clercs était celle que les Chambres de notaires pouvaient contrôler et demander elles-mêmes.

« Le concours public, dit M. le conseiller d'État Réal, dans un « remarquable discours qu'on relira toujours avec fruit, est une « de ces idées brillantes que l'on peut caresser lorsque l'on « rêve une théorie, mais qui, réalisées, ont été reconnues « injustes, inefficaces et ne donnant, au lieu de l'évaluation « exacte qu'elle promettait, qu'une vague et très incertaine « probabilité.

« En effet, c'est par les réponses plus ou moins satisfaisantes « aux questions faites au candidat, c'est par la rédaction plus « ou moins heureuse, et faite sans désemparer, d'un seul acte « dont le programme est dicté, que l'on était alors admis ou « rejeté.

« L'inefficacité d'une pareille mesure et son injustice sont « évidentes.

« Combien d'individus pleins d'instruction, mais aussi chez « qui la timidité est égale à la modestie, donnent facilement, dans « la solitude du cabinet, la solution des questions les plus difficiles, « mais qui, transportés dans une assemblée publique et devant « des juges, ne répondent qu'avec peine aux questions les plus « simples ! Combien d'autres, au contraire, n'ayant que des con- « naissances superficielles, mais armés d'une audace qui en « impose, se tirent heureusement de ces sortes d'exercices, parce « qu'ils n'ont pas plus de timidité que de modestie !

« La rédaction, faite sans désemparer, d'un acte présenté au « candidat ne fournira pas plus de lumière ; puisque cet acte doit « être rédigé sans désemparer, il ne peut être ni long, ni difficile. « Les liquidations et partages dont la confection exige du temps « et qui pourraient prouver une instruction profonde ne peuvent « faire la matière de ces programmes.

« Le concours ne conduit donc point au résultat cherché et ne « donne que de vagues présomptions... »

Il ajoute, enfin, « que le projet de loi présenté exigeant la « justification d'un stage plus ou moins prolongé, selon la place « à remplir, présente le moyen de s'assurer de l'expérience et du

« travail du candidat, bien plus que dans un interrogatoire de
« quelques minutes. »

En parlant ainsi, Réal ne faisait que suivre les précédents
usages de la **Basoche** et les prescriptions de ses règlements. Il
devait avoir en vue les précautions prises autrefois pour la
surveillance des travaux professionnels et pour la constatation
réelle du mérite des basochiens.

Certes, le législateur ne pouvait faire plus que cette corporation,
peut-être même regrettait-il de faire moins, car, la **Basoche** supprimée, il ne fallait pas compter la rétablir uniquement pour lui
donner le droit de sauvegarder l'accomplissement du stage de
ses membres ; et, d'autre part, en confiant ce rôle aux notaires
eux-mêmes, il semblait évident que le contrôle serait moins direct,
moins intéressé et, partant, moins efficace aussi.

Il semblait évident surtout que l'intervention des patrons en
cette circonstance exciterait moins l'émulation des stagiaires, car
les exercices de jadis, les examens annuels, pour obtenir l'inscription au registre du stage, avaient pour résultat de fixer longtemps d'avance la notoriété publique sur le mérite des candidats,
tandis que l'épreuve exigée par la loi nouvelle, épreuve unique
et pour ainsi dire secrète, ne fixait que l'appréciation d'un
groupe restreint, à l'encontre peut-être d'une réelle capacité, mal
servie par la timidité ou un hasard malheureux.

Ainsi donc, la suppression des Basoches faisait perdre à la
cléricature le caractère de fonctionnement public qui résultait
pour elle de l'organisation de ses travaux, de sa justice disciplinaire, de la réglementation du stage de ses sujets et de la délivrance du certificat de capacité, sans lequel aucun d'eux ne pouvait être admis aux fonctions notariales ou à d'autres fonctions
analogues.

Par contre, la cléricature notariale se trouvait, avec la nouvelle législation, à l'abri de toute compétition de la part des
juridictions et de leurs clercs. La loi qui excluait ceux-ci ne pouvait plus être discutée, contestée ou enfreinte par les tribunaux,
et il fallait nécessairement obéir à ses prescriptions pour être
admis à traiter d'un office. Il fallait avoir **la situation de clerc
de notaire** pour aspirer à celle de *notaire*.

Le stage exigeait autrefois une instruction professionnelle donnée au sein même de la corporation, — instruction double, en ce qu'elle avait les exercices de **la Basoche** comme démonstrations théoriques, et la besogne de l'étude, accompagnée d'autres exercices corporatifs, comme appoint pratique.

Aujourd'hui, le stage ne s'appuie que sur un fait matériel : la présence du clerc à l'étude; — et la capacité n'est démontrée juridiquement que par l'examen subi devant la Chambre des notaires.

A s'en tenir à ces seules obligations de la loi, on courrait le risque de se tromper le plus souvent sur le mérite du candidat.

Mais le simple bon sens indique que le notariat exige davantage. Et le notaire qui délivrerait le certificat de stage prescrit par l'article 31 de l'ordonnance du 4 janvier 1883 méconnaîtrait le véritable esprit de la loi, l'intérêt de la corporation et sa propre dignité, s'il n'y ajoutait sincèrement son appréciation sur la capacité et le mérite du clerc dont il a eu à surveiller le travail.

Nous allons voir quels sont les moyens d'instruction mis à la disposition de la cléricature.

CHAPITRE II

INSTRUCTION PROFESSIONNELLE DES CLERCS.

I

LA THÉORIE ET L'ÉCOLE

L'école de Droit est le premier élément d'instruction.

C'est, comme autrefois encore, le point de départ d'un grand nombre de professions, et surtout des professions confinant à la magistrature, au barreau, à la procédure et au notariat.

En dehors des cours, où se prennent à la hâte des notes incomplètes ou par trop sommaires, en dehors des examens périodiques, qui favorisent parfois certaines faiblesses et trahissent plus d'une véritable capacité, les étudiants parisiens et ceux de plusieurs Facultés de province ont établi des **conférences intimes**, copiées assez exactement sur celles de l'ancienne **Basoche**, et accessibles aux bonnes volontés, à la camaraderie et au travail, conférences où viennent périodiquement s'essayer les débutants, soit par l'étude approfondie des questions de Droit, soit par des plaidoiries permettant aux orateurs de l'avenir de s'apprécier et de se familiariser avec un auditoire.

Il n'existe pas moins de vingt conférences de Droit à Paris, réunissant ensemble près de douze cents membres : étudiants, avocats, clercs d'avoués, magistrats et professeurs.

L'historique de chacune d'elles a été fait, il y a quelques années, dans un rapport présenté par M. Léon Deroy à M. le bâtonnier de l'ordre des avocats à la Cour d'appel (1).

La première de ces conférences, par ordre d'ancienneté, est la

(1) C'est à la gracieuse obligeance de l'auteur que nous devons ces renseignements.

conférence des avocats, fondée en 1710, c'est-à-dire à une époque où existaient les Basoches. Seuls, les avocats inscrits au tableau de l'ordre peuvent en faire partie, et cela donne lieu de croire que peu d'avocats figuraient dans la Basoche du Palais, puisqu'ils avaient leur communauté particulière.

Les autres conférences, au contraire, semblent composées des éléments pris dans la Basoche.

La disparition de la corporation avait dû créer un vide considérable dans l'instruction professionnelle de la jeunesse, et peu à peu, pour y remédier, des groupes durent se former, avec ou sans dénominations spéciales, mais dans un but analogue à celui d'autrefois.

Mais l'esprit de corps n'y était plus; la camaraderie, bien qu'étant l'une des raisons d'être des réunions, manquait de direction et se limitait de plus en plus, vu le cercle restreint des contemporains. Dans cet état de choses, la vitalité des groupes ou conférences semblait bien menacée.

Effectivement, la tradition relate que, dès la suppression des corporations, les basochiens se réunirent par fractions plus ou moins nombreuses pour fonder des conférences.

Mais la plupart de celles qui existent en ce moment ne remontent qu'à quelques années. Elles remplacent d'autres conférences antérieurement dissoutes, disparues pour les motifs que nous venons d'indiquer et remplacées, à des intervalles plus ou moins prolongés, par une nouvelle génération qui, peut-être, est menacée de disparaître à son tour sans héritiers directs.

Il est d'usage maintenant de désigner chaque groupe par un nom propre, — celui du fondateur ou même d'un auteur ancien ou d'un magistrat par exemple. Les réunions sont ainsi personnifiées et c'est, d'autre part, une façon particulière de rendre hommage à une mémoire vénérée.

Cependant, parmi les vingt conférences dont nous parlons, cinq ont une qualification anonyme, savoir : Les quatre *Conférences du cercle catholique* d'abord, fondées en 1851, et comprenant des étudiants en Droit des trois années et des avocats. Puis la *Conférence de la Cour de cassation*, fondée en 1868.

Les autres sont ainsi dénommées, par date de création :

1° Conférence *Paillet*, fondée en 1854.

2° Conférence *de Harlay*, fondée en 1864.

3° Conférence *Bugnet*, fondée en 1867.

4° Conférence *Berryer*, fondée en 1871.

5° Conférence *Henrion de Pansey*, fondée en 1871.

6° Conférence *Marie*, fondée en 1872.

7° Conférence *Vergniaud*, fondée en 1872.

8° Conférence *d'Aguesseau*, fondée en 1873.

9° Conférence *Beccaria*, fondée en 1876.

10° Conférence *Loysel*, fondée en 1876.

11° Conférence *Pothier*, fondée en 1877.

12° Conférence *Montesquieu*, fondée en 1878.

13° Conférence *Merlin*, fondée en 1879.

14° Conférence *Valette*, fondée en 1881.

15° Conférence *Jules Favre*, fondée en 1882.

Le nombre des membres actifs est limité dans certaines de ces conférences, illimité dans d'autres.

Des membres libres, correspondants ou honoraires, peuvent être agréés en nombre indéterminé.

Les conditions d'admission, les travaux, les jours et la durée des réunions, le banquet annuel sont réglementés de la même manière que les conférences des clercs de notaire parisiens, à l'égard desquelles nous aurons à nous étendre plus longuement.

Voilà comment les étudiants suppléent eux-mêmes et volontairement aux lacunes de nos écoles ; c'est ainsi que parallèlement à l'enseignement essentiellement théorique n'ayant qu'une sanction incomplète et incertaine par les examens de fin d'année ou d'études, ils savent s'imposer d'autres exercices vivants, pratiques, sérieux, permanents ; exercices qui fixent au mieux et définitivement le mérite de ceux qui s'y livrent et la notoriété qui s'attachera à leurs pas.

Les véritables capacités se dévoilent vite à ce contact.

Il faut se garder de confondre ces **conférences** avec les **cercles**, qui attirent quotidiennement à eux une forte partie de la jeunesse, mais où l'existence matérielle est préférée à la vie intellectuelle ; où, dans tous les cas, l'instruction professionnelle n'a rien à voir.

Cela tient beaucoup, d'ailleurs, à ce fait que les conférences sont généralement d'un accès difficile, soit parce que le nombre de leurs membres est limité, soit parce que les conditions d'admission sont trop dures.

En quittant l'école de Droit pour entrer dans le notariat, le clerc se trouve subitement isolé, livré à lui-même et forcé, en l'absence de tout professeur, de diriger et de compléter sa propre instruction.

On a souvent réclamé la création, soit de chaires de notariat, dans les facultés de Droit, soit surtout d'écoles de notariat indépendantes, où les jeunes clercs pourraient venir compléter leur instruction théorique. L'absence d'écoles, a-t-on dit, est une lacune véritable qui nuit non seulement à la cléricature, mais surtout au notariat. Elle nuit à la cléricature en ce que, pour se livrer à l'étude des lois nombreuses, des ordonnances, de la jurisprudence et de tout ce qui constitue l'arsenal professionnel, les clercs n'ont aucun aide, aucune direction, ce qui les force à des tâtonnements constants et à des efforts intellectuels qu'on pourrait leur éviter. Elle nuit au notariat, par cela même, car la science notariale a ses règles complexes, son esprit, sa profonde moralité. Or, il ne suffit pas de connaître les textes, de les apprendre et de les réciter devant un commission d'examinateurs, il faut aussi en connaître la raison : c'est-à-dire le point de départ et le but; la pratique ne les laisse pas deviner et les aspirants les ignorent le plus souvent,— en sorte que le notariat est quelquefois mal ou insuffisamment recruté.

Dans les grands centres, les Chambres de notaires ont pris quelquefois l'initiative de l'organisation des écoles en question; — d'autres fois, aussi, c'est à l'initiative privée qu'on en est redevable : — Marseille est dans le premier cas ; — Lyon, Bordeaux, Niort, Toulouse et Paris sont dans le second.

Rappelons un fait à ce sujet :

Un ancien notaire de Paris, M. Bardin, avait légué six mille francs de rente annuelle et une somme de 80,000 francs à la Compagnie des notaires de Paris, à la condition qu'elle fonderait une *chaire de notariat* pour les clercs des études de Paris et de la banlieue.

Les cours devaient avoir lieu trois jours par semaine, et être faits par un professeur titulaire et par un suppléant payés sur la fondation. En dehors de deux prix annuels distribués aux élèves, les lauréats devaient être dispensés de tout examen pour traiter d'une étude.

La Chambre des notaires dut refuser cette libéralité et on le lui a reproché avec une âpreté inexcusable (1).

Les motifs du refus étaient de deux natures :

La libéralité ne semblait pas suffisante pour la création et l'entretien de l'école. Longtemps, dit M. Thomas (2), la compagnie songea à accepter en leur entier les legs Bardin, avec leurs charges, mais elle dut ajourner sa décision au décès de l'usufruitière, et il fallait construire une salle et ses annexes.

Puis, ajoute-t-il encore, aurions-nous pu toujours nommer, sans l'intervention de l'autorité ministérielle, des professeurs dont le choix aurait pu être contesté, dispenser les lauréats de tout examen ? C'était violer la loi générale, — et tant de craintes et d'embarras, pourquoi ? Pour établir une chaire en rivalité de celles que renferme l'école de Droit; pour enseigner une science où la théorie est dominée par la pratique.

Ce dernier motif s'appuyait, au surplus, sur d'autres considérations ; les candidats aux études de Paris sont tous pourvus de la licence, nous ne connaissons pas d'exception, et, s'il en existe, elles sont en nombre insignifiant, et, nulle part mieux que là, il n'est permis de choisir ses candidats parmi les meilleurs clercs qui encombrent les études. Les conférences, dont nous parlerons plus loin, constituent autant de centres de recrutement pour le notariat parisien, et les travaux auxquels elles se livrent, la notoriété publique qui s'attache aux membres réellement méritants rendent inopportunes d'autres précautions et d'autres méthodes

----

(1) *Rutgeerts*, Circulaire de la loi du 25 ventôse an XI, t. III, p. 1296 (note); et *Amiaud*, Études sur le notariat français, p. 62 (note).

(2) Thomas. *Vie d'un notaire*, p. 147.

d'enseignement. Tout au moins, l'école ou la chaire de notariat ne donneraient-elles aucune garantie nouvelle à la corporation.

L'exemple de *l'école de notariat de Paris* est aussi à noter. Depuis plus de cinquante ans, l'école actuelle et celles qui l'avaient précédée n'ont donné aucun résultat pour le notariat parisien. Les clercs qui suivent ses cours cumulativement avec leurs fonctions de clercs dans les études de la capitale, — et dont le stage est inscrit à la Chambre des notaires, — traitent en province,.et vivent pour ainsi dire en dehors de la corporation des clercs parisiens.

Le nombre des candidats aux études de Paris est trop important aussi et trop connu pour laisser croire que l'accès des clercs de province et leur compétition favoriserait le recrutement et le choix des véritables capacités. La notoriété dont jouit la majorité des candidats, les fonctions importantes qu'ils exercent tous au centre des affaires et des difficultés inconnues ailleurs, sont des garanties incontestables, supérieures au plus rude examen, et qui ne seront jamais remplacées par les meilleures leçons.

Les mêmes arguments ne peuvent pas être invoqués en province où n'existe aucune conférence entre clercs, où aucun diplôme n'est exigé, et où, par suite, la notoriété sur le mérite des candidats ne peut commodément s'établir.

II

LE TRAVAIL A L'ÉTUDE ET LA CLASSIFICATION DES CLERCS

Au temps des Basoches, la cléricature était une et indivisible ; elle constituait, ainsi que nous l'avons dit, une sorte d'apprentissage, une situation transitoire devant aboutir toujours à un traité. « Les clercs, dit M. Jeannest Saint-Hilaire (1), étaient le type du « travail, du désintéressement, de l'attachement au devoir et du « dévouement au patron.

« Mais il paraît que le froid égoïsme de notre époque aurait fait « disparaître ces antiques mœurs et leurs salutaires effets.....

_____
(1) Amiaud. *Études sur le notariat français*, p. 71.

« J'entends dire partout que le salaire seul unit le patron au clerc
« ou plutôt les divise... »

M. Amiaud recherche la cause de cette transformation, que
nous trouvons comme lui sensiblement exagérée, et il indique
les moyens d'y remédier.

« Le temps et les mœurs sont changés, dit-il ; il n'est plus possible,
pour améliorer la cléricature notariale, d'admettre les clercs aux
bienfaits de la vie de famille, et de revenir à l'antique usage de
les loger et de les nourrir ; mais il faudrait les soumettre à un
examen professionnel devant la Chambre de discipline (1). »

Pour résoudre ces délicates questions, il faut se rendre un
compte exact des changements survenus dans la pratique et dans
la situation respective du notaire et des clercs ; il faut étudier leur
rôle réciproque, l'apprécier dans sa réalité, et le comparer à ce
qu'il était autrefois ; — alors seulement la conclusion sera possible.
Et pour ne pas s'être livré à cet examen, l'opinion des auteurs
que nous venons de citer pèche certainement par la base.

La pratique a créé, depuis une trentaine d'années, deux grandes classes de clercs :

1° *Les clercs stagiaires* ou aspirants au notariat, travaillant
uniquement pour leur instruction jusqu'au jour du traité, qui est
leur but final ;

2° Et *les clercs* que nous appellerions volontiers : **clercs professionnels**, n'envisageant l'inscription que comme l'indication
d'un grade d'instruction pouvant leur servir à l'obtention de
postes plus élevés, n'ayant d'ailleurs aucun espoir de devenir
notaires un jour, — généralement parce qu'ils sont sans fortune,
— ne poursuivant qu'un but, n'envisageant qu'une chose : *la
situation morale et pécuniaire* qu'ils pourront se faire *dans la
cléricature*, situation qui sera leur seul moyen d'existence et qui
assurera pour eux, leurs femmes et leurs enfants, la sécurité de
la vie matérielle et l'avenir de la famille.

Que les clercs stagiaires aient quelque sujet d'être blâmés pour
n'avoir pas conservé, à l'égard de leurs patrons, le dévouement gratuit d'autrefois, nous le comprenons, car la cléricature n'est pas

(1) Amiaud. *Études sur le notariat français,* p. 72.

pour eux un but atteint, mais seulement un moyen de l'atteindre.

Et encore ce grief doit-il être notablement réduit. N'est-il pas, en effet, au pouvoir de chaque notaire de modifier ces fâcheuses tendances ? Ayant la liberté d'accepter ou de refuser un clerc, la liberté d'accorder ou de refuser l'*inscription* indispensable aux aspirants, ne peut-il pas imposer lui-même ses conditions aux candidats et les contraindre soit à les subir, soit à renoncer à la carrière notariale ?

Mais nous nous expliquons moins le reproche d'égoïsme adressé aux clercs de profession.

Lorsqu'un notaire exige de son clerc l'engagement, souvent écrit, de rester chez lui le temps convenu, — et c'est le plus longtemps possible, — lorsqu'il lui demande de renoncer à traiter ou à trouver une autre situation, il ne se conforme pas, à coup sûr, aux anciennes traditions où ces conventions étaient inconnues ; acceptant au contraire les usages modernes, les transformations successives de nos lois économiques, il n'envisage dans son candidat que la science professionnelle déjà acquise et dont il aura seulement à recueillir le fruit, il compte avec le concours qu'il lui apportera et les avantages qui en résulteront.

C'est par le travail et pour le travail seul que le notaire détermine son choix, — et s'il ne rétribue pas en conséquence, il s'écarte évidemment des règles de la collaboration qui supposent nécessairement un avantage réciproque.

Tout clerc non aspirant au notariat est dans ces conditions. Sans rémunération, sa fonction n'aurait aucun but et serait sans issue.

Pour qu'il en fût autrement, il faudrait :

Ou se borner, dans chaque étude, au seul concours des clercs stagiaires ou aspirants ;

Ou s'attacher exclusivement, en dehors d'eux, et à titre sédentaire, des clercs riches, instruits, travailleurs et zélés.

Malheureusement, c'est impossible pour les deux raisons suivantes :

1° L'augmentation et les exigences croissantes des affaires nécessitent quotidiennement les efforts conjoints du notaire et d'un nombre plus ou moins grand d'auxiliaires instruits, rompus aux affaires et apportant un concours actif et efficace pour tous les travaux de l'étude.

Il y a, dans l'accomplissement de ces fonctions, une méthode, un esprit d'état et des usages qui diffèrent pour chaque patron et qui ne peuvent s'acquérir qu'à la longue. Cela explique la présence des clercs **hors rang**, vétérans du métier, qui passent leur existence dans les études et dont les patrons ne se séparent toujours qu'avec regrets.

Les jeunes aspirants n'offrent aucun de ces avantages. Traversant une période d'instruction, ce n'est généralement qu'au moment de traiter et de quitter l'étude qu'ils pourraient rendre de réels services. Plusieurs départs successifs dans un court espace de temps occasionneraient une véritable désorientation dans le travail et dans la direction de l'étude; or, la présence des clercs sédentaires éloigne tout danger à cet égard.

Le concours des clercs stagiaires est donc insuffisant et inefficace pour l'écoulement de la grosse besogne de l'étude, — et c'est à cette insuffisance qu'on doit la création des clercs **non inscrits**.

2º Les administrations, la finance, l'industrie et le commerce offrent aux jeunes gens ayant quelque fortune des facilités et des avantages qu'on ne peut rencontrer dans **la profession de clerc**. Il y a là une cause de concurrence d'autant moins à l'avantage de cette dernière fonction que l'industrie et le commerce sont dans les goûts du jour.

C'est ainsi que le recrutement des clercs s'est encore transformé, limité, restreint. Et c'est ainsi que s'explique l'augmentation des appointements et que se légitime sa raison d'être.

Malgré la division des clercs de notaire en deux classes, tous sont clercs au même titre dans la corporation. Les devoirs auxquels ils sont astreints et les égards qui leur sont dus doivent être les mêmes aussi.

On s'est demandé souvent si le clerc non inscrit avait bien droit à cette qualification, s'il était juridiquement assimilé au clerc stagiaire pour les questions d'interposition de personne, de mandat, de responsabilité, etc., et s'il était justiciable des Chambres de discipline.

C'est là une simple question de fait, disent les auteurs, et les tribunaux doivent apprécier dans chaque cas, non le côté matériel de l'inscription au registre du stage, mais le travail réel du clerc à l'étude, et le rôle que lui a confié le notaire (1).

Effectivement, le maître clerc d'une étude et les clercs liquidateurs, qui souvent n'ont pas d'inscriptions, sont véritablement les **alter ego** du notaire, et rentrent, selon le vœu de la loi, plus intimement dans la catégorie des clercs que les jeunes débutants munis de l'inscription.

Officiellement, la Chambre ne connaît que ces derniers, elle peut exercer directement sur eux son action disciplinaire par la suspension ou la réduction du stage (2).

Mais cette peine serait sans aucune sanction à l'égard des clercs non inscrits. L'usage, appuyé sur l'esprit de la loi, en a conféré d'autres beaucoup plus graves à coup sûr : le blâme devant la Chambre et le renvoi de l'étude.

Un patron à qui serait notifié l'une ou l'autre de ces peines contre son clerc ne pourrait refuser de la laisser exécuter, sans manquer lui-même à ses devoirs vis-à-vis de la corporation (3).

Ces devoirs imposés aux clercs non inscrits impliquent la reconnaissance des mêmes privilèges, de la même considération.

Dans les projets de réforme concernant les examens, les garanties de moralité et de capacité à exiger de la cléricature, etc., on devra donc faire une importante distinction entre les modifications qui doivent atteindre le futur notaire, c'est-à-dire le clerc **stagiaire**, et celles qui ne concernent que le travail effectué par les

(1) Rutgeerts, *suprà.* Laurent. *Principes de Droit civil français*, t. XIII, n° 276.

(2) Art. 38 de l'ordonnance du 4 janvier 1843.

(3) Not. Cass., 25 mai 1887.

autres collaborateurs du notaire, c'est-à-dire le **clerc de pro-fession.**

Cette distinction, outre qu'elle s'appuie sur la réalité des faits, aura peut-être, dans l'avenir, un important résultat.

Ne pourrait-on, sans causer la moindre perturbation dans la corporation et sans nuire à l'économie générale de la loi de ven-tôse, rendre officiels certains actes des clercs, en assimilant leur fonction à celle des commis-greffiers assermentés? On a dit que l'instruction et le jeune âge des clercs stagiaires ne permettait pas d'envisager cette réforme sans dangers, — mais l'objection ne concerne pas la majorité des clercs de profession, généralement âgés, investis de toute la confiance du notaire et très au courant des affaires de l'étude.

Ce rôle officiel aurait un triple avantage :

Pour les clercs, la mission en question constituerait un but à atteindre, une carrière à suivre, carrière honorable entre toutes, et pour laquelle les candidats ne manqueraient pas.

Pour les notaires, les clercs assermentés pourraient, avec leur autorisation et celle de la Chambre, recevoir les actes dans cer-tains cas urgents : service militaire, maladie, absence forcée, et sans avoir recours à la substitution si difficile et si délicate entre notaires de la campagne.

Enfin, au point de vue général, les nullités occasionnées par la non-présence des notaires aux actes, les impossibilités matérielles résultant de l'accroissement du travail et des absences obligées du notaire disparaîtraient complètement, et la sécurité des con-ventions s'en augmenterait ou tout au moins n'en serait pas diminuée, puisque la responsabilité du notaire resterait la même.

CHAPITRE III

TENTATIVES DE GROUPEMENT GÉNÉRAL DES CLERCS

I

Nous avons dit que la disparition des corporations basochiales semblait avoir effacé l'ancien esprit de profession et l'unité de la camaraderie qui étaient autrefois les caractères spéciaux de la cléricature.

Aujourd'hui, et à la seule exception de Paris, les clercs de notaire restent volontairement isolés les uns des autres et se désintéressent ouvertement du lien qui s'offre à eux sous forme de réunions, d'associations, de publications, etc.

Même dans les grands centres pourvus de nombreux clercs, sièges autrefois de **Basoches**, où le souvenir est souvent évoqué, l'isolement est absolu.

En voici quelques exemples pris au hasard.

« Des conférences, nous écrivait un notaire de *Bretage*, ah bien oui! presque tous les clercs de nos études sont étrangers au pays. Cependant ils ne paraissent sentir aucun besoin de se rapprocher. Travaillant le jour, on se repose le soir. Pas même le courage de s'amuser! »

A *Chartres* cependant les clercs de notaire de la ville et des environs ont chaque année une réunion, le jour de la Saint-Nicolas.

A *Rouen*, la cléricature avait essayé de réunir ses membres en un banquet annuel, mais le défaut de direction mit rapidement fin à ce premier effort, il y a plusieurs années.

A *Orléans*, les clercs studieux assistent à la conférence hebdo-

madaire des avocats au Palais de justice; mais, bien entendu,
comme simples spectateurs. Quel effondrement, lorsqu'on se rappelle les traditions de son ancienne **Basoche**!

A *Lyon*, les clercs s'étaient mis d'accord pour la fondation d'une
conférence; mais ils en avaient subordonné le fonctionnement à
l'obtention d'un local à la Chambre des notaires de cette ville.

Ce privilège n'ayant pas été accordé, le groupe fut dissous et
n'essaya pas de se reconstituer.

A *Nantes*, les clercs sont libres à cinq heures du soir; aucun
effort n'est tenté pour perfectionner l'instruction professionnelle,
si facile à stimuler par les conférences. Quelques clercs suivent
les cours de l'école de Droit; mais il n'est venu à personne
l'idée de se former en groupes pour s'occuper de sa fonction et
des études techniques.

Même situation à *Toulouse*, où la cléricature n'a pas dû perdre
cependant le souvenir glorieux de sa **Basoche**.

En 1881, à *Marseille*, les clercs firent une tentative pour arriver à la constitution de conférences. Les efforts échouèrent, nous
ne savons pourquoi, et ils ne furent point renouvelés.

A *Reims*, une réunion périodique de la cléricature se tenait
assez régulièrement vers 1880; elle a cessé depuis, et les clercs
n'ont pas tenté de la réorganiser, à cause, nous dit-on, des fluctuations nombreuses qui se produisaient dans le personnel des
études; mais nous pourrions ajouter que la véritable cause était
dans l'absence entre clercs, jeunes et vieux, d'un lien de camaraderie notariale.

A *Angers*, des tentatives de réunions ont eu lieu à diverses
époques, et n'ont donné aucun résultat.

Nous pourrions poursuivre nos citations, mais à quoi bon?
N'est-il pas trop bien démontré déjà que, si le souvenir de la
Basoche est resté intact dans l'esprit des clercs de province,
l'exemple des efforts d'autrefois n'a pas été et n'est pas suivi.

Pourtant la cléricature s'accroît sans cesse. Ne compte-t-elle
pas près de 30,000 membres dont l'instruction, les fonctions, les
aspirations et les besoins sont identiques?

30.000 membres! — dont l'instruction notariale n'offre aucune
unité de direction et varie pour chaque étude; — 30,000 qui se

recrutent au moyen d'auxiliaires étrangers à la profession, qui traitent des offices par l'intermédiaire d'agents d'affaires !

Quand une organisation unique, confraternelle, leur éviterait si bien ce contact ; quand, organisés, ils pourraient si facilement diriger l'instruction et l'éducation de la généralité des clercs !

II

L'ASSOCIATION DES CLERCS DE NOTAIRE

Plusieurs fois déjà, les essais d'un groupement général ont été tentés, et, pour ne parler que des derniers, nous mentionnerons un projet d'association des clercs de notaire de France et d'Algérie, dû à l'initiative de M⁵ Savarin, notaire à Brenod (Ain), et dont les statuts furent publiés dans un recueil spécial (1). Mais, malgré la publicité, c'est à peine si les initiateurs du projet purent réunir 300 adhérents, chiffre représentant moins de 10 0/0 du nombre des clercs.

Un nouvel appel, lancé quelques années après, n'eut pas plus de succès.

Les patronages ne manquaient pas cependant à l'association, M. Amiaud l'encourageait dans les termes suivants :

« C'est une très heureuse et très utile idée que celle qui vous « a conduit à créer l'association des clercs de notaire..... C'est « pourquoi j'ai applaudi, dès le premier jour, à sa naissance ; « c'est pourquoi je vous engage aussi à persévérer et à constituer « définitivement votre réunion, qui ne peut qu'avoir les résultats « les meilleurs pour la cléricature en particulier et le notariat en « général.

« Vous pouvez compter sur mon concours (2). »

(1) *Gazette du notariat*, année 1874, nᵒˢ 256 et suivants.
(2) *Gazette du notariat*, année 1878, nᵒ 322.

III

Les clercs algériens avaient formé entre eux, en 1881 , une association, dont le but défensif s'éloignait sensiblement des autres associations pour se rapprocher davantage des usages de l'ancienne **Basoche.**

Cette association avait une double raison : protester contre le favoritisme qui envoyait en Algérie une quantité d'anciens notaires du midi de la France ; et classer les candidats d'après leurs mérites et leur ancienneté.

Secondés par les chefs de la magistrature, les efforts des clercs algériens aboutirent au décret du 9 octobre 1882, qui obligea tout candidat aux fonctions de notaire à suivre certains cours de Droit et de coutumes indigènes, constituant une sorte de stage de deux années.

Après avoir obtenu ce résultat, l'association cessa d'exister, et l'on doit le regretter pour la cléricature algérienne, qui aurait pu utilement diriger l'association sur un autre terrain : celui de la camaraderie **et du travail continu.**

IV

Enfin, sous ce titre, s'est formée, en 1886., une association professionnelle des clercs de notaire.et d'avoué de France et d'Algérie, ayant son siège à Paris, rue Montmartre, n° 70.

Son conseil d'administration est uniquement composé (sauf un membre) de clercs de notaire de province, habitant, pour la plupart, des départements différents, de manière à favoriser le recru-

(1) Nous devons ces renseignements à l'obligeance de M. Thireau, l'un des fondateurs notaire à Mostaganem.
(2) Cette Société a son journal, que dirige M. Poisson, son vice-président, clerc liquidateur à Paris.

tement des adhérents et à se tenir en rapport plus direct avec eux.

La Société a pour but, est-il dit dans les statuts :

1° D'encourager par des concours périodiques, organisés entre les sociétaires, l'étude des questions de Droit, de pratique notariale, de procédure, d'enregistrement et d'hypothèques;

2° De veiller aux devoirs et aux intérêts de la cléricature, de protéger ses membres et d'entretenir entre eux des relations de bonne confraternité;

3° De leur faciliter l'accès des divers emplois de la cléricature, à l'aide de renseignements sur les places vacantes;

4° De fournir à ceux de ses membres désireux d'acquérir un office l'indication des études et des charges à céder;

5° De venir en aide aux sociétaires qui se trouveraient dans le besoin par suite de la cessation de travail ou autre cause;

6° De secourir les veuves, enfants et ascendants laissés sans ressources par des sociétaires décédés;

7° Et d'établir entre ses membres des caisses spéciales de secours mutuels et de retraite pour la vieillesse.

Chaque sociétaire paie une cotisation annuelle de douze francs.

Deux assemblées générales ont lieu à Paris :

La première, le lundi de Pâques,

Et la deuxième, le premier novembre.

La Société déclare se placer sous le haut patronage du notariat, des avoués et autres officiers ministériels, de la magistrature et du barreau.

On trouvera peut-être le programme de la Basoche trop chargé. Plusieurs de ses parties manquent de toute sanction; mais, en envisageant l'ensemble de l'institution, il n'est pas douteux que l'entreprise des fondateurs ne soit une œuvre saine et utile, digne d'encouragement, digne aussi de la protection des Chambres de notaires.

En province, on ne traite des études que par l'intermédiaire de courtiers, à qui le candidat est obligé de payer une commission relativement élevée. Ces courtiers augmentent chaque jour, et leurs prétentions aussi. Or, cela nous paraît peu digne de la corporation, et il serait incontestablement plus avantageux pour le notariat et pour la cléricature d'éviter le concours de ces agents;

on y arriverait facilement en centralisant, ailleurs que chez eux, les demandes et offres d'études ou d'emplois de clerc qui se produisent de toutes parts (1).

C'est, au surplus, ce que fait la conférence générale des clercs parisiens, dont les règlements se confondent en plus d'un point avec ceux de la société dont nous parlons.

(1) Nous avons sous les yeux la circulaire d'un agent qui offre de trouver les places de clerc de notaire, moyennant une rétribution variant de 15 à 30 fr., selon le chiffre d'appointements afférent à la place obtenue.

CHAPITRE IV

GROUPEMENT PARTICULIER DES CLERS PARISIENS. LEURS CONFÉRENCES

En supprimant les corporations, la Révolution avait cependant maintenu, comme un principe fondamental de la nouvelle constitution, la liberté du droit de réunion. Rien n'empêchait donc les clercs de se grouper à nouveau et de s'occuper aussi efficacement qu'autrefois de leur éducation professionnelle.

Mais les clercs de procureurs, en changeant de situation et en perdant les privilèges auxquels ils tenaient tant, paraissaient avoir perdu le souvenir des utiles leçons de la Basoche. En tous cas, ils les recherchèrent ensuite, beaucoup moins dans un groupement spécial que dans les conférences du Palais, où ils étaient confondus avec les fonctionnaires de l'ordre judiciaire et avec les avocats.

Les clercs de notaire, dès qu'ils purent juridiquement se réunir, l'essayèrent vraisemblablement de toute part. La tradition colportée dans chaque étude donne du moins un certain crédit à cette hypothèse.

Toutefois, les restrictions fréquemment apportées au droit de réunion, dans l'intervalle qui sépara la période révolutionnaire de la promulgation du Code pénal (1er janvier 1811), durent gêner beaucoup l'expansion du groupement des clercs. — D'autre part, la nouvelle législation, en défendant les réunions de plus de vingt membres, contribua encore à leur dislocation; de telle sorte qu'on ne retrouve, que plusieurs années après, la trace d'une véritable réglementation de ces réunions.

Sous la dénomination de « Conférence Leloir », un groupe de vingt clercs, choisis parmi les clercs inscrits à la Chambre des notaires de Paris, se forma dans le double but de se livrer à l'étude des questions de Droit ou de pratique, et de se créer, d'étude à étude et de clerc à clerc, des relations de la plus parfaite camaraderie.

Ce groupe représentait directement, avec le même esprit et les mêmes éléments, l'ancienne *Communauté des clercs de notaire au Châtelet.*—Et nous verrons plus loin, par sa composition actuelle, combien cette conférence touche encore à la famille intime des notaires parisiens.

Le nombre des adhérents ne pouvait être augmenté sans certaines complications; s'il eût pu en être autrement, l'unanimité des clercs parisiens aurait demandé à en faire partie. Mais les articles 291 et 292 du Code pénal exigeaient l'autorisation expresse du Gouvernement pour toute réunion supérieure à vingt membres; et, comme condition habituelle de cette autorisation, on devait subir la présence des agents de police à chaque séance ! A coup sûr, ce décorum était ici peu dangereux pour les conversations qu'on tenait, et pour ceux qui les tenaient; mais il n'en devait pas moins donner un trop grave et rigide aspect à la réunion pour pouvoir être accepté facilement.

Aussi, d'autres conférences se formèrent-elles ensuite, par groupes de vingt clercs, à l'exemple et sur les bases de la conférence Leloir.

Il y eut successivement et par ordre de date :

La Conférence Crosse ;

La Conférence : l'Union Notariale ;

La Conférence Neveu ;

Et, tout récemment, la Conférence Générale, qui, profitant de la législation créée par la loi de 1881, n'a pas de nombre limité d'adhérents, et est accessible même aux clercs de province.

L'ensemble de ces conférences comprend plus de cent clercs parisiens, se réunissant périodiquement le mardi de chaque semaine, ayant leurs règlements, astreints aux usages de leurs groupes respectifs et recueillant à un titre égal tous les fruits d'une concentration d'études, d'efforts et d'amicales relations.

Nous en constaterons plus loin les résultats. Il est utile, croyons-nous, de faire connaître avant toutes choses l'organisation et la composition de chaque conférence.

I

CONFÉRENCE LELOIR

Fondée vers 1815, elle ne prit d'abord aucune dénomination particulière, ce qui était de tradition ancienne au Châtelet comme au Palais.

20 années plus tard seulement, en 1835, on commence à la désigner sous le nom de l'un de ses membres, M. Leloir, alors quatrième clerc de Me Grandidier, notaire à Paris.

Ses réunions ont lieu le mardi de chaque semaine, à huit heures du soir, dans l'une des salles du restaurant Véfour, au Palais-Royal.

Pour y être admis, il faut : 1° être premier ou deuxième clerc dans une étude de notaire à Paris; 2° être présenté par un membre démissionnaire; 3° et réunir l'unanimité des suffrages sur le vote au bulletin secret et en assemblée extraordinaire.

Deux clercs de la même étude ne peuvent en faire partie.

Ces conditions rigoureuses, loin de nuire à la prospérité de la conférence semblent, au contraire, lui avoir imprimé un essor et une vitalité exceptionnels.

Parmi ses 128 membres honoraires, figuraient, à la date du 1er janvier 1887 :

1° 56 notaires en exercice à Paris ;

2° 14 notaires en exercice hors Paris,

3° Et 3 principaux clercs parisiens.

Les vingt membres actifs, représentant vingt études, étaient, à la même date et par ordre de réception :

1° M. *Bruère*, principal clerc de Me Berceon.

2° M. *Paul Mouchet*, principal clerc de Me Mouchet, son frère.

3° M. *Grignon*, principal clerc de Me Prudhomme.

4° M. *Champetier de Ribes*, principal clerc de Me Bonneau.

5° M. *Destors*, 1er clerc de Me Camille Tollu.

6° M. *Robin*, principal clerc de Me Carré.

7° M. *Adam*, 1er clerc de Me Galin.

8° M. *Lhermelot*, principal clerc de M° Hatin.

9° M. *Menvielle*, principal clerc de M° Rey.

10° M. *Bocquet*, 1er clerc de M° Legay.

11° M. *Dufourmantelle*, 1er clerc de M° Fontane.

12° M. *Duhau*, 1er clerc de M° Devès.

13° M. *Greslé*, 1er clerc de M° Bourin.

14° M. *Fauchey*, 1er clerc de M° Dufour.

15° M. *Galin*, 1er clerc de M° Lanquest.

16° M. *de Meaux*, 1er clerc de M° Vincent.

17° M. *Rivière*, 1er clerc de M° Tourillon.

18° M. *Cottin*, 1er clerc de M° Portelin.

19° M. *Moreau*, 2 clerc de M° Ragot.

20° Et M. *Bertrand-Taillet*, 1er clerc de M° Martin-Deslandes.

Soit : 7 principaux clercs, 12 premiers clercs d'inscription ou assimilés, et 1 deuxième clerc.

Un droit d'admission de vingt francs est perçu de tout nouveau membre ; mais aucune cotisation périodique n'est imposée.

II

CONFÉRENCE « CROSSE »

Cette conférence, fondée en 1837, entre 17 jeunes clercs munis d'inscriptions secondaires, tient son nom de l'un de ses fondateurs, M. Crosse, notaire honoraire à Paris.

Elle se compose aujourd'hui de vingt membres et les conditions imposées pour l'admission, sont : 1° d'être premier clerc dans une étude de Paris ; 2° d'être présenté par deux parrains pris dans la conférence ; 3° et de réunir, au scrutin secret, l'unanimité des suffrages.

Il n'est pas admis plus de deux clercs de la même étude.

Les mutations sont moins fréquentes que dans les autres conférences ; tout membre présenté doit d'abord se faire inscrire sur une liste spéciale et attendre ensuite son tour de réception au fur et à mesure des retraites ou des démissions.

Au premier janvier 1887, elle comptait 99 membres honoraires, dont :

1° 20 notaires en exercice à Paris ;

2° 27 notaires en exercice hors Paris ;

3° 1 principal clerc parisien.

Ses vingt membres actifs étaient, à la même époque :

1° M. *Thomas*, principal clerc de Me Morel-d'Arleux.

2° M. *Lantier*, principal clerc de Me Lindet.

3° M. *Tillet*. principal clerc de Me Masson.

4° M. *Ménage*, principal clerc de Me Magne.

5° M. *Samson*, principal clerc de Me Duluard.

6° M. *Jean*, principal clerc de Me Portefin.

7° M. *Gay*, 1er clerc de Me Masson.

8° M. *Féragus*, 1er clerc de Me Aubron.

9° M. *Père*, principal clerc de Me Massion.

10° M. *Liogier*, principal clerc de Me Démonts.

11° M. *Fleury*, 1er clerc de Me Charles Morel-d'Arleux.

12° M. *Violette*, principal clerc de Me Cherrier.

13° M. *Balutet*, 1er clerc de M. Corrard.

14° M. *Pluche*, 1er clerc de Me Portefin.

15° M. *Budin*, 1er clerc de Me Trousselle.

16° M. *Théret*, 1er clerc de Me Rey.

17° M. *Poiret*, 1er clerc de Me Laverne.

18° M. *Martin*, 1er clerc de Me Cotelle.

19° M. *Millardet*, 1er clerc de Me Chatelain.

20° Et M. *Teillard*, 1er clerc de Me Prudhomme.

En résumé : 9 principaux clercs et 11 premiers clercs inscrits ou assimilés, représentant ensemble 17 études.

Les réunions ont lieu le mardi de chaque semaine, au **café de la Paix**, dans un local spécialement **affecté à cet usage**, et l'ordre du jour de chaque séance comporte la discussion d'une question de Droit.

Le droit d'entrée est de 20 fr. et la cotisation mensuelle de 3 fr.

Deux fois par an ont lieu des réunions générales : la première, — vers janvier, — réunit en un banquet tous les membres actifs et honoraires. La deuxième, — en mai ou juin, — est habituellement consacrée à une promenade ou à un voyage dans un endroit préalablement désigné par le vote.

Ce sont là deux concessions faites par le travail à la camaraderie et aux plaisirs, et aucun de ceux qui y ont pris part ne vou-
drait affirmer que cette réunion fût inutile et sans profit.

III

CONFÉRENCE. — L'UNION NOTARIALE

En 1856, les membres de la Conférence Crosse avaient depuis
longtemps complété leur nombre statutaire. Pour être admis, il
fallait nécessairement attendre la retraite de l'un d'eux, et c'était
là une éventualité capable de lasser bien des patiences.

C'est alors que se forma, le 25 décembre 1856, une troisième
conférence sous la dénomination l'**Union Notariale**.

On pouvait penser que les fondateurs de ce groupe anonyme ,
MM. Carré, ancien notaire à Neuville-sur-Marne ; Simonot, notaire
à Joinville ; Delabroise, ancien notaire à Épône, etc., poursui-
vaient le but rêvé d'une union de tous les clercs parisiens. Mais
si ce fut là réellement le point de départ de la nouvelle conférence, elle l'oublia vite ou en reconnut les difficultés de réalisation, car elle s'en tint à ses vingt membres réglementaires et aux
usages des autres réunions.

Depuis quelques mois seulement, et suivant en cela l'exemple
de la Conférence Neveu, l'Union Notariale est autorisée, par arrêté préfectoral, à admettre à ses séances vingt-cinq clercs.

Actuellement, il faut être premier, deuxième ou troisième clerc
pour être reçu comme membre actif.

Les assemblées ont lieu chaque mardi, à neuf heures du soir,
dans la salle d'une institution particulière, rue du Marché Saint-
Honoré.

La cotisation d'entrée à la conférence est de 20 francs ; la cotisation mensuelle de 2 fr. 50.

Au premier janvier 1887, elle comptait 76 membres honoraires, dont :

5 notaires à Paris ;

34 notaires en province ;

Et 3 principaux clercs parisiens.

Ses 20 membres actifs, représentant 14 études, étaient :

1° M. *Puitard*, principal clerc de M⁰ Demanche ;

2° M. *Portheault*, principal clerc de M⁰ Colleau ;

3° M. *Brochin*, principal clerc de M⁰ Olagnier ;

4° M. *Discry*, 1ᵉʳ clerc de M⁰ Massion ;

5° M. *Loiseau*, principal clerc de M⁰ Merlin ;

6° M. *Guiot*, principal clerc de M⁰ Duplan ;

7° M. *Regnault*, principal clerc de M⁰ Leclerc ;

8° M. *Descambres*, premier clerc de M⁰ Lavoignat ;

9° M. *Aron*, premier clerc de M⁰ Agnellet ;

10° M. *Lassalle*, principal clerc de M⁰ Paul Tollu ;

11° M. *Geoffroy*, deuxième clerc de M⁰ Olagnier ;

12° M. *Monteage*, premier clerc de M⁰ Leclerc ;

13. M. *Boullier*, premier clerc de M⁰ Latapie de Gerval ;

14° M. *Servant*, deuxième clerc chez M⁰ Edmond Leroy ;

15° M. *Gagnage*, clerc chez M⁰ Leclerc ;

16° M. *Bled*, premier clerc chez M⁰ d'Hardiviller ;

17° M. *Naret*, premier clerc chez M⁰ Edmond Leroy ;

18° M. *Dartige*, clerc chez M⁰ Latapie de Gerval ;

19° M. *Dutertre*, deuxième clerc chez M⁰ Lavoignat ;

20° M. *Devaux*, clerc chez M⁰ A.-J. Leroy.

Au total : 7 principaux clercs, 7 premiers clercs, 3 seconds clercs et 3 clercs non pourvus d'inscriptions.

Les membres ayant cinq années au moins de grade de principaux clercs à Paris, et autant de présence à la conférence, peuvent demander l'honorariat.

Les travaux de l'Union Notariale sont identiques à ceux de la Conférence Crosse ; — de même aussi les usages touchant les deux réunions extraordinaires d'hiver et d'été.

Cependant depuis quelque temps certaines économies habilement faites et accompagnées d'usages moins réglementaires que traditionnels ont permis de tenter la réalisation d'une réforme souvent envisagée par les conférenciers : c'est-à-dire la constitution d'un fonds de réserve destiné à la location d'un local, à la formation d'une bibliothèque et, peut-être aussi, à l'allocation de secours aux nécessiteux de la Basoche notariale.

Pour alimenter cette caisse, ceux des membres de l'*Union* qui traitent d'un office et demandent l'honorariat ont l'habitude de faire don à la conférence d'une obligation à lot. Or, ces valeurs accumulées, augmentées de leurs intérêts et de quelques prélèvements sur les cotisations, forment maintenant un capital important qu'une heureuse éventualité pourrait utilement grossir un jour.

C'est là un excellent exemple à imiter.

IV

CONFÉRENCE NEVEU

L'utilité des conférences n'avait plus besoin de démonstration, et la jeunesse notariale, qui aspirait à l'honneur d'y être admise, voyait chaque jour ses chances diminuées par le lien plus étroit qui retenait les conférenciers à leur compagnie pendant de longues années et aussi par une augmentation constante des postulants.

Dans cet ordre d'idées, un groupe de clercs, particulièrement animés du désir de s'instruire et de se familiariser avec la discussion des questions de pratique courante, se forma spontanément parmi les premiers, deuxièmes et troisièmes clercs parisiens.

Il n'eut pas, comme les autres conférences, à attendre les adhésions, mais plutôt à les restreindre; car c'est au complet de ses vingt membres qu'il tint ses premières assises, le 4 mai 1859.

La constitution de ce groupe était due à l'heureuse initiative de M. Raynal, ancien notaire à Paris, et au dévouement de ses camarades : MM. Neveu, notaire à Palaiseau ; Cailteaux, notaire à Massigny ; Monnier, notaire à Châlons-sur-Saône; Herbette, notaire à Rueil, etc.

On convint de lui donner le nom de son premier président, Mᵉ Neveu.

La Conférence Neveu, brisant pour la première fois avec les anciens scrupules de la cléricature parisienne, a demandé et obtenu, il y a bientôt dix ans, le droit de se réunir au nombre de vingt-cinq membres. Elle y a été autorisée par arrêté préfectoral du 4 octobre 1878.

Les premiers et deuxièmes clercs sont seuls admis maintenant. Ils le sont sur la présentation de deux parrains, après rapport favorable du syndic et un vote au bulletin secret, qui doit réunir l'unanimité des suffrages.

L'accès est interdit à plus de deux clercs de la même étude, et rien n'a été ménagé dans les statuts pour assurer la régularité des séances, l'efficacité des études de Droit et de pratique, le maintien d'une discipline absolue et la conservation d'un bon esprit de camaraderie.

« Chacun, est-il dit dans son règlement, doit apporter son « concours le plus actif à la conférence, et ses membres se doi- « vent réciproquement aide, obligeance et recommandation pour « tout ce qui concerne les changements d'étude, avancement en « grade, etc. »

Ce principe d'intime solidarité professionnelle est sagement respecté et la conférence fait tous ses efforts pour l'étendre à ses membres honoraires.

Le concours qu'offriraient ces derniers à leurs jeunes camarades servirait surtout à faciliter les cessions d'études ou à favoriser l'accès des clercs de province aux places vacantes à Paris.

Les réunions de la Conférence Neveu ont lieu le mardi de chaque semaine, à 8 h. 1/2 du soir, rue Vivienne, n° 48.

Lorsque, à 8 h. 45, la moitié des membres actifs n'est pas présente, tout le monde doit se retirer. Mais l'assiduité est telle que depuis six ans le fait ne s'est pas produit !

D'autre part, le membre qui n'assisterait pas à quatre séances consécutives serait considéré comme démissionnaire de plein droit.

Toutes les séances sont exclusivement consacrées aux travaux : études de Droit, d'enregistrement et de notariat, rapports mensuels sur les questions de même nature, communications, avis, conseils, etc.

Et les amendes, pour le moindre oubli relatif au rôle assigné à chacun pour ces travaux, sont plus élevées qu'ailleurs. —Elles varient de 1 fr. 50 à 5 fr. et se cumulent souvent.

La cotisation d'entrée est de 50 francs ; la cotisation mensuelle de 3 francs.

Au premier janvier 1887, le nombre de ses membres honoraires s'élevait à 100, exactement, parmi lesquels figurent :

8 notaires en exercice à Paris ;

43 notaires en exercice hors Paris ;

Et 7 principaux clercs parisiens.

Ses vingt-cinq membres actifs représentent 22 études, — chiffre plus élevé que dans les trois précédentes conférences ; — ils sont :

1° M. *Chenu*, principal clerc de M⁰ Fay ;

2° M. *Genty*, principal clerc de M⁰ Hussenot ;

3° M. *Naudet*, principal clerc de M⁰ Gamard ;

4° M. *Gibier*, principal clerc de M⁰ Fontana ;

5° M. *Bourdel*, principal clerc de M⁰ Bourrin ;

6° M. *Boulloche*, principal clerc de M⁰ Laverne ;

7° M. *Simon*, principal clerc de M⁰ Tourillon ;

8° M. *Girault*, principal clerc de M⁰ Nottin ;

9° M. *Lhomme*, principal clerc de M⁰ Ricard ;

10° M. *de Font Réaulx*, premier clerc de M⁰ Faÿ ;

11° M. *Huet*, principal clerc de M⁰ Harly-Perraud ;

12° M. *Flamand*, premier clerc de M⁰ Pinguet ;

13° M. *Thierry*, premier clerc de M⁰ Michelez ;

14° M. *Turlot*, premier clerc de M⁰ Cotelle ;

15° M. *Dufresne*, premier clerc de M⁰ Houël.

16° M. *Lelong*, premier clerc de M⁰ Marc ;

17° M. *Forgean*, premier clerc de M⁰ Durant ;

18° M. *Chardon*, premier clerc de M. A.-J. Leroy ;

19° M. *Lombois*, premier clerc de M⁰ Tansard ;

20° M. *Ribault*, premier clerc de M⁰ de La Palme ;

21° M. *Guenepin*, premier clerc de M⁰ Chevillard.

22° M. *Leymarie*, premier clerc de M⁰ Morel d'Arleux ;

23° M. *Monnot*, premier clerc de M⁰ Hussenot ;

24° M. *Epardaud*, premier clerc de M⁰ Yves ;

25° M. *Dusapt*, premier clerc de M⁰ Cocteau ;

Soit : 10 principaux clercs et 15 premiers clercs inscrits.

Comme dans les autres conférences, la Conférence Neveu a deux réunions extraordinaires. Elle emploie la première, la réunion d'été, à un voyage qui a lieu généralement le dimanche et le lundi de la Pentecôte.

Les membres actifs y sont seuls admis.

La réunion d'hiver est consacrée au banquet accoutumé, où sont conviés, dans la première quinzaine de janvier, tous les membres honoraires.

V

CONFÉRENCE GÉNÉRALE

Depuis longtemps déjà, une notable partie de la cléricature parisienne considérait que l'admission à l'une ou à l'autre des quatres conférences constituait une sorte d'investiture privilégiée, difficile à obtenir, et grâce à laquelle il était permis de compter dans la famille notariale.

Ils ne manquaient pas, à coup sûr, ceux qui désiraient une conférence **ouverte**, c'est-à-dire permettant l'entrée à tout clerc de la région, sans la moindre condition de stage, de résidence et de nombre. Mais il ne fallait pas compter sur une modification des conférences existantes ; à tort ou à raison l'opinion dominante n'admettait pas que la camaraderie, — base de ces réunions, — pût être efficacement maintenue dans un groupe plus considérable : on ne se connaîtrait pas suffisamment, disait-on, et les statuts ne pouvaient imposer la camaraderie, car on ne la force pas, il faut qu'elle vienne d'elle-même pour conserver tout son mérite et tous ses effets.

Une conférence ouverte semblait donc être la destruction de ce sentiment et la négation de toute utilité.

Telle n'était pas notre pensée, et vers le mois de septembre 1883 nous exposions à l'un de nos amis, M. Berthault, maintenant notaire à Nérondes (Cher), tout le mérite qu'il y aurait à créer une nouvelle conférence accueillant non seulement les clercs parisiens de tous grades, mais encore les clercs des environs de Paris, parmi lesquels se recrute le personnel des études de la capitale, sans pour cela qu'il existe des relations suivies entre les uns et les autres.

Ne serait-il pas possible, disions-nous, de donner une forte émulation à la cléricature de province en acceptant sa participation à nos travaux, en l'autorisant à les suivre et en lui permettant d'en envisager les conséquences pratiques ?

Cela pourrait faire comprendre enfin ce qui constitue la véritable suprématie du notariat parisien sur l'institution elle-même. C'est par l'exemple et les résultats qu'on force les convictions, — et il faut les forcer, dans l'intérêt de notre situation particulière.

M. Bertheaut et trois autres camarades, M. Martin, aujourd'hui notaire à Clamecy (Nièvre); M. Jeanrot, ancien clerc liquidateur à Paris, et M. Vassart eurent le mérite de mettre cette idée à exécution.

Ils fondèrent, le premier janvier 1884, la **Conférence Générale des clercs de notaires**, conférence ouverte à tous, autorisée par arrêté préfectoral du 25 avril 1884, et ayant son siège dans la salle d'audience de la Mairie du huitième arrondissement de Paris, rue d'Anjou.

La Conférence Générale a recueilli pendant ses trois années d'existence l'adhésion de 64 membres ordinaires et celle de 9 membres correspondants. Mais elle n'a conservé en activité, par suite de traités ou changements de situation, que 35 membres, savoir :

1° M. Bailly, clerc liquidateur chez Mᵉ Huillier;

2° M. Pelegrin, clerc liquidateur chez Mᵉ Latapie de Gerval;

3° M. Collard, clerc liquidateur chez Mᵉ Breuillaud;

4° M. Kohler, premier clerc de Mᵉ Dupuy;

5° M. Bénard, premier clerc de Mᵉ Sabot;

6° M. Lelong, principal clerc de Mᵉ Taupin, à Clichy;

7° M. Dussaux, clerc chez Mᵉ Leroy;

8° M. Legendre, premier clerc de Mᵉ Hussenot;

9° M. Deladune, clerc chez Mᵉ Courot;

10° M. Guigné, premier clerc de Mᵉ Baudrier;

11° M. Cornier, clerc chez Mᵉ Colleau;

12° M. Duprilot, clerc chez Mᵉ Baudrier;

13° M. Boutemy, premier clerc de Mᵉ Mahot;

14° M. Argout, clerc chez Mᵉ Vian;

15° M. Pibot, premier clerc de Mᵉ Tansard;

16° M. Amé, principal clerc de Mᵉ Yver;

17° M. Englender, premier clerc de M⁰ Vian ;

18° M. Bradu, clerc chez M⁰ Bazin ;

19° M. Sené, clerc chez M⁰ Nottin ;

20° M. Pouleau, clerc chez M⁰ Edmond Leroy;

21° M. Girardot, clerc chez M⁰ Vian ;

22° M. Archambault, clerc chez le même notaire ;

23° M. Renard, premier clerc de M⁰ Brault, notaire à Neuilly ;

24° M. Chauffriat, clerc de M⁰ Baudrier ;

25° M. Betoux, clerc chez M⁰ Mégret ;

26° M. Houdayer, clerc chez M⁰ Breugnon, à Pantin ;

27° M. Nicoulaud, clerc chez M⁰ Tansard ;

28° M. Boulenger, clerc liquidateur chez M⁰ Colleau ;

29° M. Papillon, clerc liquidateur chez M⁰ Trousselle ;

30° M. Mitiaux, clerc chez M⁰ Vian ;

31° M. Puisoye, clerc liquidateur chez M⁰ Dauchez ;

32° M. Rolein, clerc liquidateur chez M⁰ Augouard ;

33° M. Hébut, premier clerc de M⁰ Robineau ;

34° M. Jourdain, premier clerc de M⁰ Pinguet ;

35° M. Gilles, clerc liquidateur de M⁰ Dauchez ;

36° M. Desaints, principal clerc de M⁰ Leclerc, notaire à Charenton ;

37° Et M. Villerelle, clerc chez M⁰ Durand, notaire.

Les membres correspondants étaient :

M. Poulot, clerc chez M⁰ Aubert, à Argenteuil ;

M. Dreux, principal clerc de M⁰ Praquin, à Sartrouville ;

M. Blot, principal clerc de M⁰ Aubert, à Argenteuil ;

M. Morin, clerc à Pont-Audemer ;

Et M. Daret, clerc de M⁰ Deherpe, à Colombes.

Acquis en trois années seulement, ces résultats sont déjà brillants, et ils ne pourront que grandir encore lorsque la conférence sera plus connue.

Les réunions ont lieu le mardi, à neuf heures du soir.

Un registre mentionne exactement chaque semaine les offres de cession d'office ou de demandes de clercs, adressées ou recueillies par les membres de la conférence. Chacun peut y puiser à son gré, et surtout gratuitement, les renseignements à sa convenance.

Cette innovation a déjà, parait-il, rendu de grands services.

Le règlement de la **Conférence Générale**, inspiré des statuts des autres conférences et des idées nouvelles qui ont présidé à sa formation, résume bien le caractère que doivent revêtir ces réunions. Nous rendrons peut-être service aux clercs de province en le leur faisant connaître comme modèle à employer.

En l'adaptant à leur propre situation, ils pourront, en effet, admettre comme membres actifs tous ceux des clercs de leur arrondissement ou de leur région qui promettront un concours assidu aux réunions hebdomadaires. Et ceux qui seront empêchés par l'éloignement, les travaux des études ou d'autres raisons spéciales, figureront parmi les membres correspondants.

Voici le texte des statuts ou règlement de la Conférence Générale des clercs.

RÈGLEMENT

CHAPITRE PREMIER

FONDATION

Article premier. — Il est fondé à Paris une conférence générale de tous les clercs de notaire.

Elle a pour objet principal:

L'étude du Droit en général et spécialement des questions concernant le notariat, l'enregistrement et les hypothèques;

Et la formation entre tous les clercs en faisant partie d'un lien moral, les tenant par les plus parfaites relations de bonnes confraternité et camaraderie.

Art. 2. — Sont admis, sauf les restrictions ci-après, tous les clercs âgés de 20 ans au moins, quels que soient leurs grades et qu'ils soient ou non inscrits aux registres du stage des Chambres de notaires. Les membres actifs doivent être domiciliés depuis trois mois au moins dans le département de la Seine.

CHAPITRE II

BUREAU DE LA CONFÉRENCE

§ Ier

COMPOSITION

Art. 3. — La conférence a un bureau composé de six membres :

Un président;

Un syndic ;

Un trésorier;

Un secrétaire;

Deux rapporteurs.

Au bureau sont adjoints quatre membres suppléants:

Un vice-président;

Un vice-syndic;

Un vice-trésorier,

Et un vice-secrétaire.

Tous ces membres sont nommés séparément au scrutin secret par bulletin individuel et à la majorité absolue des membres présents à la séance d'élection.

Si le premier tour de scrutin ne donne pas de majorité absolue, il est de suite procédé à un scrutin de ballotage entre les deux membres qui ont obtenu le plus grand nombre de voix. Si, de ce scrutin de ballottage, il ne sort pas de majorité, le plus ancien, par ordre de réception, ou le plus âgé, s'ils ont été reçus le même jour, est de droit proclamé.

Nul ne peut faire partie du bureau s'il n'est Français et s'il ne jouit de ses droits civils et civiques.

Art. 4. — Les fonctions du président durent une année, et celle des autres titulaires six mois; celles de chacun des membres suppléants ont la même durée que celles de chacun des membres titulaires.

Art. 5. — Le renouvellement des titulaires a lieu à la fin de la séance où leurs fonctions expirent; le secrétaire rédige le procès-verbal de la séance où il est remplacé.

Art. 6. — En cas d'absence ou d'empêchement des membres du bureau, ils sont remplacés, savoir:

Le président par le vice-président et, à son défaut, par le plus âgé des membres présents;

Le syndic, le trésorier et le secrétaire, par le vice-syndic, le vice-trésorier et le vice-secrétaire et, à leur défaut, par les membres que désigne le président siégeant.

Art. 7. — Les membres siégeants ne peuvent faire partie du bureau dans la séance où ils doivent prendre la parole.

Néanmoins le trésorier ou le vice-trésorier doit réclamer les amendes, le secrétaire ou le vice-secrétaire doit donner lecture du procès-verbal de la séance précédente, s'il a été rédigé par l'un deux; le secrétaire ou le vice-secrétaire, en l'absence du secrétaire, dresse même le procès-verbal de la séance où il est chargé d'une discussion.

Art. 8. — Le procès-verbal des séances, aussitôt après son adoption, est signé par le président et le secrétaire.

Art. 9. — Le registre des recettes et dépenses est arrêté tous les mois et visé après examen par le président qui le signe alors avec le trésorier.

A la première séance de chaque mois, il est donné connaissance de la balance des écritures.

§ II

ATTRIBUTIONS

DU PRÉSIDENT

Art. 10. — Le président a la police de la conférence; il ordonne les convocations pour les séances extraordinaires.

Il dirige les discussions, maintient l'ordre et y rappelle les membres qui s'en écartent.

Il transmet à l'autorité compétente, à la fin de chaque exercice, le compte-rendu moral et financier de la société, et il fait connaître les changements qui peuvent se produire dans la composition du bureau.

DU SYNDIC

Art. 11. — Le syndic veille à l'exécution du règlement.

DU TRÉSORIER

Art. 12. — Le trésorier suit le recouvrement des sommes dues à la conférence et en perçoit le montant, de même qu'il paie la dépense.

Art. 13. — Il tient un registre des recettes et dépenses et inscrit au compte de chaque membre les amendes prononcées contre lui, la séance où elles l'ont été et le motif qui y a donné lieu.

Dans chaque séance, le trésorier remet au bureau de la conférence l'état des membres ayant encouru des amendes à la séance précédente, avec l'indication du chiffre des amendes. Lecture en est donnée dans la même séance et cet état est signé par le trésorier et le président.

Art. 14. — Le trésorier paie sans autorisation spéciale les dépenses ordinaires telles que le loyer des bureaux de la conférence et de la salle des séances, les achats de registres, de fournitures de bureau, les frais de correspondance, etc.

Il doit se faire autoriser pour toutes les dépenses extraordinaires.

Le tout conformément à l'article 38 ci-après :

En cas d'absence, il doit faire remettre à la conférence son registre ou, au moins, l'état prescrit par le dernier alinéa de l'article précédent.

De son côté, le vice-trésorier qui le remplace, ou le membre désigné à défaut encore de ce dernier, remet une note indiquant les sommes qu'il aurait reçues et les amendes qui pourraient avoir été encourues.

Art. 15. — Le trésorier est dépositaire de toutes les sommes, valeurs, registres et papiers appartenant à la conférence, à l'exception cependant du registre des procès-verbaux qui reste aux mains du secrétaire. Le tout reste placé dans un meuble spécial dont ils auront la clef, dans le local des bureaux, à l'exception cependant des sommes que le trésorier pourra avoir réellement en sa garde personnelle, si la sécurité l'exige.

Art. 16. — A la cessation de ses fonctions et après l'approbation de son compte par le président, il remet tout ce dont il est en possession et le reliquat de son compte à son successeur qui lui en donne décharge sur le registre, avec détail quant aux registres et papiers.

DU SECRÉTAIRE.

Art. 17. — Le secrétaire rédige les procès-verbaux des séances.

Il doit y consigner notamment les noms des membres qui ne répondent pas à l'appel nominal, les discussions et les votes de la conférence, les décisions prises par elles et leurs motifs, sauf, bien entendu, les exceptions prévues par le règlement.

Art. 18. — Il est chargé de la correspondance et de faire parvenir aux membres de la conférence les avis qui, aux termes du règlement et en tous autres cas qui pourront être déterminés, doivent leur être donnés.

Art. 19. — En cas d'absence, il doit remettre son registre au bureau de la conférence avec la note permettant à son suppléant de donner toutes explications.

DES RAPPORTEURS

Art. 19 *bis.* — Les rapporteurs sont chargés de présenter, toutes les fois qu'ils en sont requis par le président, un rapport écrit sur toutes les questions pouvant intéresser la conférence autres que celles se rattachant à l'étude du Droit.

CHAPITRE III

ORDRE DES SÉANCES. — VACANCES

Art. 20. — La conférence s'assemble le mardi de chaque semaine, à neuf heures du soir, sauf pendant le temps des vacances.

Les vacances ont lieu, chaque année, du 1er août au 15 septembre.

Les séances n'ont pas lieu les jours de fêtes à l'occasion desquelles les études des notaires sont ordinairement fermées, ni la veille ni le lendemain de ces jours de fête.

Art. 21. — La présence de la moitié au moins des membres actifs de la conférence est nécessaire pour tenir séance et délibérer en séance extraordinaire. En séance ordinaire, la présence du tiers des membres suffit.

Si, à neuf heures quinze minutes, les membres présents ne forment pas le nombre qui vient d'être indiqué, ils se retirent après avoir rédigé et signé un procès-verbal constatant le fait.

Les membres arrivant après neuf heures sont considérés comme non présents.

Art. 22. — Toutes les délibérations, sauf les exceptions prévues au règlement, sont prises à la majorité relative des membres présents. En cas de partage, la voix du président est prépondérante.

Art. 23. — A l'ouverture de chaque séance, le secrétaire fait l'appel nominal et donne lecture du procès-verbal ; le trésorier réclame les amendes, et il passe à la question à l'ordre du jour.

Art. 24. — Après l'épuisement de la question à l'ordre du jour, le président donne la parole à tout membre qui l'a demandée pour faire part de décisions pouvant l'intéresser ou intéresser la conférence.

Art. 25. — Aucun membre ne peut prendre la parole qu'après l'avoir demandée au président et l'avoir obtenue.

Toute personnalité directe ou indirecte est interdite, ainsi que toute discussion qui ne se rattacherait pas au Droit et aux bons rapports des membres entre eux, notamment toute discussion politique ou religieuse.

Art. 26. — Nul ne doit être interrompu pendant la discussion. Lorsqu'un membre s'écarte de la question, le président seul peut l'y rappeler.

CHAPITRE IV

COMPOSITION DE LA CONFÉRENCE

Art. 27. — Les clercs de la conférence se divisent en trois catégories :

Membres actifs ;
Membres correspondants ;
Membres honoraires.

Les membres du département de la Seine, seuls, peuvent être membres actifs.

CHAPITRE V

TRAVAUX DE LA CONFÉRENCE

Art. 28. — Dans chaque séance de la conférence, il est fait

l'examen d'une question concernant le Droit, le notariat, l'enregistrement ou les hypothèques.

Art. 29. — Chaque question est discutée par trois membres désignés à l'avance; l'un d'eux est spécialement chargé de donner ses conclusions, quand les deux autres auront, après avoir parlé, lu des conclusions motivées contenant le résumé de leurs discussions; ces conclusions sont remises au secrétaire. Elles auront dû, en outre, être renvoyées au membre rapporteur quatre jours pleins avant la séance de discussion.

Art. 30. — Si la conférence ne se juge pas suffisamment éclairée par la discussion de ces trois membres, le président peut, avant de mettre la question aux voix, donner la parole aux membres qui la demanderaient.

Art. 31. — En cas d'absence du membre plaidant, la question à l'ordre du jour est néanmoins discutée, sauf à appliquer l'article précédent ou à ajourner à une autre séance les questions non résolues.

Art. 32. — L'assignation du rôle que doit remplir chaque membre dans la discussion est faite par le président, d'après l'ordre d'inscription sur le tableau de réception de la conférence, au plus tard à l'avant-dernière séance précédant celle de la discussion.

Le membre dont le nom est le premier est chargé du rôle des conclusions.

Art. 33. — Pour faciliter le choix des questions, il est nommé à la majorité des voix, dans la première séance de chaque année, une commission de dix membres, dite commission du rôle.

Chaque membre de la conférence est tenu de remettre à cette commission, dans les quinze jours au plus tard qui suivent sa nomination, deux questions au moins qui n'aient pas encore été discutées.

Art. 34. — La commission du rôle dressera, après examen, la liste des questions qui lui paraîtront de nature à être discutées ; le rôle sera autographié et il en sera remis un exemplaire à chaque membre.

Le rôle destiné à suivre celui dont les questions seront à l'ordre du jour doit être préparé au plus tard six semaines avant l'épuisement dudit rôle.

Art. 35. — Par dérogation à l'art. 28, la première séance de chaque mois est employée à la lecture et à la discussion d'un rapport sur une loi ou autre sujet intéressant le notariat.

Les membres sont chargés de semblables rapports à tour de rôle et en suivant l'ordre du tableau de réception.

L'objet du rapport est fixé par le bureau et annoncé au membre qui en est chargé deux mois avant la séance où ce rapport doit être présenté.

Art. 36. — Quand les membres chargés de questions ou de rapport sont absents à la séance où un travail leur est confié, le secrétaire les prévient par lettre.

Art. 37. — Chaque membre a le droit de saisir la conférence, pour être discutée, si le bureau y donne adhésion, soit de suite, en cas d'urgence, soit à l'une des prochaines séances, de telle question dont ce membre a besoin d'avoir la solution, et en ce cas le président peut nommer d'office deux rapporteurs pour présenter leurs observations sur la question.

Chaque membre correspondant est tenu de fournir, chaque année, deux études sur deux questions théoriques ou pratiques du Droit, de notariat, d'enregistrement ou d'hypothèques, controversées.

Les études seront fournies ainsi, à tour de rôle et par rang d'ancienneté, par les membres correspondants, qui seront prévenus à cet effet par le président, au moins six semaines d'avance.

Le choix des questions leur est laissé, mais ils doivent faire connaître au président celles qu'ils se proposent d'étudier.

Les membres correspondants auront le droit d'assister à toutes les réunions. — Ils auront voix délibérative pour les questions de Droit.

CHAPITRE VI

BUDGET DE LA CONFÉRENCE

Art. 38. — Les recettes de la conférence se composent :
De toutes les sommes formant le montant des cotisations et

amendes et de celles dont la conférence peut être gratifiée pour quelque cause que ce soit.

Les dépenses comprennent la location des lieux où seront établis ses bureaux et sa salle des séances, tous les frais de bureau comme mobilier, entretien de ce mobilier, chauffage, fournitures et le prix d'acquisition de tous ouvrages de Droit.

Toutes dépenses d'une autre nature rentrent dans le cadre extraordinaire et doivent être autorisées par la conférence.

Art. 39. — La balance générale des recettes et dépenses est arrêtée dans la dernière séance de chaque année, et le reliquat en caisse peut recevoir telle destination que la conférence juge convenable et qui est déterminée à la majorité des voix dans cette séance.

CHAPITRE VII

ADMISSIONS ET EXCLUSIONS

Art. 40. — Le membre qui, pour un motif quelconque, veut se retirer de la conférence, doit l'annoncer par lettre au président.

Art. 41. — Tout candidat doit être présenté par deux membres de la conférence.

Art. 42. — En cas d'absence d'un ou plusieurs membres à la séance où le candidat a été présenté, le secrétaire est tenu de leur donner avis de cette présentation et du jour où l'on doit voter sur l'admission.

Art. 43. — Au jour déterminé, il est voté au scrutin secret à la fin de la séance.

Le candidat doit réunir les deux tiers des voix des membres présents.

En cas d'admission, le secrétaire en donne avis au nouveau membre qui doit être présenté à la conférence par les deux proposants ou l'un d'eux, et installé dans les quinze jours, à peine de déchéance.

Si le candidat n'est pas admis, il n'en est pas fait mention sur le procès-verbal.

Les membres correspondants doivent joindre, à l'appui de leur demande d'admission, un certificat du patron dans l'étude duquel ils travaillent.

Ils sont dispensés de la présentation.

Le membre correspondant qui veut devenir membre actif est dispensé de la présentation, pourvu qu'il ait fait partie de la conférence pendant six mois.

Art. 44. — Le jour où le nouveau membre est admis à siéger, il verse entre les mains du trésorier, pour droit d'admission, une somme de dix francs.

Le droit d'admission pour tout membre correspondant est de cinq francs.

Art. 45. — Tout membre peut être exclu ou considéré comme démissionnaire.

Est considéré comme démissionnaire :

Celui qui reste absent, sans motif plausible, pendant quatre séances consécutives ;

Celui qui est en retard de payer vingt francs d'amendes ou cotisations, après réclamation du trésorier ;

Celui qui cesse d'être clerc de notaire.

La démission est prononcée en séance ordinaire, à laquelle le membre intéressé est prévenu d'assister.

Art. 46. — Toute demande à fin d'exclusion (sauf ce qui sera dit au chap. XI) doit être faite verbalement par quatre membres au président, qui, sans pouvoir nommer ces membres, soumet le cas à la séance la plus prochaine.

Si la proposition est prise en considération, le syndic en donne avis au membre intéressé ainsi que des motifs sur lesquels elle est fondée, avec indication d'un délai pendant lequel il peut fournir des explications soit au syndic, soit à la séance.

A l'expiration de ce délai ou avant, si les explications ont été données, il est, en séance ordinaire, statué définitivement, le syndic entendu.

Pour la prise en considération de la proposition et pour l'exclusion, les trois quarts au moins des suffrages des membres de la conférence présents à la séance sont nécessaires.

Il est voté sur le tout au scrutin secret.

Le membre inculpé n'est point admis aux séances convoquées à son égard.

Il n'est point question, au procès-verbal de la séance et de la discussion, de la résolution prise.

Chaque membre est tenu au secret sur les opinions personnelles émises à l'occasion des exclusions.

CHAPITRE VIII

COTISATIONS ET AMENDES

Art. 47. — A la première séance de chaque mois, chaque membre actif est tenu de verser au trésorier, à titre de cotisation, une somme de deux francs, et chaque membre correspondant verse annuellement et d'avance, du 1er au 15 janvier, une somme de 5 francs.

La cotisation est due, indépendamment du droit d'admission, par tout nouveau membre le jour où il a été voté sur son admission, lors même que ce jour serait le dernier du mois.

Art. 48. — Ceux des membres de la conférence qui obtiendront, après leur admission, l'inscription de second ou de premier clerc dans une étude de Paris, verseront à la caisse : pour la deuxième inscription 5 francs et pour la première 20 francs.

Art. 49. — Les infractions au règlement donnent lieu à des amendes.

Le bureau apprécie souverainement les causes qui motivent les amendes et le président les prononce.

Elles sont fixées comme suit :

1° Il est dû une amende de 50 centimes par :

Le membre interrupteur après avis du Président ;

Le secrétaire qui néglige de faire parvenir aux membres de la conférence les avis qu'il est chargé de leur donner ; dans ce cas, il est dû 50 centimes par chaque membre non informé, sans que le total des amendes ainsi encourues puisse s'élever à plus de 3 francs pour une séance.

2° Une amende de 1 franc par :

Le membre qui se fait rappeler à l'ordre ;

Le membre qui n'assiste pas à une séance sans s'être excusé de son absence par une lettre au Président ;

Le membre chargé d'une discussion qui n'envoie pas ses conclusions au rapporteur dans le délai fixé par l'article 29.

3° Une amende de deux francs par :

Le membre qui ne présente pas deux questions de Droit dans le délai prescrit par l'article 33 ci-dessus ;

Le trésorier qui n'apporte pas son registre ou l'état des amendes de la séance précédente, conformément à l'article 14, ou bien qui ne les a pas envoyés en cas d'absence ;

Le secrétaire qui n'a pas rédigé son procès-verbal, ou qui n'apporte pas son registre, ou qui ne l'envoie pas en cas d'absence ;

Le membre correspondant qui ne répond pas à une question posée par la conférence.

4° Une amende de trois francs par :

Le Président qui n'assiste pas à une séance ordinaire ;

Le membre qui ne porte pas la parole lorsqu'il est chargé d'un rôle, soit pour cause d'absence, soit qu'il renonce à la parole ;

Le membre absent d'une séance extraordinaire qui s'en est excusé par lettre au président ;

Le membre introducteur d'un nouveau membre qui n'aurait pas été présenté et installé conformément à l'article 43 ci-dessus.

5° Une amende de quatre francs par :

Le Président qui n'a pas, dans la huitaine de la réquisition à lui faite, convoqué à une séance extraordinaire ;

Le membre qui manque à une séance extraordinaire sans s'être excusé de son absence par lettre au Président.

6° Une amende de cinq francs par :

Le Président qui n'assiste pas à une séance extraordinaire ;

Le membre qui n'aura pas, à la séance fixée par la lecture, présenté le rapport prescrit par l'article 29 ;

Le membre correspondant qui n'aura pas fourni l'une des études dont il est parlé plus haut.

Toutes les amendes ci-dessus se cumulent indéfiniment ;

Les amendes de 2 francs, imposées au trésorier et au secrétaire par le n° 3 de l'article 49, sont indépendantes de celles qu'ils pourraient encourir par suite de leur absence.

Art. 50. — Tout membre actif de la conférence pourra demander et obtenir un congé, mais seulement pour cause de maladie, de service militaire et de vacances accordées par les études, et dans le cas seulement où la gravité de la maladie alléguée oblige le membre à être absent huit jours de suite de l'étude où il travaille.

Les congés sont accordés en séance,

Les membres en congé paient la cotisation mensuelle. Ils ne sont pas assujettis aux amendes.

CHAPITRE IX

HONORARIAT

Art. 51. — L'honorariat peut être conféré, sur sa demande, à tout membre démissionnaire faisant partie de la conférence depuis un an au moins. — Six mois suffisent si la démission est motivée par un traité.

Il ne peut l'être à celui qui quitterait la conférence sans motifs préalables ou qui entrerait dans une autre conférence de clercs de notaire.

Le secrétaire prévient les membres absents à la séance où la formalité prescrite par l'article précédent a été faite, tant de la demande en honorariat que du jour où celle-ci est mise en délibération. il informe le postulant du résultat de sa demande dans la quinzaine de la décision.

Il est voté au scrutin secret, le syndic entendu; la majorité des trois quarts des votants est nécessaire.

Art. 52. — Le membre honoraire peut assister, mais avec voix consultative seulement, aux séances de la conférence. Il n'est assujetti à aucune amende et n'a pas de cotisation à payer.

Il peut aussi prendre part aux réunions dont il sera parlé à l'article 54.

Art. 53. — Tout membre honoraire peut être rayé du tableau de l'honorariat dans les termes indiqués.

CHAPITRE X

ASSEMBLÉES GÉNÉRALES

Art. 54. — Les membres actifs de la conférence se réunissent en assemblées générales deux fois par an, dans la première quinzaine de janvier et la deuxième quinzaine de juin.

Les membres honoraires sont convoqués à la réunion de janvier et les membres correspondants à chacune de ces deux réunions.

CHAPITRE XI

DISSOLUTION

Art. 55. — En cas de dissolution de la conférence, la liquidation sera faite selon les règles du droit commun.

CHAPITRE XII

DISPOSITIONS GÉNÉRALES

Art. 56. — Le règlement est obligatoire pour tous les membres présents et futurs de la conférence. Le membre qui se refuserait à l'exécution d'un article du règlement ou d'une décision prise par la conférence ou son bureau devra être rappelé à l'ordre par le Président avec constatation au procès-verbal.

Art. 57. — Dans tous les cas où l'application du règlement sera douteuse, le bureau, par l'organe du Président, en référera à la conférence.

Art. 58. — Toute proposition tendant à le modifier sera faite par l'organe du Président, sur la demande qui lui sera remise, signée par trois membres au moins.

A la séance qui suivra celle où aura lieu cette communication, l'un des membres signataires développera la proposition qui sera discutée de suite. Il sera voté ensuite, tant sur la proposition elle-même que sur les amendements qui pourront être soumis à la conférence, à la majorité absolue des voix. Si la conférence le juge convenable, elle pourra renvoyer l'examen de la proposition à une commission composée de trois membres.

Les membres absents à la séance où la proposition de modification est lue par le Président devront être prévenus par le secrétaire.

Les propositions de modifications ne pourront être faites qu'à une des séances de l'un des mois de janvier, avril, juillet et octobre.

Art. 59. — La mise en vigueur de ce règlement est fixée au 1er janvier 1884.

Art. 60. — Les modifications qui y seraient apportées ne pourront être mises en vigueur qu'après autorisation de M. le préfet de police.

CHAPITRE V

GÉNÉRALISATION DES CONFÉRENCES. — UTILITÉ DE LEUR JONCTION

Les efforts des clercs de notaire parisiens pour se grouper, s'instruire et faire face à toutes les exigences professionnelles du recrutement sont des efforts traditionnels au Châtelet, depuis le règne des Basoches.

Et ces traditions, léguées par l'ancienne communauté des clercs, conservées avec une étonnante fidélité par les générations suivantes, ont permis de vaincre bien des obstacles, d'éviter bien des reproches.

Ce sont ces traditions qui ont donné naissance aux conférences actuelles.

De leur côté, ces conférences ont égalisé, nivelé, élargi surtout l'instruction professionnelle, autrefois cantonnée dans certaines études, au détriment moral et pécuniaire d'autres études.

Elles ont contribué puissamment à resserrer les liens effectifs de la collaboration par de fréquents exemples de camaraderie entre membres actifs et membres honoraires ; c'est-à-dire entre clercs et notaires.

Elles ont contribué aussi à imposer l'importante distinction qui existe et doit exister entre les clercs stagiaires de grades inférieurs et les clers hors-rang, ou non stagiaires.

Elles ont enfin favorisé la concurrence des grades, des emplois et des rétributions, ce qui a déterminé l'émulation progressive du travail, si profitable au notariat et aux affaires.

Le succès des conférences est aujourd'hui complet, remarquable, inespéré. — On a cru, pendant un certain temps, qu'elles ne constituaient que quelques réunions particulières d'amis et de collègues, plus désireux de se mettre au courant de menus propos

d'études que de questions techniques journalières ; on a cru que
leur exemple ne pourrait se propager au milieu d'une prétendue
indifférence générale, puisque d'ailleurs l'intérêt immédiat n'était
pas autrement démontré.

Mais ce sentiment a depuis longtemps disparu : le résultat
bienfaisant des conférences est connu, apprécié, envié, et c'est à
ce résultat seul qu'on doit l'extension des groupes actuels de clercs
et leur solide constitution.

Le doute dont nous parlons était venu très simplement d'ailleurs. Jadis, les basochiens se réunissaient dans la plus grande
salle corporatrice et se mettaient ouvertement sous la protection
des magistrats et des fonctionnaires, leurs patrons. La Chambre
des notaires du Châtelet devait donc abriter la **Basoche** notariale.

Or, la cléricature tient aujourd'hui ses assises (trois conférences
sur cinq, du moins) dans des salles de restaurant et de café !

Est-il donc possible qu'elle puisse éviter le contact du public
ordinaire de ces établissements ? Est-il possible qu'elle puisse
s'occuper, dans un tel milieu, de questions graves et ardues, avec
toute la liberté d'esprit nécessaire ?

Nous répondrons par l'affirmative. Les salles de conférences
sont absolument et partout isolées, la location est faite à cette
condition formelle, et rien ne vient ordinairement troubler l'ordre
et la gravité des séances.

On s'accorde, disons-le cependant, à trouver ces endroits in-
commodes et par trop dénués de prestige. Il est impossible d'y
installer une bibliothèque, même sommaire, impossible également
d'y laisser les archives de la conférence ou de siéger en
dehors des jours et des heures réservés.

Faut-il pour cela abandonner ces lieux de réunion ? Mais une
salle spéciale coûterait trop cher d'aménagement et d'entretien,
les salles dans les mairies sont d'un accès difficile et également
onéreuses.

L'augmentation des conférences et des conférenciers a accentué
encore ce défaut d'organisation, et on s'est récemment demandé
si la Basoche parisienne n'avait pas un grand intérêt soit à fusionner, soit à favoriser la jonction administrative de ses divers

groupes, pour mettre en commun les charges d'un local spécial et d'une bibliothèque.

La fusion semble actuellement impossible, — chaque conférence tenant essentiellement à sa charte de constitution, à son cercle d'étroite camaraderie et à ses usages; — au contraire, le second système paraît d'une adoption facile et éminemment économique, puisqu'il laisse subsister l'autonomie des groupes.

Une troisième combinaison avait même été envisagée : ne pouvait-on, en présence des services que rendent quotidiennement les conférences parisiennes, solliciter et obtenir de la Chambre des notaires l'accès à sa bibliothèque ou à l'une de ses grandes salles d'adjudication, les jours de réunion étant choisis alors de manière à ne pas entraver les séances régulières des notaires? Les conférenciers pourraient également s'entendre sur les heures et adopter un jour unique ou des jours différents; — et, d'un autre côté, le moindre écart, le plus léger manquement à la discipline pouvant entraîner la perte du droit d'asile, il n'y aurait à craindre aucun abus des clercs, aucune susceptibilité des notaires.

Tous les éléments du travail professionnel seraient de la sorte mis à l'entière disposition des clercs par la Chambre elle-même.

Les conférences, comme autrefois la communauté des clercs, se trouveraient placées sous un véritable patronage, et ce lien moral rehausserait la cléricature, la solidariserait mieux et serait pour elle un stimulant certain.

Enfin l'accès à la Chambre entraînerait forcément une concentration des conférences, et par conséquent une concentration d'efforts dirigés vers l'étude, la classification des clercs par le mérite, leur recrutement et par suite celui des notaires.

La concession de ce privilège ne servirait-elle pas puissamment la cause de la cléricature ou du notariat ? Ne serait-elle pas une réponse nécessaire et attendue à tous les griefs articulés, avec plus ou moins de raison, au nom des clercs, et contre la Compagnie des notaires de Paris (1) ?

(1) Voir page 191.

Ces arguments n'ont pas paru jusqu'ici suffisants pour éloigner la crainte d'un échec analogue à celui qu'éprouva, il y a quelques années, la cléricature de Lyon. Une autre objection a arrêté d'ailleurs toute démarche : *les conférences particulières et périodiques entre notaires* ne siègent pas au Châtelet ; on leur en a jadis précisément refusé le droit (1), en sorte que les clercs n'ont aucune chance d'obtenir pour eux ce qui n'a pas été accordé à leurs patrons.

Avec une fusion, ou même une jonction périodique des conférences parisiennes, on pourrait sinon atteindre les résultats que nous venons d'indiquer, du moins augmenter considérablement les avantages de la cléricature, et cela sans réclamer l'intervention des Chambre des notaires ni aucun secours extérieur.

Nous pensons que cette jonction s'imposera un jour, à ne considérer que le motif suivant. On envisage sérieusement aujourd'hui la situation de la cléricature non stagiaire, qui n'est ni réglementée ni assurée, et on se rend compte qu'un clerc, en perdant son poste après de longues années de labeur, est exposé, du jour au lendemain, à se trouver sans travail et sans ressources, malgré sa longue collaboration dans une étude et le caractère quasi-public qui s'y attachait.

Or, les conférences pourraient intervenir pour faciliter l'obtention d'un nouvel emploi, — et elles y réussiront, d'autant plus qu'elles seront plus nombreuses. — Elles pourraient aussi accumuler certaines épargnes en vue de secourir cette catégorie d'infortunes qui ne peuvent ou n'osent solliciter ailleurs.

La vraie confraternité impose ces devoirs, et la cléricature parisienne ne voudra pas entrer la dernière dans cette voie.

(1) Nous tenons ce renseignement de M. Thomas, ancien doyen.

CONCLUSION

La Basoche a vécu, dit un recueil spécial (1), et il ne peut être question de la faire revivre aujourd'hui.

Évidemment la cléricature est et doit rester dans le droit commun : ses fêtes d'autrefois, ses privilèges, sa justice, ses excessives libertés ne sont plus que des pages d'histoire intéressantes, mais sans enseignement actuel ou futur.

En est-il de même des autres parties de ses règlements, et notamment de cette partie fondamentale qui dirigeait le fonctionnement du stage, surveillait la discipline corporative, protégeait ses membres contre tout empiétement étranger ou contre toutes attaques injustes, qui, enfin, imposait les exercices pratiques et les examens comme condition essentielle de la **cléricature** ?

Assurément non. D'abord, le **stage** n'est **plus surveillé** et le retour à l'ancien état de choses est réclamé unanimement ; nous pouvons même affirmer qu'un grand nombre de Chambres de notaires imposent aux titulaires de la première inscription l'examen de stage qui remplace très exactement le certificat d'*admittatur* autrefois délivré par les Basoches.

Ensuite, la discipline entre clercs n'existe plus, il est aussi généralement admis que l'absence d'un devoir **obligatoire** qui unirait tout au moins les clercs d'une même région désagrège la fonction, entrave les relations d'étude à étude, et favorise indirectement les désertions dont profitent les ennemis du notariat.

Enfin, l'exemple que donne le notariat parisien, en ce qui concerne les exercices pratiques, est suffisamment probant. Ses conférences ont continué, presque sans transition, les usages des Basoches ; et, volontairement, la grande majorité des clercs de tous grades, riches ou pauvres, s'est fondue dans une même famille en un même intérêt, s'imposant ainsi des règlements

(1) *Le Correspondant des officiers ministériels.*

sévères, des travaux spéciaux, des usages de bonne et loyale camaraderie, qui l'ont dispensée de réclamer pour elle les réformes jugées nécessaires ailleurs, et qui lui permettent en même temps d'envisager en toute confiance l'avenir de la corporation.

C'est un exemple que la cléricature de province devra suivre ; les tentatives timidement faites pour l'organisation de ses conférences seront certainement renouvelées avec plus de persévérante volonté, lorsqu'elle appréciera le résultat des conférences parisiennes.

En comparant la situation intellectuelle des basochiens avec celle des clercs actuels, il est facile d'apercevoir la profonde modification que lui a fait subir la Révolution. Les basochiens étaient tous aspirants au notariat, leur éducation s'accomplissait sous la direction intime et familière des notaires et se poursuivait ainsi jusqu'à l'époque du traité. — Les clercs ne connaissent plus les avantages de cette tutelle, dont ils ont été privés par la force même des choses, par la décentralisation des fonctions et par les nécessités des affaires.

La situation matérielle des clercs s'est vivement ressentie du nouvel état de choses. Les basochiens n'avaient aucune rétribution appréciable, tandis que la cléricature est maintenant une fonction par les avantages pécuniaires qui y sont attachés.

Et comme cette fonction confine de près à celle des notaires, comme elle doit forcément éprouver le contrecoup des modifications qui seraient apportées au régime actuel du notariat, — comme la conséquence première de toute atteinte à ce régime serait une atteinte à la situation matérielle de la **Basoche notariale**, on conçoit l'intérêt dominant qui s'attache à un mutuel soutien de ses membres, à une réorganisation générale des anciens règlements ou à une vulgarisation des conférences parisiennes.

Défendre la cléricature, c'est défendre le notariat et les notaires. — L'action devrait donc être commune pour être plus forte.

C'est le but à atteindre, et notre meilleure récompense serait de l'avoir démontré. Le mérite en reviendrait pour la plus large part à la **Conférence Neveu**, où les travaux concernant le Droit, la pratique notariale et la cléricature ont toujours reçu le plus bienveillant accueil, à cette conférence qui a encouragé nos recherches et cette publication.

TABLE DES CHAPITRES

DEUXIÈME PARTIE
Histoire des corporations basochiales.

TROISIEME PARTIE

La Basoche actuelle, et spécialement la Basoche notariale

TABLE ANALYTIQUE ET ALPHABÉTIQUE

3045. — Poitiers, Imprimerie Blais, Roy et Cⁱᵉ.

www.ingramcontent.com/pod-product-compliance
Lightning Source LLC
Chambersburg PA
CBHW070304200326
41518CB00010B/1890